Andreas Nohr

Vom Umgang mit Kirchen

Streit um die Pforten des Himmels?

🐢 MKH Medien Kontor Hamburg

Andreas Nohr
Vom Umgang mit Kirchen
Streit um die Pforten des Himmels?
© MKH Medien Kontor Hamburg
www.medien-kontor-hamburg.de
Hamburg 2006
ISBN 10: 3-934417-16-7
ISBN 13: 978-3-934417-16-8
MKH 060621

Titelbild: Eingangstür der 2005 entwidmeten Bethlehemkirche in Hamburg-Eimsbüttel, gebaut von Joachim Matthaei 1959,
© viewinyou.de

Alle Rechte vorbehalten,
besonders die der Übersetzung
in andere Sprachen;
Nachdruck und Reproduktion
nur mit schriftlicher Genehmigung
des Verlages
und unter Quellenangabe.

Bibliografische Information der Deutschen Bibliothek
Die Deutsche Bibliothek verzeichnet diese Publikation in der
Deutschen Nationalbibliografie; detaillierte bibliografische Daten
sind im Internet über http://dnb.ddb.de abrufbar.

Inhalt

I. Allgemeine Fragen

9 I. 1. Wie heilig ist eine Kirche?
»Heilig« – die theologische und reformatorische Begriffsebene. Die Kirchen der 70er-Jahre. Die anthropologische, »umgangssprachliche« Begriffsebene. Die »Konstruktion« von Räumen durch Erleben und Beziehung. Kirchen als »markierte« und »widerständliche« Orte.

21 I. 2. Gibt es einen bestimmten Kirchbaustil?
Rückblick. Historische »Baustile«. Regulative und Programme. Das Kirchbauprogramm der Nachkriegszeit. Vorurteile gegen Beton. »Raumqualitäten« statt »Baustile«. Kirchen der 50er- und 60er-Jahre. »Qualitätskritik«. Der »festgewachsene« Kirchbaustil. Die Patina des Alten. »Wohnlichkeit«?.

31 I. 3. Ist Architektur – Kunst?
Was ist »Kunst«? Urheberschutzgesetz und Baukunst. Die »eigenschöpferische Gestaltungshöhe«. Kunst und Handwerk. »Entstellungsverbot« und »Veränderungsschutz«. John Cage's Verdienst. Dialog mit dem Urheber.

39 I. 4. Wem gehört eine Kirche?
Einschränkungen des Verfügungsrechtes. Dialog mit dem Denkmalschutz. KiBa. Fürsorge für das Kunstwerk. Die prinzipielle Öffentlichkeit der Kirchen. Die Kirchengemeinde als »Verwalterin« ihrer Kirche.

47 I. 5. Muss eine Kirche immer geöffnet haben?
St. Maria – verschlossen. Öffentlichkeit und Öffnung. Die Bedeutung des Tourismus. Unlautere Einwände. Konsequenzen der Verschlossenheit für Nachkriegsbauten. »Gütesiegel«. Asiatische Vorbilder?

55 I. 6. Kann man Kirchen »erklären«?
Wer ist Apollo? Schmelzendes Basiswissen. Öffentlichkeit und Anleitung. Kirchenpädagogik als Verpflichtung. Hinführen zu den Rastplätzen der Menschenheimat. Eröffnen statt Erklären.

59 I. 7. Wie »schön« muss eine Kirche sein?
Ein Wohnzimmer im Alten Land. Ästhetikprobleme der »Funktionselite«? Merkmale statt Begriffe. Müll hinter dem Altar. Zu wenig »Kasualien«. Wabernde Geräuschkulissen. Weihrauch und Talare. Bild und Bildersturm. Kunstdienst. Leuchter, Beichtstühle & Co. Vom Kreuz. Dubiose Wohnlichkeit.

73 **I. 8. Können Steine predigen?**
Predigt ist keine Kunst! Die Matthäuspassion predigt nicht. Kunstbegriff? Kunst spricht. Die Untugend der Kunst. Sprachwechsel. Vom Schaukasten und vom Internet.

83 **I. 9. Ist die Orgel die »Königin der Instrumente«?**
Von den »Prinzipalstücken«. Paramentik. Das akustische Logo. Tendenzen im Orgelbau. Eine Sackgasse – und nirgends ein »Trocadéro«.

91 **I. 10. Was verträgt eine Kirche?**
Veranstaltungsformen in Kirchenräumen. Infantilisierungen? Adventsbasar und Modenschau. Von der Nötigung des Geldes. Kriterien statt Kataloge. Crux probat omnia.

II. Aktuelle Fragen

97 **II. 1. Wieso sind Kirchen »übrig«?**
Mitgliederzahlen, Steuerpolitik, Alterspyramide. Mängel des Rasenmähers. Die Last der Bauunterhaltung. Kirchengebäude als »Markenkern«. »Leipziger Erklärung« und »Maulbronner Mandat«.

103 **II. 2. Gibt es eine kirchliche »Baupolitik«?**
Von der Unmöglichkeit, keine Baupolitik zu machen. Zustimmungspflichten. Vom Zwang zum Konsens. Das Beispiel des Bauministers. Sich mit dem ungerechten Mammon Freunde schaffen. Anreize und Notfonds.

109 **II. 3. Gibt es zu viele Kirchen?**
Ungeliebte Nachkriegskirchen? Zu viel gebaut? Korrektur eines Irrtums. Ausbildungsmängel. Zu wenig Geld statt zu viele Kirchen.

113 **II. 4. Was macht man mit »übrigen« Kirchen?**
Kassel 76. EKD 81. Bund der Ev. Kirche in der DDR 83. Wolfenbüttel 93. Juristische Baudezernenten 94. Ev. Kirche von Berlin-Brandenburg 99. Hamburg 99. Beratungsstelle für Gestaltung von Gottesdiensten 99. EKD/VEF 2000. »Leipziger Erklärung« 02. VELKD 03. EKD 05. »Maulbronner Mandat« 05. Die katholische Seite des Problems.

121 **II. 5. Kann man für den Erhalt einer Kirche Vorsorge treffen?**
Konsens 1. Konsensbeschreibung. Ein Prozent Bauunterhaltung. Fördervereine. Sponsoring. Kirchengerüste und Werbung. Stiftungen und Kapital.

127 **II.6. Wofür ist eine Kirche da?**
Konsens 2. Die Kirche und der Gottesdienst. Der Raum des Gebets. Die »Kirchenfernen« und die Öffentlichkeit. Die Einleitung des »Maulbronner Mandats«.

133 **II.7. Wie kann eine Gemeinde ihre Kirche nutzen?**
Konsens 3. Nutzungsintensivierungen. Umzüge, Vermietungen, Verkäufe. »Multifunktionales Dienstleistungszentrum«? Altar und Kreuz als Kriterium. Der 2. Hauptsatz des »Maulbronner Mandats«.

137 **II.8. Können Kirchen umgebaut werden?**
Konsens 4. Der 1. Hauptsatz des »Maulbronner Mandats«. Umzug ist besser als »Fremdnutzung«. Erfahrungen der DDR. Beispiele: Berlin, Nürnberg, Dortmund. Pfarramtszimmer und Kirchenbüro. Verkauf und Investition. Umbau und Denkmalschutz.

147 **II.9. Wer kann eine Kirche sonst noch nutzen?**
Konsens 5. Bunter Religionsatlas. Die ACK. Finanzielle Kompromisse. Gebotenes Schweigen des »Maulbronner Mandats«.

151 **II.10. Gehört die Kultur in die Kirche?**
Offene Fragen 1. Der kondensierte Konsens. Das Feld des »Ja – aber«. Der 2. Hauptsatz des »Maulbronner Mandats«. Techno-Nächte und »Tanz ums Kreuz«. Keine Instrumentalisierung der Kunst! Die Haltung des »interessenlosen Interesses«. Kultur und Portemonnaie. Fähigkeit zum Dialog? Übereifer im »Maulbronner Mandat« (2. Hauptsatz). Kultur und Kirchenerhalt.

159 **II.11. Kann man Kirchen vermieten?**
Offene Fragen 2. Vermietung bringt Geld. Vermietung und Infrastruktur. Grenzen der Vermietung. Kriterien statt Katalog. Aber der Altar bleibt stehen. Vermietung an andere Religionsgemeinschaften?

165 **II.12. Wer kann helfen, Kirchen zu erhalten?**
Offene Fragen 3. Mitträgerschaften. Die Verschuldung der Kommunen. Müncheberg und Altona. Gefahren der »erweiterten Nutzung«.

171 **II.13. Ist eine Kirche nur etwas für Gemeinden?**
Offene Fragen 4. Der 1. Hauptsatz des »Maulbronner Mandats« als »Hauptanliegen«. »Unkenntliche Büroräume«. Instandbesetzung durch Kirchenverwaltungen. Teleworking und Desksharing. Großraumbüro und Denkmalschutz.

177 **II. 14. Taugt eine Kirche auch als Museum?**
Offene Fragen 5. Dissens statt »Ja – Aber«. Kirchen abgeben – ausländische Beispiele. Wo ist der Markt? Beispiele für »weiche« und »harte« Abgaben von Kirchen. Priorität der gemeinwesenhaften Nutzung von Kirchen. Handlungsspielräume offen halten!

185 **II. 15. Kann man Kirchen »stilllegen«?**
Offene Fragen 6. Von der Entwicklung überrollt. Der 3. Hauptsatz des »Maulbronner Mandats«. Ruinen. Wovon sprechen Ruinen? Stilllegen statt Verfallenlassen.

191 **II. 16. Kann man Kirchen abreißen?**
Offene Fragen 7. Kirchensterben? Was im »Maulbronner Mandat« nicht steht. »Lesbarkeit« und Kirchenabriss. Abriss oder »harte« Abgabe? Mut zur Zukunft. Kirche oder Moschee?.

III. Abschluss

197 **III. 1. Werden auch neue Kirchen gebaut?**
Wider die Endzeitstimmung. Die »Ausleitung« des »Maulbronner Mandats«. Neue Lebensformen. Präsenz an den »Schnittstellen«. Streit um die Qualität. Noch lange nicht das Ende.

IV. Anhang
203 *Leipziger Erklärung. Maulbronner Mandat. Über den Autor.*

Vorbemerkung

»Rebus sic stantibus ...« – so wie die Dinge stehen, die Dinge des Kirchenbaus nämlich, und zwar so wie sie im Augenblick stehen: Es hat nach fast zehn Jahren der Arbeit im Rahmen des Ev. Kirchbautages gereizt, diese Dinge zusammenzufassen, aktuell also, einigermaßen übersichtlich, wie ich glaube, engagiert subjektiv – und doch ist ein lesenswertes Kompendium für Betroffene und Interessierte daraus geworden, wie ich hoffe.

Man wird nicht überall zustimmen. Mancher wird sich an dieser oder jener Stelle womöglich ärgern, was zu bewirken aber nicht in meiner Absicht lag. Nur habe ich eben gemeint, dass erzählendes Vortragen, einmal mit sanfter Freundlichkeit, dann wieder mit pointierte Einseitigkeit, gelegentlich auch mit ein wenig Spott eher zur Bildung eigener Lesermeinung beiträgt als scheinbar neutrales Zusammentragen dessen, was es in dieser Angelegenheit womöglich alles zu sagen gibt. An solcher eigenständigen Meinungsbildung aber – bei allen im Kirchenbau Engagierten oder daran Interessierten – ist mir am meisten gelegen.

Die Zeit bringt es mit sich, dass eine solche »Einführung in die Themen des Kirchenbaus« mehr als mit Fragen des Neubaus sich mit solchen des Umbaus und eben auch mit Fragen des »Rückbaus« befassen muss, wie der scheinbar unausweichliche Abriss von Kirchen beschönigend genannt wird. Dass von diesem in starkem Maß die Kirchbauarchitektur betroffen ist, wie sie nach dem 2. Weltkrieg geschaffen wurde, erklärt, warum hier noch einmal der Versuch unternommen wird, gerade dieser Architektur Zeit – oder wenigstens einen kleinen Aufschub zu verschaffen.

Für den Arbeitsausschuss des Ev. Kirchbautages habe ich dessen letzte Verlautbarungen, die »Leipziger Erklärung« (2002) und das »Maulbronner Mandat« (2005), entworfen, die dann in der Diskussion des Ausschusses jeweils zu ihrer Endgestalt fanden. Für das »Maulbronner Mandat«, so ist es beim 25. Ev. Kirchbautag angekündigt worden, sollte eine ausführliche und vor allem praxisbezogene Entfaltung noch entwickelt und veröffentlicht werden. Der Rechtsnachfolger des Arbeitsausschusses, das heutige »Präsidium des Ev. Kirchbautages«, ist hier gefordert. Es würde mich freuen, wenn meine Auslegungen des »Maulbronner Mandats« in der zweiten Hälfte dieses Buches dazu beitragen könnte, dass diese »Entfaltung« recht bald vorgelegt wird.

Was die Gemeinden und Kirchen mit ihren Kirchengebäuden tun oder tun sollen, ist kein beliebiges Thema neben vielen anderen.

Vielmehr entscheidet sich am »Umgang mit Kirchen« die Glaubwürdigkeit derer, die sie verwalten. Vieles von dem, was innerhalb der Kirchen und ihrer Gemeinden getan wird, geschieht weitgehend unter Ausschluss der Öffentlickeit, und bei so manchem, was da geschieht, müsste man wohl seufzen: zum Glück. Der Umgang mit Kirchen hingegen vollzieht sich stets und zwangsläufig »coram publico«: öffentlich, sichtbar und vor aller Augen. Und hat darum auch bis weit in die Öffentlichkeit hinein seine Auswirkungen, so oder so.

Wenn in diesen Tagen nun ein Streit entbrannt ist, was mit jenen »Pforten des Himmels« (Gen. 28, 17) geschieht oder geschehen soll, die »plötzlich« scheinbar »übrig« sind, so bin ich der Meinung, dass Kirchen erhalten werden, dass sie als Zeichen der Nähe und Präsenz »des Anderen« überdauern müssen und als Kunstwerke zu schützen und zu pflegen sind, auch in für die Kirche finanziell schwierigen Zeiten. Und ich glaube noch immer, dass mit einiger Anstrengung und Bemühung aller Beteiligten ein solcher Erhalt der Kirchen auch heute noch möglich wäre.

Man mag sich angesichts leerer Kirchenkassen bereits daran gewöhnt haben, derlei für weltfremd oder realitätsfern zu halten. Dennoch wollen die folgenden Seiten ganz in der Perspektive dessen verstanden werden. Wie »weltfremd« sie somit sind, darüber entscheiden aber nicht Ausschüsse, Gremien oder Rezensenten, sondern darüber entscheidet – allein der Leser.

Nicht die Leserin?

Natürlich auch die Leserin. Also, lateinisch begonnen, lateinisch geendet: Um mir die sprachlichen Kuriositäten vom Halse zu halten, die leider entstehen, wenn man geschlechtsbezogen korrekt formulieren will, geselle ich mich Alexander Demanth bei und halte es mit den römischen Juristen: »Semper sexus masculinus etiam femininam sexum continet.«[1]

Andreas Nohr, Hamburg im Juni 2006

---

[1] »Wo vom männlichen Geschlecht geredet wird, ist das weibliche stets mitgemeint«, Digesten XXXII 1, 62.

I. Allgemeine Fragen

I.1. Wie heilig ist eine Kirche?

»Heilig« – die theologische und reformatorische Begriffsebene.
Die Kirchen der 70er-Jahre.
Die anthropologische, »umgangssprachliche« Begriffsebene.
Die »Konstruktion« von Räumen durch Erleben und Beziehung.
Kirchen als »markierte« und »widerständliche« Orte.

Als Kind musste ich die Mütze abnehmen, wenn ich eine Kirche betrat; das gehörte sich. Ich musste die Mütze auch abnehmen, wenn ich von einem Erwachsenen begrüßt wurde und dazu meinen Diener machte; das gab es damals noch. Hinter beiden elterlichen Geboten stand der Wunsch, ihr Kind möge Ehrfurcht kennen lernen und auch lernen, sie auszudrücken: Ehrfurcht gegenüber Erwachsenen, und im Falle der Kirche – ja, wem gegenüber: dem »Heiligen Raum«? Oder gegenüber Gott?

In den letzten Jahrzehnten gerieten Kirchen manchmal in die Schlagzeilen, wenn in ihnen, meist mit Unterstützung der Gemeinde und ihrer Pfarrer, Ausländer Schutz vor Abschiebung gesucht hatten. Wie immer das »Kirchenasyl« rechtlich einzuschätzen war und ist – ihm liegt die Vorstellung zugrunde, dass der Kirchenraum besonderen Schutz verleiht – der Kirchenraum, nicht das Gemeindehaus! – und er eine besondere Qualität gegenüber anderen Orten hat. In der hebräischen Bibel begegnet noch die Vorstellung, wer bis an den Altar floh und dessen »Hörner« fasste, der wäre »tabu« und konnte nicht mehr länger verfolgt werden; so tat es Adonia in seiner Furcht vor Salomo (1. Kö.1, 1 ff.). Der Kirchenraum ein Raum mit besonderer Qualität – ist es »das Heilige«, das diese Qualität ausmacht?

In den letzten Jahren wurde auch in evangelischen Kirchen mehr und mehr die Möglichkeit für Besuchende eröffnet, an bestimmten Orten des Kirchenraums eine Kerze zu entzünden und sie, verbunden vielleicht mit einem stillen Gebet oder auch nur mit einem intensiven Wunsch, auf einen Leuchter zu stellen. Dort kann man sie dann sich selbst überlassen und zu Ende brennen lassen – als könnten oder würden die Kerzen Gebet und Wunsch verlängern oder verstärken.

Natürlich greift dieses kirchliche Angebot darauf zurück, das Innere, das Seelische sinnfällig werden zu lassen und mittels der äußeren Handlung des Entzündens und Aufsteckens zu verstärken. Zugleich wird damit aber auch nahegelegt, dass dieser Ort für solche Anliegen geeigneter ist als andere Orte – weil er eben eine andere Qualität hat als andere Räume; es scheint, als »hörte« Gott in einer Kirche besser als anderswo.

Als der Evangelische Kirchbautag seinen 24. Kongress 2002 in Leipzig mit der Überschrift versah: »Sehnsucht nach Heiligen Räumen«, fand dieser Titel nicht nur Zuspruch. Einige befürchteten, nun würde auch der Evangelische Kirchbautag in »weiche Gefühligkeit« abdriften, denn diese Begrifflichkeit empfand man zumindest als »schwammig«.

Tatsächlich erscheint der Gebrauch des Begriffes »heilig« wenigstens in der Evangelischen Kirche problematisch, weil er mehrdeutig ist und man sich in der Regel nicht darüber verständigt, welche Bedeutung jeweils gemeint ist.

Die eine »Begriffsebene« ist die eigentlich theologische und reformatorische. In beiden Teilen der Bibel ist das Heilige das Gott Zugehörige; zu Zeiten des Jerusalemer Tempels meinte das vor allem den Kultus, war also gewissermaßen »ortsgebunden«. Bei den Christen löst sich solche »Ortsbezogenheit« auf, und »das Heilige« geht auf die Gemeinde über, die zur »Gemeinschaft der Heiligen« wird. Insofern sie Gott zugehörig ist, ist sie nicht mehr von dieser Welt, sondern ihr »Bürgerrecht ist im Himmel« (Phil. 3, 20).

Zwar blieb eine »Ortsbezogenheit« Gottes, dessen Präsenz »das Heilige« ausmacht, bereits in vorchristlichen Zeiten nicht unwidersprochen (»sollte Gott wirklich auf Erden wohnen?« 1. Kö. 8, 27), behielt aber, solange der Tempel Bestand hatte, ihre Prägekraft.

Für die Christen dagegen wurde aus einer »Lokalisierung« eine »Personalisierung«: Nicht insofern man einen bestimmten Ort aufsucht, sondern weil man zu einer bestimmten Gruppe gehörte, der Gemeinde nämlich, gehörte man auf die Seite Gottes und hatte Anteil an seiner Heiligkeit.

Die »Ent-Ortung« und »Personalisierung« des Heiligen fand in den reformatorischen Gedanken ihre letzte Konsequenz, welche »Heiligen Räumen« schließlich jede Daseinsberechtigung absprachen. Luther sagte, Gebet und Gottesdienst könnten ebenso unter einem Strohdach wie in einem Saustall geübt und vollzogen werden. Der Teufel fürchte sich vor solchem Stall viel mehr als vor »allen hohen, großen, schönen Kirchen, Türmen, Glocken, die irgend sein mögen, wo solches Gebet nicht drin wäre.«[1]

Es ist die Präsenz Gottes in der evangelischen Predigt, die einen Raum heiligt, temporär zumindest, und zwar jeden Raum, gleich, in welchem diese Predigt geschieht. Mehr noch aber als den im Predigtgeschehen somit recht unerheblichen Raum heiligt diese Verkündigung den Hörer der Predigt, den Menschen, wenn er Gottes Wort vernimmt.

Auf der Linie solcher biblisch-theologischen und reformatorischen Argumente gibt es keine »heiligen Räume«, jedenfalls keine

---

[1] WA 6, 239, hier und im Folgenden zitiert nach Traugott Stählin: Zur Eröffnung des 25. Evangelischen Kirchbautages in Stuttgart 2005, Helge Adolphsen, Andreas Nohr (Hg.): Glauben sichtbar machen, Hamburg 2006, im Folgenden zitiert als »Dokumentation Stuttgart«, S. 26.

dauerhaften, mithin keine Räume, denen eine solche Qualität allein schon deswegen zuzusprechen wäre, weil sie vorhanden sind, erst recht keine Räume, die »heilig« wären, weil sie von Menschenhand dazu »geweiht« wurden.

Die aktuelle Gültigkeit dieser theologischen Position bestätigt ein Gutachten des Nordelbischen Kirchenamtes zur Frage der Kirchenweihe, darin heißt es wörtlich: »Martin Luther hat sich ... nachdrücklich (WA 50, 644) dagegen verwahrt, dass eine Weihe das Kirchengebäude ontologisch verändere. Nach evangelisch-lutherischem Verständnis führt die Weihe also nicht zu einer wesensmäßigen Veränderung des Gebäudes, so dass es etwa als heilig angesehen oder bezeichnet werden könnte.«[1]

Die Berufung des Mose (Ex. 3) ist die »klassische« Fundstelle für solche Überzeugung: Mose soll seine Schuhe ausziehen, weil der Ort, an dem er steht, »heilig« ist. Der Ort? Gestern war da nur ein Dornbusch in öder Wüste, morgen wird da wieder dasselbe sein. Jetzt aber brennt dort dieser Busch, ohne sich zu verzehren und wird damit zum Symbol ewig brennender Menschenliebe Gottes, die niemals ein Ende hat. Seine, nämlich Gottes Gegenwart macht diesen Wüstenort zur kurzzeitigen »Oase« und lässt den Boden »heilig« werden: durch Gottes Gegenwart, durch nichts sonst, und nur ihr tritt Mose gegenüber. Dieser Ort ist ein qualifizierter Ort nur als Punkt der personalen Begegnung. Findet diese nicht statt oder ist sie vorüber, ist der Ort wieder verwechselbar mit allen anderen Orten dieser Welt.

Wohin das führen kann, zeigen die Auseinandersetzungen um den Kirchenbau Ende der 60er-Jahre des zurückliegenden Jahrhunderts.[2] In dieser Zeit des Aufbruches, der Wiederentdeckung der Solidarität mit den Armen in aller Welt und des erwachenden sozialen und gesellschaftlichen Engagements der Kirche gab es Tendenzen, über die Synoden einen kirchlichen »Baustopp« durchzusetzen, denn »Glaube verwirklicht sich in Nächstenliebe und im täglichen Leben«, also im »Personalen«, nicht aber, oder pointierter: ganz und gar nicht im Sakralbau, nicht also im Raumbezogenen. Von besonderem »Übel« sind dann natürlich die Kirchtürme, deren

---

[1] *Kirchenrat Alexander Röder, Gutachten für den Rechtsausschuss der Synode zur Frage der Weihe einer Kirche, 24.8.2005. Röder ist heute Hauptpastor an St. Michaelis, Hamburg.*

[2] *hierzu s. Rainer Bürgel, Andreas Nohr (Hg.): Spuren hinterlassen ... 25. Kirchbautage seit 1946, Hamburg 2005, im Folgenden zitiert als »Spuren hinterlassen ...«, S. 274 ff.*

enormer Aufwand für schlichtes »Gebimmel« angesichts der »sozialen Bedürfnisse« gänzlich unverantwortbar erscheint. Der 14. Kirchbautag in Darmstadt hat sich diese Überzeugung zu eigen gemacht, wenn auch »moderat«, und riet sogar zur Zurückhaltung selbst bei Anschaffung von Uhren und Orgeln.

Entsprechend sind die ausgehenden 60er- und die folgenden 70er-Jahre im Kirchenbau die große Zeit des »Gemeindezentrums« – ohne Glockenturm natürlich –, in dem vor allem die verschiedenen Formen personalen Zusammenkommens und miteinander Tuns Raum finden. Zwar findet sich ein geeigneter Raum auch für den Sonntagsgottesdienst, in der strengen Form steht dann aber dort der Altar auf Rädern und sind die Kruzifixe abnehmbar, damit derselbe Raum, in dem eben noch gebetet wurde, gleich wieder den nächsten Zweck beherbergen kann, und sei es ein »Beatschuppen für die Jugend« oder ein Eintopfessen der Pfadfinder.[1]

Darüber zu spotten, wäre verfehlt. Denn in dieser Episode des Kirchenbaus erfährt die oben beschriebene Tendenz vom »Lokalen« zum »Personalen« eine bemerkenswerte Konsequenz. Nie, denke ich, hat die Kirche »protestantischer« gebaut und nie theologisch konsequenter.

Die Relikte jener Zeit gehören heute zu den eher ungeliebten Kirchbauwerken – leider.

Denn diese Bauwerke sind nicht nur Zeugnisse einer bemerkenswerten Aufbruchphase der damaligen Kirche und Gesellschaft und gehören als solche unter Denkmalschutz gestellt, wo das erforderlich ist und Sinn macht. Sondern sie bleiben auch, so lange sie fortbestehen, Erinnerungen an eine unbedingte Ehrlichkeit und konsequente Menschenbezogenheit der Kirche, Erinnerungen, die unverzichtbar sind, weil sie »zu anderen Zeiten« plötzlich wieder notwendig werden, wieder »blühen« könnten, sie stellen somit durchaus »gefährliche Erinnerungen« dar – diesmal nun doch: allein durch ihr Vorhandensein.[2]

Die Konsequenz jener Zeit war beeindruckend, ihre Einseitigkeit dagegen war seltsam streng und spröde. Denn der Begriff des »Heiligen« hat ja nicht nur seine theologische Herleitung und Füllung, sondern auch noch eine andere.

Mein Vater war Lehrer und kam damit in den Genuss, sich eine tägliche Mittagsruhe gönnen zu dürfen. Er war ansonsten ein recht

---

[1] hierzu s. »Spuren hinterlassen ...«, S. 79 ff.
[2] zu dem Begriff »gefährliche Erinnerungen« s. Johann B. Metz: Glaube in Geschichte und Gesellschaft, Mainz 1977, S. 77 ff. u. ö.

umgänglicher Mann, wehe aber, wenn wir Kinder diese Ruhe störten – denn sie war ihm heilig.

Anderen ist anderes »heilig«, wie der folgende, dem Internet entnommene, hier unkorrigierte Text zeigt: »Es begab sich eines schönes Nachmittages als mein Handy klingelte. Ich fand es nett, dass eine Nummer angezeigt wurde. Dort irritierte mich (aber) die Nummer, denn meine Handynummer ist mir heilig und es gibt nicht viele, die meine Handynummer haben.« Der ungebetene Anrufer entpuppte sich als alerter Werber für ein Zeitungsabonnement, und der Schreiber fährt fort: »Langsam frage ich mich, wie dieser Mensch an meine Telefonnummer gekommen ist, denn diese Nummer geb ich seltenst jemanden. Alle Menschen die die Nummer haben kenne ich normalerweise. Ich würde gerne noch ein paar Jahre mit ihr leben. Sie wurde von mir nie missbraucht in irgendwelchen Datenangaben im Internet und nur seltenst auf offiziellen Anmeldeformularen ausserhalb des Internets. Das ärgert mich total ...«

Ein Mittagsschlaf, ein Handy – banal? Aber: vom »Heiligen Land« spricht nicht nur der praktisch denkende Reiseunternehmer, sondern auch meine ansonsten sehr evangelische Schwiegermutter – trotz der Diasporasituation, in der sie lebt. Und dennoch wäre sie die letzte, die – mit der vorhin beschriebenen theologischen Argumentation durchaus vertraut – meinen würde, Gott wäre in Palästina etwa präsenter als in Berlin, Buenos Aires oder Bangkok.

Es ist mithin die Umgangsprache, die verrät: Es gibt auch die Vorstellung des Heiligen als »des Besonderen«, des mir vor allen anderen Dingen Zugehörigen oder Wichtigen, des eminent Wertvollen, für das kein anderes Wort zur Verfügung steht, als eben dieses Wort: »heilig«.

Man mag über den Mittagsschlaf meines Vaters den Kopf schütteln oder über die Handynummer eines Jugendlichen die Nase rümpfen – wie aber wäre es, wenn ich das Bild meines im Krieg gefallenen Onkels, das meine Großmutter stets mit einigen Blumen geschmückt hielt, von der »Kredenz«, wie sie es nannte, heruntergenommen und über meinem Knie zerbrochen hätte? Ich bin sicher, ich hätte ihre Wohnung nicht mehr betreten dürfen, jedenfalls eine Zeit lang nicht. Denn obwohl es sich doch nur um eine reproduzierbare Fotografie gehandelt hätte, wäre dieses eine Art »Tabubruch« gewesen.

Auch dafür steht »das Heilige«, immer und sogar überall: für das Tabu, das Unberührbare, was also weniger ein inhaltlicher Begriff ist, der die Anwesenheit (eines) Gottes meinte, sondern ein formaler Begriff, der beschreibt, was ausgesondert ist aus dem Alltag, der also das Besondere bezeichnet. Denn wer einen Menschen von den Hörnern des Altars zerrt, entreißt ihn – Gott. Und wer die Fotografie meines gefallenen Onkels berührte, fasste nicht an ein Stück Papier, sondern griff nach dem Herzen meiner Großmutter.

Die Kredenz meiner Großmutter, die Gräber unser Angehörigen, die Schublade mit dem Fotoalbum, das Mahnmal gegen den Krieg, das Bild von »der Heimat« im Wohnzimmer – es gibt eine Fülle großer und kleiner, öffentlicher und privater »heiliger Orte«, an denen nicht nur Herzen hängen, sondern die ihrerseits dem Alltag das Rückgrat, die Wertigkeit und das Ziel geben.

Solches »Auserlesene« und in gewissem Sinn unter »Tabu« Gestellte – das ist »das Heilige« eben auch, in der Umgangssprache wie in den Seelen der Menschen. Und mit solchen Vorstellungen, die wenigstens persönliche Gültigkeit beanspruchen, betreten Menschen auch eine Kirche, gleich ob sie »kirchenfern« oder »kerngemeindlich« orientiert sind, streifen diese Vorstellungen nicht aus theologischem Purismus an der Türe ab. Dieses »Mitbringsel«, das jeder Besucher wenigstens auch mit sich führt, wenn er eine Kirche oder ein Gemeindezentrum betritt, dieses »Gepäck« über Jahre hinweg in den Hintergrund gedrängt, geleugnet oder übersehen zu haben, macht das Spröde in den ansonsten so konsequenten Kirchbau-Bemühungen der 60er- und 70er-Jahre aus.

Denn von dieser »anthropologischen« Warte aus sind die Kirchen selbstverständlich solche »heiligen Räume«, also: besondere, ausgesonderte Räume, in denen man seine Kinder tauft und seine Toten verabschiedet, Räume, deren Wände Geschichten aufgesogen haben, je älter sie sind, desto mehr, Räume, die Erinnerungen an Wendepunkte, an Hoffnungen und Versagen, an zerbrochene und geheilte Schicksale bergen und verwahren.

Fulbert Steffensky drückt es so aus: »Wozu brauche ich den heiligen Raum? Im heiligen Raum muss ich nicht eloquent sein. Der heilige Raum ist der Raum, in dem die Toten meine Zeugen sind. Hier wurde ihr Lebensanfang unter die große Geste der Taufe gestellt, hier haben sie geschworen, hier haben sie den Bruch ihrer Schwüre bereut, hier haben sie ihr Glück gefeiert und ihre Niederlagen beweint, hier wurden die letzten Gebete über sie gesprochen. Jeder Kirchenraum ist dunkel von der Patina der Seufzer, der Gebete, der Zweifel, der Hoffnung der Toten.«[1]

---

[1] *Fulbert Steffensky: Der heilige Raum, der die Sehnsucht birgt,* in: *Helge Adolphsen, Andreas Nohr, Sehnsucht nach Heiligen Räumen, Darmstadt 2003, im Folgenden zitiert als »Dokumentation Leipzig«,* S. 85.

Entsprechend will man diese Kirchenräume natürlich gestaltet wissen, wie ja auch meine Großmutter einen Blumenstrauß neben das Bild ihres Sohnes stellte – mögen auch die Meinungen über die jeweilige ästhetische Form solcher Gestaltung der Kirchenräume auseinander gehen.[1]

Als »Taburäume« im beschriebenen Sinn sind Kirchen tatsächlich »Anderorte«, die mit ihrer ganz eigenen »Wirklichkeit« jener alltäglichen Wirklichkeit draußen vor der Kirchentür gegenüberstehen, in der »andere Gesetze« gelten und wo eine eigene Atmosphäre herrscht.[2]

Gerne erfolgt in diesem Zusammenhang der nicht unproblematische Hinweis auf den von Michel Foucault geprägten Begriff der »Heterotopie«, so auch bei Wolfgang Huber, der aber klar stellt, dass dieser Begriff bei Foucault ein formaler Begriff ist, weswegen für Foucault auch Bordelle und Gefängnisse »Heterotopien« sind.[3] Auch wenn er so schön klingt – vielleicht sollte man diesen Begriff doch lieber aus der Debatte heraushalten?

Kirchen sind also immer beides – und beides notwendig: Orte reformatorischer Verkündigung, aber auch Orte allgemeinen und gemeinsamen Nachdenkens und sich Erinnerns, Orte der christlichen Predigt – und zugleich solche allgemein menschlichen Wünschens und Sehnens, das sich hier »Raum sucht«.

Vor allem die »Wahrzeichenkirchen« der Städte können davon erzählen, wie sich in ihnen die verschiedenen Vorstellungen des »Heiligen« bündeln, zum Schaden übrigens – von niemand! Denn in diesen Kirchen findet nicht nur das christlich-reformatorische Selbstverständnis der gastgebenden Gemeinden Raum – aber auch nicht nur die jeweiligen persönlichen »Heiligkeiten« fremder Besucher. Sondern zusätzlich bilden solche Kirchen auch noch – jedenfalls häufig – den Kristallisationspunkt der bürgerlichen Existenz der »Stadt« und ihrer »Bürger«, selbst wenn diese mit der Kirche ansonsten gar nicht mehr viel zu tun haben mögen. In gewissem Sinn »ist« Hamburg – der Michel und »ist« Dresden – jetzt wieder – die Frauenkirche.[4] Auch diese kollektiven Symbolisierungen oder »Hei-

---

[1] zu den Fragen der Gestaltung s. unter I. 7.

[2] s. *Gernot Böhme: Die Atmosphäre kirchlicher Räume*, in »Dokumentation Leipzig«, S. 111 ff.

[3] s. *Wolfgang Huber: Kirche als Zeichen in der Zeit*, in: »Dokumentation Stuttgart, S. 35 f.

[4] *Jörn Walter: Kirchen als Zeichen in der Stadt*, in: »Dokumentation Stuttgart« S. 115 f.

ligungen« gilt es, im Umgang mit Kirchen nicht aus den Augen zu verlieren.

Es ist nun die Frage, ob die theologische Herleitung, die zu dem Ergebnis kommt, dass es örtlich und zeitlich jenseits der Gegenwart Gottes keinerlei »heilige Räume« gibt, mit jener anderen Haltung vermittelbar ist, dass es natürlich immerfort und für jeden und noch dazu überall eine Fülle »heiliger«, also »besonderer« Räume gibt, unter denen die Kirchen ja nicht an letzter Stelle erscheinen. Dies ist zugleich eine Frage an die Kirchengemeinden, ihre Vorstände und Pfarrer, ob sie nämlich Raum im Herzen haben für das Gepäck und die Mitbringsel der Menschen, die von außen ihre Kirche betreten.

Denn es gibt keinen Grund, beide Vorstellungen des »Heiligen« nicht nebeneinander bestehen zu lassen. Es ist nicht einmal nötig, sie wie eine Spannung »auszuhalten«, weil sie sich gar nicht aneinander reiben. Im Gegenteil, sie können einander befruchten und zu Ergebnissen führen, die für beide Seiten erstaunlich sind, ja die Bibel selbst führt die Notwendigkeit beider Vorstellungen und ihre Zusammengehörigkeit hinreichend deutlich vor Augen:

Mit einem gewöhnlichen Stein als Kopfkissen schläft Jakob ein. Nach der grandiosen Schau einer »Himmelsleiter« während der Nacht richtet er am Morgen den Stein zu einem Mal auf und begießt ihn mit kostbarem Öl. Im theologischen Sinne »heilig« war der Ort nur dann und solange, als Gott ihn durch sein Wort heiligte. Am Morgen aber ist nun ihm, Jakob, wegen dieses für ihn unerhörten Geschehens dieser Ort »heilig« geworden, also: besonders, aus dem Alltäglichen ausgesondert. Dies zu markieren, richtet er den profanen »Kopfkissenstein« zu einem ihm heiligen Denkmal auf. Mit anderen Worten: Der aktuellen Heiligung eines Ortes durch Gottes Wort folgt hier als Antwort eine dauerhafte Heiligung des Ortes, an dem dieses Wort erfolgt ist – durch den Menschen, dem solches widerfahren ist. Jakob nennt den Ort »Beth El«, also: »Haus Gottes«, weitherzig ausgelegt: Jakob baut als Antwort auf das an ihn ergangene Gotteswort – eine Kirche (Gen. 28, 10 ff.).

Das »In- Mit- und Nebeneinander« von »strengen« theologischen und »weicheren« anthropologischen Gedanken findet sich in der Kirche auch sonst, nicht nur auf den Kirchenraum bezogen. Das Patenamt beispielsweise bei der Taufe ist »theologisch« ein gemeindliches Amt: Die Kirche stellt den Eltern, die ihr Kind taufen wollen, geeignete Gemeindeglieder an die Seite, die das Kind im christlichen Glauben begleiten sollen, bis es das »Ja« zur Taufe, das es zu seiner Konfirmation nachholt, nun selber spricht. De facto su-

> chen sich aber die Eltern ihre Paten selber aus, und diese verbinden damit meistens vor allem die Verpflichtung, im Falle des Ablebens der Eltern für ihr Patenkind zu sorgen. Beide Vorstellungen reiben sich solange aneinander nicht, wie die Eltern nicht den Widerstand der Geistlichen erfahren, wenn die Paten keine Kirchenmitglieder sind ...

Das Jakob-Beispiel ist noch in anderer Hinsicht sprechend: Als Jakob an den bewussten Ort kam, taugte ihm dieser bestenfalls als Rastplatz für eine Nacht. Als er den Ort verließ, hatte derselbe Ort eine andere Bedeutung für ihn gewonnen. Am Abend noch »nur« Rastplatz, am Morgen schon »heiliger Ort«. Was also ein Ort, was ein Raum ist, erschließt sich erst aus der Situation heraus, dem müden Wanderer ist er ein anderer als dem, der hier eine Vision schaute, und wieder ein anderer ist er dem Wegelagerer, der müde Reisende überfällt, noch ein anderer dem Ingenieur auf Landvermessungstour. Räume liegen nicht fest, sind nicht »absolut«, wie Philosophen und Soziologen mittlerweile herausgearbeitet haben, sondern werden »konstruiert«, mit Hilfe von Wahrnehmung und der Ordnung dieser Wahrnehmung erschlossen, »unser Raumdenken (...) wird durch die Beziehung definiert, in der wir konkret stehen, auf die wir uns einlassen oder eben auch nicht einlassen (...) Raumerleben ist demnach eine variable Konstruktion von Räumlichkeit je nach der Qualität der Beziehungen, die im Spiel sind«.[1]

Aber: Unvorstellbar, dass Jakob je wieder an diesen Ort kommen und nichts sonst tun würde, als sachlich festzustellen, dass der Raum um diesen Stein herum als Rastplatz eigentlich durchaus geeignet wäre. Denn das geht nicht mehr, weil er ja einst den Stein zum Mal aufgerichtet, weil er eine Kirche gebaut hat. Auch als solch »markierter« Ort wird er natürlich vom Besucher »konstruiert« und mit Hilfe von Wahrnehmung und Ordnung dieser Wahrnehmung erschlossen, aber der aufgerichtete Stein ist nicht mehr beliebig deutbar wie es noch der »Kopfkissenstein« war, der Ort hat mit der Aufrichtung des Mals eine gewisse Widerständigkeit, ja: »Eigenständigkeit« erhalten, die zwar im jeweiligen »Konstruieren«

---

[1] so Wolfgang Grünberg auf einem Symposion zum Kirchenraum in Hamburg 2006. Vom neuen Nachdenken über den Raumbegriff auch unter Theologen zeugen die jeweils im Abstand von nur einem Monat nacheinander erschienenen Arbeiten von Helmut Umbach: Heilige Räume – Pforten des Himmels. Vom Umgang der Protestanten mit ihren Kirchen, Göttingen 2005; Elisabeth Jooß: Raum. Eine theologische Interpretation, Gütersloh 2005; Tobias Woydack: Der räumliche Gott. Was sind Kirchengebäude theologisch? Hamburg 2005.

und »Erschließen« der Besucher immer noch unterschiedlich interpretiert, die aber nicht mehr übergangen werden kann, sondern in der »Raumkonstruktion« eine eigenständige Rolle spielt.

Immer auch als ein solcher »markierter« und »widerständlicher« Ort sollen für die folgenden Überlegungen die Kirchengebäude verstanden werden. Diese sind somit Orte, die Gott »je und je« in der Verkündigung seines Wortes und durch seine Gegenwart in der Feier der Sakramente heiligt – zugleich sind sie die besondere Form und Gestalt der menschlichen Antwort darauf, die solchen Ort fortan als einen heiligen markiert: als einen kostbaren, wertvollen und unersetzlichen Ort.

I. Allgemeine Fragen

I. 2. Gibt es einen bestimmten Kirchbaustil?

Rückblick.
Historische »Baustile«.
Regulative und Programme.
Das Kirchbauprogramm der Nachkriegszeit.
Vorurteile gegen Beton.
»Raumqualitäten« statt »Baustile«.
Kirchen der 50er- und 60er-Jahre.
»Qualitätskritik«.
Der »festgewachsene« Kirchbaustil.
Die Patina des Alten.
»Wohnlichkeit«?

Ob romanisch, gotisch, historistisch oder wie auch immer: Eine Kirche ist ein großer, hoher Raum mit einem Turm dabei, so könnte man denken. Aber der Rückgriff auf die 70er-Jahre zeigte bereits, dass schon der Turm »im Prinzip« entbehrlich war, jedenfalls eine Zeit lang. Was übrig bleibt, zieht man den Turm ab, nämlich der »große und hohe Raum«, könnte auch ein Theater sein, eine Kunsthalle – oder ein Getreidesilo. Es scheint mithin keinen bestimmten »Kirchbaustil« zu geben; man könnte eine Kirche so bauen – oder auch ganz anders.

Der »gestrenge« Theologe wird eifrig beipflichten – er braucht ja »im Prinzip« auch keine Kirche, nur einen Ort, wo er das Evangelium zur Sprache bringt, und dieser Ort kann, wie gesehen, überall sein, er kann so oder auch ganz anders aussehen – jeder wie auch immer geartete Raum ist ihm recht, denn Gottes Wort kann sich überall Gehör verschaffen, im Palast wie in der Scheune.

Der andere freilich, der seine Dankbarkeit über die Geburt eines Kindes zum Ausdruck bringen will, oder der seiner Freundin ein Ja sagen will, das er so noch nie zu ihr gesagt hat, wird beides nicht in einer Scheune tun wollen.

Pfarrer und Bräutigam – beide haben recht. Und das bedeutet: Es wird zwar keinen bestimmten »Baustil« geben für das, was eine Kirche ist, man wird dennoch an einen solchen Raum andere Anforderungen stellen als – an einen Getreidesilo.

Es darf aber nicht verschwiegen werden, dass andere Zeiten sehr wohl einen bestimmten »Kirchbaustil« gefordert haben – nicht ohne Wirkung, wie man sehen wird. Hier ist nicht der Ort für eine »Stilkunde«, darum in gebotener Kürze nur dieses:

Dass die frühe Kirche selbstverständlich »romanisch« gebaut hat, kann nicht verwundern, wie sonst hätte sie bauen sollen! Einen eigens »kirchlichen« oder »religiösen« Baustil stellt das »Romanische« aber nicht dar, schon daran erkenntlich, dass die »Basilika« aus einem ganz »unheiligen«, nicht-religiösen Zusammenhang heraus entwickelt wurde. Denn im eigentlich »Romanischen«, in Rom also, ist die Basilika nichts anderes als eine Markt- und Gerichtshalle gewesen, wie es heute noch jeder Besucher der aemilischen (dreischiffig) oder julischen (fünfschiffig) Basilika aus den Ruinen des Forum Romanum herauslesen kann.

Tatsächlich stellt die aus Frankreich kommende Entwicklung des »gotischen Baustils« eine wirkkräftige Erneuerung des Kirchenbaus dar. Nur beschränkt sich dieser Stil nicht auf die Kirchen. Auch Rathäuser finden sich mit »gotischen« Gewölben, Bürgerhäuser mit entsprechenden Giebeln – auch die Gotik ist keine kirchliche Dominanz, selbst wenn sie mit St. Denis ihre Wurzeln in einem Kirchenbau haben mag.

Erst im 19. Jahrhundert, als durch sich ausweitende Städte neuer Kirchenbau vonnöten war, dekretierte das »Eisenacher Regulativ« von 1861: »Die Würde des christlichen Kirchenbaues fordert Anschluss an einen der geschichtlich entwickelten christlichen Baustyle und empfiehlt in der Grundform des länglichen Vierecks neben der altchristlichen Basilika und der sogenannten romanischen (vorgothischen) Bauart vorzugsweise den sogenannten germanischen (gothischen) Styl.« Jetzt gab es plötzlich doch einen eigenen Kirchenbaustil, einen »historistischen« gewissermaßen; die zahlreichen, häufig an den Innenstadträndern der Städte liegenden »Neo-Kirchen«, also: »neuromanisch«, »neobyzantinisch« oder »neugotisch«, legen davon Zeugnis ab und können allerorten besichtigt werden.

Das »Wiesbadener Programm« wich dreißig Jahre später davon ab und beschrieb eine Kirche schlicht (und gut reformatorisch) als »Versammlungshaus der feiernden Gemeinde« – ohne die Bauherren noch länger auf einen bestimmten Baustil festzulegen.

Eisenacher Regulativ und Wiesbadener Programm waren allerdings nicht die ersten programmatischen Äußerungen zum Kirchenbau. Eine Zusammenstellung der noch greifbaren, z.T. weit zurückreichenden Dokumente bei Gerhard Langmaack, Evangelischer Kirchenbau im 19. und 20. Jahrhundert. Geschichte – Dokumentation – Synopse. Kassel 1971.

Die »Freigabe«, die das Wiesbadener Programm beinhaltete und die zunächst ja nur das Bestreben einiger weniger war, setzte sich aber schließlich durch: Nach dem 2. Weltkrieg wurde in Deutschland – nach ersten Sicherungs- und Wiederaufbaumaßnahmen – vor allem in den (neu entstehenden) Vororten und Randsiedlungen der Städte ein umfangreiches Kirchbauprogramm umgesetzt, das die Kirche in eine »fußläufige« Nähe zu den Gemeindegliedern bringen wollte – es entstand in den 60er- und 70er-Jahren eine Vielzahl von Kirchen über nahezu allen nur denkbaren Grundrissen, keinem besonderen Stil verpflichtet, in großer Vielfalt und Freiheit.

Man wird allerdings zunächst einräumen müssen, dass diese Nachkriegskirchen nicht gerade bei allen sehr beliebt sind und von vielen gerne als »Betonkirchen« abgetan werden, Beton: »der Baustoff des Teufels«.[1]

---

[1] *so ironisch Horst v. Bassewitz, Was tun mit den Bauten der 50er- und 60er-Jahre? in: »Dokumentation Hamburg«, S. 48.*

Solche Missachtung übersieht zum einen, dass Architektur Zeit braucht, um »anzukommen«, solche Zeit sollte man auch dieser Architektur zugestehen. Zum anderen übersieht man natürlich, dass der Beton keineswegs eine neuzeitlich Erfindung ist und wie jeder Baustoff der Pflege und gelegentlicher Renovierung bedarf, um nicht unansehnlich zu werden. Dieses Schicksal teilt der Beton mit anderen Baustoffen, wie zuletzt die Hamburger zur Jahrtausendwende staunend beobachten konnten, als sich ihr altes, aus Granit und Sandstein gebautes, aber mit der Zeit unansehnlich-schwarz gewordenes Rathaus nach der Renovierung in nahezu »italienisch-eleganten« hellen Ockertönen prächtig präsentierte – wie neu.

Aber der Widerspruch gegen die Nachkriegskirchen verrät noch ein anderes, dass nämlich das zitierte »Eisenacher Regulativ« noch immer in den Köpfen vieler Menschen steckt, keineswegs nur bei Menschen, die der Kirche fern stehen.

Man probiere es aus und bitte einige Menschen eigener Wahl, auf einem Blatt Papier eine Kirche nach ihrem Geschmack zu skizzieren: Das Papier wird in der Regel zunächst nichts anderes zeigen als einen großen, hohen Raum mit einem Turm dabei, aber man würde es weiteren Details der Skizze schon ansehen können oder bei Nachfrage rasch darauf gestoßen werden, dass »Historistisches« gemeint war: Für viele Menschen bedeutet eine Kirche eben weiterhin und immer noch: Romanik, Gotik und meinetwegen noch Neugotik – aber dann ist Schluss.

Wie kommt das? Es hängt mit den Anforderungen zusammen, welche die meisten Menschen an eine Kirche stellen – und es wiederholt sich nun der »doppelte Anlauf«: Das theologische Argument fordert nichts als einen Raum, in dem Predigt gehalten und Sakramente gespendet werden können, für weiteres ist keine Notwendigkeit; da könnte zur Not ein roher Holztisch als Altar völlig genügen. Das andere aber – nennen wir es: die anthropologische »Sehnsucht nach Heiligen Räumen« – will die Gemeinschaft nicht an Kiefernbrettern erleben, ihre Kinder nicht in einem Waschtrog taufen, die Ringe nicht im Flur wechseln. Selbst kirchenfernere Zeitgenossen suchen einen »widerständigen«, ausgesonderten Raum, der Würde hat, Feierlichkeit ausstrahlt, Ruhe atmet, der den Gedanken freien Lauf lässt und in dem man zu sich selbst findet – oder auch aus sich heraus.

Nicht »Baustile« sind also für Kirchen gefordert, sondern »Raumqualitäten«, in denen zum Zuge kommen kann, wofür eine Kirche da ist: Predigt und Sakrament, aber auch das freie Nachdenken, das stille Aufatmen, das »Heimfinden« im besten Sinne, das nicht nur einem Christenmenschen lebenslängliches Bedürfnis ist, wenigstens hin und wieder.

Solche »Raumqualität« aber verbinden die meisten Menschen noch immer vorwiegend mit Kirchenräumen, die in den historischen Baustilen errichtet wurden, weniger jedoch mit Kirchenräumen aus den Nachkriegsjahren – und noch einmal: Wie kommt das?

Nun macht es der Typus des »Gemeindezentrums« mit »integriertem Gottesdienstraum« und »fahrbarem Altar« tatsächlich schwer, einer wie auch immer gearteten »Sehnsucht nach heiligen Räumen« zu entsprechen, da sie ja unter ausdrücklichem Widerspruch gegen eine solche errichtet wurden. Aber dieser Typus stammt erst aus dem Ende der 60er- und vor allem aus den 70er-Jahren und befindet sich in seiner »puristischen« Art gegenüber den Nachkriegsbauten des anderes Typus, die bis dahin errichtet wurden, in deutlicher Minderzahl. Und doch trifft der »allgemeine« Vorbehalt mit jenen gleich diese mit.

Denn wo aus den Ruinen heraus nicht rekonstruiert werden konnte, sondern neu gebaut werden musste, entstanden über einer Vielzahl freier Grundrisse in den 50er- und 60er-Jahren »richtige« Kirchen (ja, mit Turm!), die keineswegs verbieten, was in einer gotischen Hallenkirche offenbar selbstredend für möglich gehalten wird. Und dieses ist noch immer, und wie gesagt: auch zahlenmäßig, der »Haupt-Typus« der Nachkriegs-Kirchenarchitektur.

Man betrete nur beispielsweise die Dreifaltigkeitskirche von Richard Riemerschmid aus dem Jahr 1957 in Hamburg-Hamm und stehe betroffen vor der hinter dem Altar aufragenden hohen Mauerwand mit ihrer erhabenen Größe; man besuche die Bethlehemkirche in Hamburg-Eimsbüttel von Joachim Matthaei aus dem Jahr 1959 mit ihrer bewegenden Feierlichkeit und ihrer freundlichen Zugewandtheit – diese und viele andere Kirchen jener Zeit sollten nicht ermöglichen können, was man jeder »seriellen Neugotik-Kirche« selbstverständlich zubilligt? Hier würden also die geforderten »Raumqualitäten« fehlen? Keineswegs!

Und diese beiden Kirchen sind nun keineswegs singulär:

»Ich rechne auf Zustimmung, wenn ich zu den genannten herausragenden Bauten, den Inkunabeln ihrer Zeit, alle Kirchbauten von Rudolf Schwarz zähle, von St. Anna in Düren, St. Michael in Frankfurt bis Heilig Kreuz in Bottrop sowie die genialen Räume der Böhms: von Maria Königin in Köln, St. Albert und Maria Königin in Saarbrücken bis Neviges oder Schildgen, Emil Steffans Orte der Stille in und um Düsseldorf, Egon Eiermanns Erstling in Pforzheim und seine Berliner Gedächtniskirche, Sepp Rufs Rundbau – St. Johann von Capistran in München, St. Pius in Köln von Joachim Schürmann, Dieter Oesterlens wirklich zeitprägende Kirchen in Bochum, Sennestadt und Hildesheim, Reinhard Riemerschmids Dreifaltigkeitskirche in Hamburg-Hamm, viele Kirchen der Langmaacks, in Hamburg vorrangig St. Nikolai in Eppendorf, Joachim Matthaeis Bethlehemkirche in Hamburg-Eimsbüttel, Friedhelm Grundmanns Hamburger Kirchen in Sasel (Vicelin), Langenfelde und Hamm (Simeon) und Helmut Strifflers herausragende Arbeiten in Beton wie die Trinitatiskirche in Mannheim und seine Versöhnungskirche im KZ Dachau. Diese Aufzählung ließe sich zwanglos erweitern, sie soll hier heute als pars pro toto verstanden werden«, so listete es der Architekt Horst von Bassewitz auf dem Hamburger Kirchbautag 1999 auf.[1]

Warum gestehen also viele Menschen offenbar den Nachkriegsbauten nicht zu, was sie jeder »historischen« oder »historistischen« Kirche ohne weiteres zuerkennen? Fehlt hier wirklich die »Raumqualität«? Oder fehlte gar überhaupt die Qualität, selbst die bauliche, auch diese Frage könnte man ja angesichts des großen Sanierungsbedarfes jener Kirchen stellen.

Nun erklärt sich allerdings ein solcher Sanierungsbedarf häufig aus unterlassenen baupflegerischen Maßnahmen oft über Jahre hinweg. Dennoch: Man hört bisweilen, in jener Aufbruchszeit nach dem Krieg wäre in einer Schnelligkeit und in so hoher Quantität gebaut worden, dass darüber die Qualität oftmals auf der Strecke geblieben sei. Das mag sein. Kein geringerer als der Vorsitzende des Evangelischen Kirchbautages Oskar Söhngen hat seinerzeit jedem, der es hören wollte und oft genug auch jedem, der es nicht hören wollte, seine Warnungen vor Übereile und unbedarfter Schnelligkeit deutlich ins Stammbuch geschrieben.[2]

Auch der dezidierte Freund jener Nachkriegs-Architektur wird also nicht schon deshalb, weil ein Bauwerk aus den 50er-Jahren stammt, auf die Knie sinken und von einer grundsätzlichen »Hochwertigkeit« des Kirchengebäudes sprechen. Fragen nach Wertigkeit und Qualität werden an jedem Einzelfall neu entschieden und haben immer ihre Berechtigung.

Allerdings wirklich: »immer«! Denn man wird mit einer gewissen »Qualitätskritik« nicht einmal vor »der Gotik« halt machen können. Es gibt auch eine »Gotik von der Stange«, die jeder nachempfinden kann, der sich an sieben Tagen hintereinander den Besuch von sie-

---

[1] *Horst von Bassewitz, a. a. O., S. 43.*
[2] *s. »Spuren hinterlassen ...«, S. 265 ff.*

ben verschiedenen gotischen »Marktkirchen« bestimmter Klein- und Mittelstädte unterzieht. Dass, wo Licht ist, sich auch Schatten findet, ist keine Spezialität der bauenden Nachkriegsgeneration, und diese muss sich, was Qualität betrifft, auch, was die geforderte »Raumqualität« anbelangt, nirgends vor anderen Generationen verstecken.

Aber wie sonst könnte es erklärt werden, dass in den Köpfen vieler Menschen noch immer ein bestimmter »Kirchbaustil« wie festgewachsen steckt, obwohl die erwarteten Raumanmutungen und -qualitäten auch in den Nachkriegskirchen gegeben sind?

So fragte 1999 in Hamburg auch Horst von Bassewitz: »Mir stellt sich hierbei die Frage, warum werden vielfach gerade den Bauten der 50er- und 60er-Jahre überhaupt räumliche und sinnliche Qualitäten abgesprochen, die man ihren historischen Vorgängern offenbar bedingungslos zubilligt? Bleibt in ihnen die ewige Sehnsucht nach dem Mysterium unerfüllt? Haben wir Architekten damals ganz und gar versagt? Übertreibe ich, wenn ich feststelle, dass sich unsere Gesellschaft heute zwar in modernen Bauten darstellt, die jedoch oft ihre Qualität noch beweisen müssen, gleichzeitig jedoch gerne in historische oder historisierende Gebäude (oder deren fragwürdige Kopien) flüchtet, denen sie offenbar die erhoffte Qualität von vornherein zubilligt? Eine exakte Antwort weiß vielleicht der Psychoanalytiker.«[1]

Kaum anders verhält es sich übrigens bei einem »Spezialthema« des Kirchenbaus: dem Orgelbau. Dem Widerspruch gegen hoch romantische Orgeln während der Orgelbewegung folgt nun der Widerspruch »volumenarm, mixturbetont, nicht expressiv« gegen die von der Orgelbewegung dagegen gestellten Instrumente.

Zwar unter Verzicht auf ausdrückliche Erwähnung des Psychoanalytikers, aber in ähnliche Richtung denkend bemerkt Burkhard Goethe: »Vermutlich gilt es nicht nur im Orgelbau, sondern für das menschliche Dasein schlechthin: Dass man nämlich zunächst einmal die Werke der Väter und Großväter ablehnt, um dann die der Urgroßväter zu glorifizieren. Auffällig ist jedoch, dass sich dieses Karussell immer rascher dreht. Kurzlebigkeit ist wohl eine typische Erscheinung unserer Tage.«[2]

Vielleicht kommt man aber auch ohne Psychoanalytiker aus: Dass jene Kirchen noch immer nicht in den Herzen der Menschen angekommen sind, könnte tatsächlich zum einen daran liegen, dass

---

[1] *Horst von Bassewitz, a. a. O., S. 48.*
[2] *Ars Organi 1/2006, S. 48.*

Architektur lange braucht, bis sie sich in der Geschichte fest verwurzelt hat. Dieses Phänomen ist kein spezielles der Architektur: Fast jede Neuerung der Musikgeschichte, auf die wir heute nur unter großen Schmerzen verzichten wollten, hat zu Anfang starken Widerspruch erfahren; auf der anfänglichen Ablehnungsliste finden sich nahezu alle Komponisten einträchtig beieinander, die heute mit größter Selbstverständlichkeit auf dem Lehrplan des Musikunterrichtes stehen. Nicht alle Dimensionen eines Kunstwerkes eröffnen sich schon bei kurzfristiger Betrachtung. Kunst braucht Zeit.

Umgekehrt »heiligt« aber auch die Zeit wiederum die Kunst: Kein Mensch würde je auf die Idee kommen, selbst die finsterste gotische »Marktkirche von der Stange« ohne Not etwa abzureißen – denn sie ist immerhin um die 500 Jahre alt. Das Alter verleiht jedem Würde, nicht nur der Architektur. Und diese Vorstellung steckt in den Menschenköpfen nun allemal: Das Alte ist immer auch »das Bessere«; davon erzählt der beharrliche Traum von den »guten alten Zeiten«, die in Wahrheit aber um keinen Deut besser waren als alle anderen. Man mag es beklagen oder nicht: Architektur mit Patina hat es leichter als eine Architektur ohne Patina.[1]

Aber womöglich gibt es noch einen anderen Grund, der dafür gesorgt hat, das Gotisch-Neugotische als Kirchenstil in den Köpfen zu zementieren, einstweilen jedenfalls noch:

Die »Hauptkirchen« in den Zentren großer und kleinerer Städte, ebenso wie die meisten Dorfkirchen auf dem Lande sind meist in »gewohntem« Stil errichtet. Und es sind stets diese Kirchen, die als »Sehenswürdigkeit« besucht werden, da hilft wieder die Patina, vor allem aber hilft, dass diese Kirchen in der Regel in Reiseführern verzeichnet und vor allem – geöffnet haben, der Reisende kann sie tatsächlich besuchen.

Die Nachkriegsarchitektur demgegenüber, meist ja nicht in den Zentren errichtet (denn dort hat man selbst aus größten Trümmern lieber wieder auf- als neugebaut), sondern an weniger »prominenten« Orten, war und ist (auf Grund fehlender Patina) außer in sehr

---

[1] Joachim Güntner konstatiert die Gleichgültigkeit, mit welcher manche Gemeindemitglieder die Schliessung ihrer Kirche hinnehmen, stellt aber fest: »Alle Indifferenz (…) hört sofort auf, wenn der Abriss historischer Kirchen ansteht«. Er vermutet, historische Kirchengebäude befriedigen »ein Bedürfnis nach Heimat, nach Landmarken in Zeit und Raum, nach Historie im raschen Wandel der Gegenwart, vielleicht auch nach einem Mahnmal der Transzendenz inmitten der funktionalen Diesseitigkeit moderner Städte«, und stellt fest: »Kulturpsychologisch ist dieses Phänomen kaum ausgelotet.«, in: Neue Zürcher Zeitung, 24. 4. 2006.

spezialisierten Architekturführern kaum je in einem Reiseführer verzeichnet – und ist in der Regel verschlossen. Was aber nicht zugänglich ist, kann so wenig »ankommen« wie ein Film, der nicht gezeigt wird.[1] So schleichen sich durch unmerkliche Wiederholungen von Gewohnheiten eben jene Vorstellungen ein, die einem Spitzbogen am Ende doch mehr religiöse Kraft zutrauen als jedem anderen Bogen, erst recht, wenn man diesen kaum zu sehen bekommt.

Und noch mit einer weiteren Schwierigkeit könnte die arme »Betonmoderne« zu kämpfen haben. Zwar begeben wir uns nunmehr auf das Glatteis der Vermutungen, riskieren aber das Ausgleiten für die Sache:

Es könnte immerhin sein, dass die von einem Riemerschmid oder einem Matthaei, einem Schwarz oder Striffler entworfene und ausgeführte Architektur bisher nicht recht die Chance hatte, zu formulieren, was sie eigentlich sagen wollte und sollte, weil man sie gar nicht hat ausreden lassen. Es ist nicht auszuschließen, dass aus der Hüfte geschossene »Verschönerungsmaßnahmen«, gut gemeinte pastorale Verschlimmbesserungen, Kirchenvorstandsbeschlüsse, die auf die »Wohnlichkeit« der Kirche zielten, jener Architektur das Reden oft allzu schwer gemacht haben. Sie ist womöglich nicht zum Zuge gekommen, weil man sie oft nur halbherzig zugelassen hat – obwohl man sie doch selbst in Auftrag gegeben hatte!

Niemand käme übrigens auf die Idee, gotische Kirchen »wohnlich« machen zu wollen, obwohl man bisweilen auch in ihnen temporäre und dauerhafte Ausstattungsgegenstände findet, die einem die Haare zu Berge stehen lassen. Aber »neue« Architektur ist angreifbarer, verwundbarer und leichter zum Schweigen zu bringen oder zumindest in ihrem Reden zu verfälschen – eben weil ihr die schützende Patina fehlt. Hier erlaubt man sich ohne weiteres, was einem unter gotischen Gewölben niemals einfallen würde.

Es ist also durchaus möglich, dass die Kirche, dass die Gemeinden ungewollt mitverantwortlich dafür sind, dass die Zeiten eines bestimmten »Kirchbaustils« in den Köpfen und Vorstellungen vieler Menschen noch längst nicht zu Ende gegangen sind.

Damit stellt sich aber die Frage, was man mit einer Kirche eigentlich machen darf – und was nicht, was ihr nützlich und förderlich ist – und was ihr schadet. Doch zuvor soll gefragt werden, ob Architektur wirklich – Kunst ist.

---

[1] s. unter I.5.

I. Allgemeine Fragen

I. 3. Ist Architektur – Kunst?

Was ist »Kunst«?
Urheberschutzgesetz und Baukunst.
Die »eigenschöpferische Gestaltungshöhe«.
Kunst und Handwerk.
»Entstellungsverbot« und »Veränderungsschutz«.
John Cage's Verdienst.
Dialog mit dem Urheber.

Ich kenne Bildhauer, Musiker, Schriftsteller, die zwar wissen, dass sie »im Volksmund« als »Künstler« bezeichnet werden, sich selbst aber nie so nennen würden. Nicht etwa aus Bescheidenheit nicht, das wäre ein Irrtum. Sondern weil sie nicht auf die Idee kommen. Und kämen sie auf die Idee – sie hielten sie wahrscheinlich für veraltet.

»Künstler« ist, wenn man es genau betrachtet, keine Selbstbezeichnung, sondern eine Sammelbezeichnung, die mehr von außen als von den Künstlern selbst verwendet wird. Wer sie aber verwendet, gerät rasch ins Stottern, wenn er genauer sagen soll, was er damit eigentlich meint. Das Oberlandesgericht Hamm musste es 1980 versuchen; herausgekommen ist: »*Ein Werk der bildenden Künste ist eine eigenpersönliche Schöpfung, die dazu bestimmt und geeignet ist, das ästhetische Empfinden des Beschauers anzusprechen, und deren ästhetischer Gehalt einen solchen Grad erreicht, dass nach den im Leben herrschenden Anschauungen von Kunst gesprochen werden kann.*«[1]

Zu deutsch: Kunst ist, was nach den im Leben herrschenden Anschauungen als Kunst angesprochen werden kann. Einen generations- und schichtenübergreifenden Kunstbegriff, der über solche formal-juristische »Definition« hinausgeht, gibt es schon längst nicht mehr, weder in der Theorie noch in der Praxis, jedenfalls nicht als Konsens. Insofern stellt sich natürlich die Frage, was die Frage hier überhaupt zu suchen hat, ob Architektur Kunst ist, und ob ein Architekt unter die Künstler zu rechnen ist.

Tatsache ist, dass in einer spontan erbetenen Aufzählung, wer als »Künstler« anzusprechen wäre, sicher ein Maler erschiene, ein Bildhauer, ein Komponist, ein Sänger, ein Tänzer oder ein Autor. Ein Architekt, obwohl die Architektur ganz traditionell und selbstverständlich als dritte unter die »Bildenden Künste« zählt, würde, wenn er dem Aufzählenden überhaupt in den Sinn käme, in einer solchen Aufzählung wohl ziemlich weit hinten aufgeführt. Noch immer assoziieren die meisten Menschen als arglose Opfer des 19. Jahrhunderts mit einem Künstler eher die Bohème als einen Anzug ohne Schlips. Es wäre den meisten Architekten wohl auch gleich, ob sie die Würde eines »Künstlers« tragen dürften oder nicht – gäbe es da nicht das Urheberschutzgesetz. Denn man könnte, allerdings wiederum formal-juristisch, fast sagen, ein Künstler ist, dessen Arbeiten von diesem Gesetz in Schutz genommen werden.

[1] s. *http://www.byak.de/architekten/service_berufsausuebung_urheberrecht/fragen.html*.

Und solcher Schutz ist nötig: Jeder Autor könnte mit mehr oder weniger Gleichmut ertragen, dass man seinen letzten Roman für misslungen hält. Aber er würde zum Berserker, wenn jemand daraus vorliest und dabei das zweite Kapitel durch einen selbstverfertigten Text ersetzt, weil er ihn für besser hält. Jede Malerin wird es zähneknirschend hinnehmen, wenn ein Museum das Bild, das es von ihr erworben hat, »schlecht hängt«. Aber sie würde zur Furie, wenn der wissenschaftliche Mitarbeiter des Museums unten rechts noch ein kleines Äpfelchen hinzugemalt hätte, womöglich noch mit der Begründung, so fände das Bild besser zu seinem eigentlichen Ausdruck.

Zu den durch das Gesetz vor derartigen Eingriffen geschützten Werken gehören neben Sprach- und Schriftwerken, Musikwerken und manchem anderen eben auch Werke der Baukunst.

Diese werden allerdings nicht unter allen Umständen geschützt: »Einem Werk ist nur dann Urheberrechtsschutz zuzuerkennen, wenn es eine persönliche, geistige Schöpfung darstellt.« Das heißt: nicht jeder Geräteschuppen oder Siedlungshausanbau fällt schon unter das Änderungsverbot, nur weil er von einem Architekten gefertigt wurde. Aber es wird ohne weitere Begründung nachvollziehbar sein, dass Kirchbauten immer eine solche »persönliche, geistige Schöpfung« darstellen, die Rechtsprechung jedenfalls sieht es so – zu Recht.

Es ist also durchaus kein Zufall, wenn der »Bund Deutscher Architekten – BDA« zur Veranschaulichung solcher Fragen des Urheberrechts ausgerechnet das Beispiel einer Kirche aus den 60er-Jahren im Internet bereitstellt, einer Kirche aus Münster.

Dort wurde 2000 eine Erweiterung des Gebäudeensembles von Kirche, Kindergarten und Gemeindehaus notwendig, dessen Architekt sich mit den von einem anderen Architekten erstellten Plänen zur Erweiterung nicht einverstanden erklärte und sich damit vor Gericht durchsetzen konnte, das ihm für seinen damaligen Bau die »eigenpersönliche geistige Schöpfung« bescheinigte, »die in besonderem Maße die Individualität des Urhebers widerspiegelt«. Ebenso wurde für diesen Gebäudekomplex bestätigt, dass sich der künstlerische Wert des Projektes auf alle Gebäudeteile erstreckt. Das bedeutet: Auch die einzelnen Gebäude für sich betrachtet dürfen nicht nur als reine Zweckgebäude angesehen werden.

So blieb das Gericht bei seiner Ablehnung der Veränderungen, obwohl der befragte Sachverständige festgestellt hatte, dass die hier fraglichen Gebäude innerhalb der Kirchbaukultur der Nachkriegszeit keine herausragende Stellung einnehmen, »liegt doch eine individuelle eigenschöpferische Gestaltungshöhe vor«, so das Gericht.[1]

Es ist nicht uninteressant zu bedenken, was mit der juristischen Begrifflichkeit eigentlich gemeint ist: »individuelle eigenschöpferische Gestaltungshöhe«. Hier ist nämlich das Gericht dem nahe gekommen, was man – im Diskurs zumindest und natürlich sehr vorsichtig – tatsächlich »Kunst« nennen könnte. Denn das Gericht scheint ja nicht so sehr die Bauausführung gemeint zu haben, nicht also die handwerkliche Komponente, die zur Erstellung eines solchen und jeden Bauwerkes ja auch gehört, sondern vor allem »den Entwurf«. Schützenswert ist also die Intention, die ein Künstler verfolgt, wenn er etwas entwirft, die »Idee«, der kreative Einfall«, der einem Werk zu Grunde liegt, und weniger die praktische, handwerkliche Umsetzung.

Am Beispiel: Wenn ein »Künstler« im Eingangsflur eines Arbeitsamtes das Schild »Vorfahrt beachten!«, wie man es aus dem Straßenverkehr kennt, aufstellt, gehört dazu überhaupt keine handwerkliche Fähigkeit. Gleichwohl wird man der Idee, ein solches Objekt in einer solchen Umgebung zu positionieren, den »kreativen Einfall« und eine gewisse »individuelle eigenschöpferische Gestaltungshöhe« nicht absprechen können, nicht nur, weil diese »Skulptur« nun 24 Stunden am Tag die eindringliche Frage stellt, wer in diesem besonderen Gebäude eigentlich wessen Vorfahrt achten soll, sondern auch deswegen, weil somit ja nicht nur das Schild, sondern auch das Arbeitsamt selbst zur »Kunst« geworden ist.

Denn nur hier, im Arbeitsamt, spricht das Schild aus, was den »Künstler« beim »Entwurf« angetrieben hat. Sollte also ein Museumsdirektor die Idee für so gut halten, dass er das Straßenschild in sein Museum stellen möchte, würde das den »Künstler« ohne Zweifel auf die Palme bringen, weil das bereits unter das »Entstellungsverbot« des Urheberschutzgesetzes fiele, denn zu seiner »Installation« gehört das Arbeitsamt ja notwendig hinzu.

Aber selbst, wenn der Museumsdirektor sogar das komplette Arbeitsamt samt Schild in sein Museum verfrachten würde, fiele das noch immer unter das »Entstellungsverbot«. Denn »Schild/Arbeitsamt« hat definitiv eine ganz andere Aussage als »Schild/Arbeitsamt im Museum«. Dass hier die Museen »ein gewisses Problem haben«, weil sie, streng genommen, nur jenen Kunstwerken durch eine Ausstellung gerecht werden könnten, die von vornherein für das Muse-

---

[1] s. http://www.bda-architekten.de/arch/bda/view.php?lang=de&thema=BDA_themen&ID=50.

um produziert wurden, sei nur am Rande vermerkt. Zum Glück stellt sich dieses Problem nur selten in der Schärfe wie bei dem hier verwendeten Beispiel.

An diesem Beispiel ist aber auch ein letztes noch zu studieren, denn man hört ja förmlich schon Scharen von Menschen angesichts des Straßenschildes im Arbeitsamtseingangsflur protestieren: »Das soll Kunst sein? Das kann ich auch!« Zwar gehört in der Regel denn doch eine gewisse »Kunstfertigkeit« oder ein »Handwerk« dazu, wenn Kunst entstehen soll, aber wenn wir dem Gericht – und manchen zeitgenössischen Meinungen – folgen, macht das nicht den eigentlichen Kern künstlerischen Schaffens aus, indem es, wie gesagt, erst einmal um die »Idee«, den Einfall, die Erfindung geht, und dann erst ums »Können«, wenn ein bestimmtes Können für die Umsetzung eben dieser »Idee« denn vonnöten sein sollte. Auf den Vorwurf »Das kann ich auch!« soll John Cage einmal geantwortet haben: »Stimmt. Das können Sie auch.« Und hat nach einer »Kunst-Pause« hinzugefügt: »Sie tun es aber nicht!« Besser kann man darauf nicht antworten.

Nun ist das Urheberschutzgesetz nicht das Strafgesetzbuch. Verstöße verfolgt daher nicht der Staatsanwalt, sondern der Urheber muss sein Recht in ziviler Klage durchsetzen. Das kann ein Urheber nur, wenn er von den Verstößen überhaupt Kenntnis erhält – das macht allen Urhebern die Wahrnehmung ihrer Rechte schwer. Ein Architekt weiß nicht, was die Kirchengemeinden mit den von ihm entworfenen Kirchen machen, es sei denn, er fährt »seine Objekte« regelmäßig kontrollierend mit dem Auto ab – aber wer tut das schon. Und wenn – dann ist es leider immer noch die Frage, ob er überhaupt hinein kommt.[1]

Es wurde jedoch im vorigen Kapitel vermutet, dass es den Nachkriegskirchen unnötig schwer gemacht wurde, dauerhafte Akzeptanz zu finden, weil Veränderungen den ursprünglichen Entwurf sozusagen »unkenntlich« machten oder ihn zumindest so sehr verfremdeten, dass die Aussage des Entwurfs statt als klarer Sprache nur noch als undeutliches Murmeln vernehmbar war.

Es ist sicherlich nicht zu leugnen, dass manche Veränderungen solcher Kirchen unter das Entstellungsverbot des Urheberschutzgesetzes fielen, ohne dass die Architekten je davon Kenntnis erhielten. Der Regelfall ist das aber nicht gewesen, denn im Regelfall sind an den Entscheidungen ja kirchliche Bauämter beteiligt, denen der Urheberschutz kein böhmisches Dorf ist.

[1] s. u. I.5.

Dennoch ist es nötig, immer wieder auf solche urheberrechtlichen Zusammenhänge hinzuweisen. Nicht nur, weil diese auch sonst nicht gerade populär sind, sondern vor allem, weil sie es auch in der Kirche und den Gemeinden nicht sind. Es ist auch dort nämlich keineswegs eingängig, dass man mit einer Kirche, die man hat bauen lassen und mit schwerem Geld Stein für Stein bezahlt hat, nicht letztlich tun und lassen darf, was man will. So wie man es gerne auch für eine Bagatelle hält, für die Titelseite des weihnachtlichen Gemeindebriefes eine schöne Krippenszene aus dem familieneigenen Kunstbuch herauszukopieren. Oder das Computerprogramm nicht nur im Kirchenbüro, sondern gleich auch noch im pfarramtlichen Dienstzimmer installiert – ohne Zweitlizenz.

Nein, eingängig ist das alles nicht. Aber Unrecht. Und wenn man wissen möchte, ob dergleichen eine Bagatelle ist, sollte man am besten – einen »Künstler« fragen.

Wer also trotz Finanzknappheit und Austrittswelle umbauen, ausbauen, erweitern, erst recht, wer abbauen, abreißen oder sonst irgendwelche Baumaßnahmen auf sich zukommen sieht, sollte als Kirchenvorstand und Pfarrer unter allen Umständen sich in baulichen Dingen sachkundig machen. Noch mehr aber sollte man sich an die zuständigen kirchlichen Bauämter wenden – frühzeitig und umfassend. Bauämter klagen zwar über ständige Überlastung, und das auch noch zu Recht. Aber ich kenne nicht einen einzigen Fall, bei dem sich die kirchlichen Bauämter einer solchen gemeindlichen Anfrage entzogen hätten.

Und – so schlimm ist es mit dem Urheberrecht auch wieder nicht. Denn das »Entstellungsverbot« ist natürlich nicht schrankenlos, so hat es das oben erwähnte Gericht dem Kläger gleich mit in die Begründung geschrieben. Statt dessen habe stets eine »Interessensabwägung zwischen den Interessen des Urhebers an der unverfälschten Erhaltung seines Werkes und den Interessen des Eigentümers an der freien Verfügungsbefugnis über sein Eigentum statt(zu)finden.«[1]

Das bedeutet nichts anderes, als bei Veränderungsabsichten erst einmal den Dialog mit dem Urheber, also mit dem Architekten bzw. seinen Erben zu suchen, wenn das betroffene Gebäude nicht älter als 70 Jahre ist, denn solange währen die Fristen des Gesetzes.

Man sollte aber den Dialog mit den Architekten nicht nur suchen, weil er erforderlich ist, sondern vor allem, weil er sinnvoll ist!

---

[1] *s. http://www.bda-architekten.de/arch/bda/view.php?lang=de&thema=BDA_themen&ID=50.*

Architekten, die in den 60er- und 70er-Jahren Kirchen gebaut haben, werden sich einer heute ja eher aus der Not geborenen Argumentation nicht verwehren. Im Gegenteil: Der schon zitierte Hamburger Architekt Horst von Bassewitz hat auf dem Hamburger Kirchbautag von 1999 seine Kollegen ausdrücklich ermuntert, gewissermaßen eine »Patenschaft« an den von ihnen damals erbauten Kirchen zu übernehmen und den Gemeinden – durchaus nicht immer nur mit dem Blick auf die Gebührenordnung – mit ihrem Rat zur Seite zu stehen. Das ist ihm hoch anzurechnen – eine Überraschung ist solcher Vorschlag nur für diejenigen, die nicht ahnen, wie sehr ein Urheber an einem guten Fortbestand seiner »Entwürfe und Ideen« interessiert ist – auch unter veränderten Bedingungen, und erst recht – in Krisenzeiten.

Es ist nicht immer selbstverständlich, dass Kirchengemeinden in dem Bewusstsein leben, nicht nur mit dem Kreuz auf dem Altar oder dem Engel über der Taufe, sondern schon mit dem Kirchengebäude selbst ein schützenswertes Kunstwerk in Händen zu haben. Sich aber diese sogar rechtlich eindeutige Tatsache zu vergegenwärtigen, könnte im Umgang mit den Kirchen manches leichter machen. Es ist keine Vorwegnahme, wenn an dieser Stelle schon einmal gefragt wird, ob man ein Kunstwerk eigentlich »stilllegen«, oder gar »abreißen« kann. Wenn aber schon, wie gesehen, der Schöpfer dieses Kunstwerkes 70 Jahre lang seine Rechte daran geltend machen kann, legt das die Frage nahe, wem denn »die Kirche« nun eigentlich gehört.

1.3. Ist Architektur Kunst?

I. Allgemeine Fragen

I. 4. Wem gehört eine Kirche?

Einschränkungen des Verfügungsrechtes.
Dialog mit dem Denkmalschutz.
KiBa.
Fürsorge für das Kunstwerk.
Die prinzipielle Öffentlichkeit der Kirchen.
Die Kirchengemeinde als »Verwalterin« ihrer Kirche.

Wem gehört eine Kirche? Selbstverständlich gehört eine Kirche zunächst einmal dem, der die entsprechenden Eintragungen im Grundbuch vorzuweisen hat, das wird in der Regel die Kirchengemeinde, der Kirchengemeindeverband oder sonst eine kirchliche Körperschaft sein.

So einfach wie es scheint, ist aber nicht einmal dieses. Das Gebäude eines Hamburger Kirchenkreises befand sich auf einem Grundstück, das selbst nicht dem Kirchenkreis, sondern der örtlichen Kirchengemeinde gehörte. Es wäre für die Richter kein leichtes Arbeiten geworden, wenn es zu einem Prozess um die Besitzrechte gekommen wäre; zum Glück einigte man sich ohne Richter.

Davon abgesehen gibt es immer wieder lokale Besonderheiten, die nicht jeder schon deshalb kennt, weil er bereits fünf Jahre als Pfarrer oder zehn im Kirchenvorstand seiner Gemeinde arbeitet.

Zum Beispiel gehören zwar viele Kirchen im Hamburger Staatsgebiet ihren Gemeinden, die natürlich auch die Last der Bauunterhaltung tragen, stehen aber auf Grundstücken, die der Kirche vom Staat so lange überlassen wurden, wie dort der »eigentliche« Kirchenzweck erfüllt wird, nämlich Gottesdienste gehalten und Amtshandlungen vollzogen werden. Dass eine solche Konstruktion den »Marktwert« einer Kirche erheblich senkt, würde dem rasch klar, der sie verkaufen wollte. Es ist also für eine Kirchengemeinde in jedem Fall von Nutzen, die rechtlichen Besitzverhältnisse bei allen Planungen vor Augen zu haben und dabei mögliche regionale Besonderheiten nicht zu übersehen.

Aber selbst, wenn die Besitzverhältnisse zumindest juristisch eindeutig sind, hat man es gegebenenfalls noch mit dem Denkmalschutz zu tun, denn mehr als nur eine kleine Minderheit der Kirchen sind als Denkmale eingestuft, im Stadtstaat Hamburg beispielsweise sind von 144 Kirchen 127 Kirchen als denkmalwürdig eingeschätzt bzw. stehen bereits unter Denkmalschutz.[1]

Denkmalschutz fällt unter die Kulturhoheit der Länder, die Denkmalschutzgesetze mögen also in Details voneinander abweichen. Es ist aber kein Problem, den jeweiligen Gesetzestext sofort vor Augen zu haben; es reicht die Eingabe der Suchstichworte »Denkmalschutzgesetz« zuzüglich des Namens des gewünschten Bundeslandes, schon gibt jede Suchmaschine im Internet den entsprechenden Gesetzestext als ersten Treffer aus.

Gewiss schützt der Staat »wertvolle« und »schöne« Bau- und Raumensembles, natürlich vor allem solche »mit Patina«, so dass

---

[1] s. Jörn Walter, a. a. O., S. 144.

man auch hier sagen muss: Nichts nützt einem Gebäude mehr als der glamouröse Schleier des in die Jahre Gekommenen ... Aber im Kern schützen die Behörden vor allem »Typisches«, Signifikantes für eine bestimmte Zeit und sichern so »Quellen« für die gegenwärtige und zukünftige Geschichtsschreibung.

Zugespitzt: Eine Kirche ist für den Denkmalschutz nicht weniger und nicht mehr schützenswert als ein alter Grenzstein, eine für bestimmte Produktionsformen typische Werkzeugfabrik oder auch ein Getreidesilo, wenn dieser eine besondere Form der Trockenhaltung dokumentiert. Auch Bäume, Schiffe, U-Bahnwagen oder ganze Straßenensembles können unter diesem Gesichtspunkt schützenswert sein.

Im Grunde ist der Denkmalschutz bezogen auf Räume und Gebäude also kaum etwas anderes als ein Staatsarchiv bezogen auf alles (staatlich) Gedruckte. Über den Sinn dessen muss wohl kein weiteres Wort verloren werden.[1]

Nur geht es im Denkmalschutz eben auch um Geld, weswegen so mancher schlaflose Nächte hat, wenn ihm der Brief des Amtes zugestellt wurde, dass sein Gebäude »unter Schutz gestellt« wurde, der erste Schritt auf dem Weg des Eintrags in die Denkmalschutzliste. Denn von nun an, so denkt man, ist man nicht mehr Herr im eigenen Hause und sieht möglicherweise gewaltige Ausgaben auf sich zukommen. Das ist aber nicht richtig.

Richtig ist, dass man weiterhin für die Unterhaltung seines Eigentums Geld wird aufbringen müssen. Aber das musste man auch vorher schon, wollte man nämlich den Wert seines Eigentums einigermaßen erhalten. Sollte einem dieser Unterhalt dennoch über den Kopf wachsen, kann man, wenn man es begründen kann, Zuschüsse des Denkmalschutzamtes im Rahmen von dessen Haushaltsmitteln erhalten. Richtig ist allerdings auch, dass die Unterschutzstellung eine Art »Einfrieren« des jeweiligen Objektes bedeutet. Nur bedeutet das nicht, dass Veränderungen ab sofort nicht mehr möglich wären, sondern man muss sie begründen und sie müssen – in aller Regel jedenfalls – »reversibel« sein, d.h. im Ernstfall ohne allzu großen Aufwand rückgängig gemacht werden können.

Auch hier geht es also, wie im Falle des Architekten, um Dialog. Angst ist dabei nicht vonnöten, man wird, so die Erfahrung, in aller

---

[1] *Natürlich wissen Denkmalschützer auch, dass nachhaltiger Bestandsschutz für eine Kirche deren fortdauernde Verwendung tatsächlich als Kirche, also als Gottesdienstraum ist. Nur kann sie rechtlich eben diesen Gebrauch nicht gleich mit »unter Schutz stellen«.*

Regel offene, interessierte, und, was am wichtigsten ist, auch einsichtsvolle Gesprächspartner finden, die allerdings nicht immer »bequem« sind oder nichts sonst als das Nicken gelernt hätten.

Vertrauensvolle Zusammenarbeit ist um so wahrscheinlicher, als die meisten regionalen und überregionalen kirchlichen Bauämter über ausgezeichnete Beziehungen zu den jeweiligen Denkmalschutzbehörden verfügen und im Ernstfall ja nicht nur Gesprächspartner vermitteln, sondern oftmals gleich selbst mit tätig werden.

Zudem enthalten die meisten Denkmalschutzgesetze besondere Regelungen für den Umgang mit »Religionsgemeinschaften«, weil deren Sakralgebäude eben doch, wie gesehen, überproportional häufig unter den Denkmalschutz fallen – kein Wunder, da diese Gebäude als Kunstwerke bereits bei Entstehen ja schon unter den anderen Schutz des Urheberrechtes fielen. Diese »Sonderabsprachen« sichern den Religionsgemeinschaften zu, dass der Denkmalschutz die Ausübung der Religion in dem betroffenen Gebäude auch unter historisch veränderten Bedingungen nicht behindern darf. Solche Bestimmungen erleichtern den Gemeinden den Dialog mit den entsprechenden Behörden, weil in diesen Fällen der Denkmalschutz bei Fragen der »Reversibilität« einer Baumaßnahme oft tatsächlich bis an die Grenzen der Möglichkeiten zu gehen bereit ist.

Der Denkmalschutz ist also unter allen Umständen ein natürlicher Bündnispartner der Kirchengemeinden, wenn es um den Erhalt ihrer denkmalwerten Gebäude geht. Das gilt besonders für die schon wiederholt angeführten Kirchen aus der Nachkriegszeit, für deren Unterschutzstellung die Behörden in den letzten Jahren verstärkt – und auch zu Recht – sorgen.

Welche Bedeutung die Kirche selbst längst dem Denkmalschutz einräumt, hat die EKD mit der Schaffung der »Stiftung KiBa« (Stiftung zur Bewahrung kirchlicher Baudenkmäler in Deutschland) unter Beweis gestellt, die seit ihrem Bestehen 1997 über 180 Sanierungsvorhaben gefördert hat. Damit steht für jene, denen die Last, ein Denkmal zu tragen, alleine nicht länger zuzumuten ist, ohne dass deswegen schon staatliche Gelder fließen müssen, ein Partner zur Verfügung, der Lasten schultern helfen und Denkmale erhalten helfen kann. Das tut die »KiBa« und tut es längst auch in guter Zusammenarbeit mit der »Stiftung Deutscher Denkmalschutz«[1]

Es setzt sich immer mehr durch, dass auch einzelne Kirchen, vor allem solche mit »besonderem Charakter« wie beispielsweise die Hamburger St. Michaeliskirche, mit unterschiedlichen Bündnispart-

---

[1] *s. www.ekd.de/kiba/kiba_home.html, www.denkmalschutz.de.*

nern aus Kultur und vor allem der Wirtschaft eigene Stiftungen ins Leben rufen; das ist ein ermutigendes Zeichen.[1]

Nun ist es mit der Erwähnung des Urheberrechtes der Architekten und der »Mitbestimmung« des Denkmalschutzes noch immer nicht getan. Bei der Frage »Wem gehören die Kirchen?« spielen weitere Themen eine Rolle, z. B. die Frage, was es denn bedeutet, wenn etwas »Kunst« ist.

Auch die »Mona Lisa« im Pariser Louvre gehört »irgendwem« – juristisch jedenfalls, und ohne es weiter recherchiert zu haben, vermute ich, sie gehört dem französischen Staat. Man stelle sich aber den Aufschrei vor, wenn dieser das Bild so mir nichts, dir nichts an einen reichen, sagen wir vorsichtig: »ausländischen Magnaten« verkaufen würde, der diese Dame unverzüglich wegschließt, weil er, wie viele, die »Kunst« kaufen, sie weniger als solche ansieht, sondern erst einmal als hervorragende, weil relativ konjunkturunabhängige Geldanlage!

Und um wie viel Phon würde sich der Protest steigern, wenn man erführe, der französische Staat hätte dies aus keinem anderen Grund getan, als um seinen knapp gewordenen Staatsfinanzen auf die Sprünge zu helfen? Vermutlich würde man argumentieren, dass der französische Staat vielleicht das juristische Recht zu dem Verkauf hatte, keinesfalls aber das moralische, denn ein Kunstwerk solcher Güte gehört dem, dem es gehört, eben nur juristisch, »moralisch« aber doch »allen«, weswegen der Besitzer für die allgemeine Zugänglichkeit des Objektes unter allen Umständen und vor allem: noch vor seinem Eigentumsrecht zu sorgen hätte.

Nebenbei: Das Beispiel der »Mona Lisa« ist weniger an den Haaren herbeigezogen, als es zunächst erscheinen mag. Immerhin hat der Louvre soeben 183 Kunstwerke für ein knappes Jahr an das amerikanische High Museum in Atlanta verliehen. Das neue Geschäft »Kunstwerke gegen Geld« schlägt in der Pariser Museumswelt hohe Wellen. Viele der französischen Museumsdirektoren befürchten einen Ausverkauf der Werke, der renommierte Kunsthistoriker und -kritiker Didier Rykner warnt vor einer »Globalisierung der Kunstwerke«. Mit einem Teil der kolossalen Summe will der Louvre seine Säle renovieren, die dem Mobiliar des 18. Jahrhunderts gewidmet sind.[2]

Nun gilt nicht gleich für jede Kirche, was für da Vincis Mona Lisa gilt. Dennoch fragt sich, ob der Umgang mit einem »Kunstwerk«

---

[1] *zum Thema »Stiftungen« s. unter II.5.*
[2] *dpa-Meldung vom 28. 2. 2006.*

dem Inhaber nicht eine besondere Sorgfaltspflicht auferlegt, vor allem dann, wenn diese Kunst ja von vornherein »öffentliche Kunst« ist:

Schon der Denkmalschutz erinnert daran, wie sehr ein Gebäude der Kirche nicht nur im kirchlichen, sondern im allgemeinen, im öffentlichen Interesse steht oder stehen kann. Aber Kirchen sind »öffentliche Gebäude« auch aus ihrem eigenem kirchlichen Anspruch heraus.

Denn Gottesdienste sind jedermann zugänglich, natürlich nicht aus Großzügigkeit, sondern weil die gebotene »öffentliche Wortverkündigung« eben dazu nötigt. Der Auftrag und die Botschaft der Kirche gilt ausnahmslos jedem Menschen, die Weisung, »zu Jüngern zu machen« und zu taufen, macht vor keiner Grenze Halt. Die Kirchen sind nach ihrem eigenen Selbstverständnis nicht nur sonntäglicher Treffpunkt der »Kerngemeinde«, sind nicht nur »Vereinshäuser« für die »Mitgliederversammlung«. Sondern sie sind immer schon, seit sie zum ersten Mal ihre Türen öffneten, Einladung an jeden Vorübergehenden, »hinzuzutreten«.

Bei baulichen Maßnahmen in oder an einem Kirchengebäude sind daher nicht nur jene zu bedenken, denen eine Kirche juristisch »gehört«, also die Gemeindeglieder, sondern auch all jene, die solche Mitglieder nicht sind. Denn aus der Sicht des Evangeliums sind sie es allesamt und stets nur: noch nicht. Der Weg Gottes in die Welt zielt darauf, alle Menschen dazu einzuladen, ihn mitzugehen, nicht nur die zahlenden Kirchenmitglieder. So sind die Weg- und Raststationen, und nichts anderes sind die Kirchengebäude, solche prinzipiell für alle Menschen, nicht nur für eine aktuell schon bekennende Teilmenge daraus. Weil Gott selbst »öffentlich« ist, kann die von Jakob in Beth El aufgerichtete »Weg-Markierung« als Antwort auf das Gotteswort nicht alleine seine private Antwort sein.

Schon aus Aufgabe und Sendung der Kirche resultiert also – nun nicht gleich eine weitere »Einschränkung« des »freien Verfügungsrechtes« an ihrem Eigentum, wohl aber eine besondere Verantwortung, mit diesem Verfügungsrecht verantwortlich umzugehen. Es ist von daher vielleicht nicht falsch zu sagen, die Kirchenvorstände seien weniger die Besitzer als vielmehr die Verwalter der Sakralgebäude. Und sie verwalten diese mit hoher Verantwortung nicht etwa nur für »die eigene Gemeinde«, sondern – für alle. Der Satz »Kirchen gehören allen« ist zunächst einmal ein Kernsatz des christlichen Glaubens.

Also nicht nur der Denkmalschutz erinnert daran, dass auch die »andere«, die nichtkirchliche Seite einen Anspruch auf die Kirchen-

gebäude geltend machen kann. Am deutlichsten wird dieser Anspruch bei den mittelalterlichen und spätmittelalterlichen Kirchen, da sie in der Regel nicht von der Christengemeinde, sondern von der Bürgergemeinde errichtet wurden. Dass beide seinerzeit in eins fielen, ändert nichts daran, dass heute, da beides verschiedenen Größen sind, die Nachkommen der einen nicht weniger »Anspruch« auf diese Kirchen haben als die Nachkommen der anderen.

Aber auch dort, wo die Kirche selbst Bauherr war und ist, können Nichtkirchenmitglieder sehr wohl eigene Ansprüche der Berücksichtigung ihrer Interessen erheben. Um es sehr schlicht zu sagen: Man durchlaufe nur einmal für die zurückliegenden zehn Jahre die Spendeneinnahmen einer Gemeinde, wie sie bei Taufen, Trauungen, Beerdigungen, Kirchenmusiken und sonst zu allerlei Gelegenheiten aufgefordert oder unaufgefordert eingegangen sind, und sehe sich den Spender an, und zwar im Hinblick auf seine Kirchenzugehörigkeit – darunter fände sich kein »Ausgetretener?

Und wie viele Menschen »besitzen« ihre Kirche buchstäblich – bei Konfirmationen, zu Weihnachtsgottesdiensten oder an den Totensonntagen, ohne dabei einen »Mitgliedsausweis« in der Tasche mit sich zu führen. Und: Man schaue nur darauf, wie es gelegentlich öffentlich »aufkocht«, wenn eine Kirche geschlossen oder abgerissen werden soll, nicht nur bei Gemeindegliedern.

Jedes Jahr, um das eine Kirche lebt und altert, lebt und altert »eine Öffentlichkeit« mit ihr, zu der womöglich auch Menschen gehören, die »ihre« Kirche nie betreten – und denen dennoch etwas fehlen würde, wenn sie nicht da wäre.

Weil somit das »Drinnen« und das »Draußen« bei Kirchen gar nicht so recht zu unterscheiden ist, gilt der Satz »Kirchen gehören allen« nicht nur aus der Sicht der Gemeinde, sondern auch aus der Sicht der Öffentlichkeit.

1996 appellierte die als »Magdeburger Manifest« bekannt gewordene Erklärung des 22. Evangelischen Kirchbautages: »Sechs Jahre nach der Wiedervereinigung Deutschlands verfallen trotz großer Anstrengungen vieler Menschen und Institutionen in unvorstellbarem Maße bedeutende kirchliche Kulturgüter. Hunderte von historisch wertvollen Kirchbauten, die Identifikationspunkte von Städten und Dörfern, werden in den nächsten Jahren verschwinden, wenn wir nicht alle zu ihrem Erhalt beitragen. Es liegt in der Verantwortung und in den Möglichkeiten jeder Bürgerin und jedes Bürgers dieser Republik – Christen wie Nichtchristen –, dass dies nicht geschieht. Kirchen sind Seele und Gedächtnis des Gemeinwesens«.

Das »Magdeburger Manifest« begründete seinen Aufruf unter anderem mit diesem Satz: »Kirchengebäude sind in einer offenen Gesellschaft Orte der Öffentlichkeit. Sie prägen das Gesicht der Städte und Dörfer. Sie stehen im Brennpunkt des Lebens, an Orten der Begegnung und des Erinnerns, sie sind Orte des Gebets, der Stille und Besinnung. Sie werden von Christen wie von Nichtchristen gebraucht. Für die Erhaltung sind alle gesellschaftlichen Gruppen verantwortlich.«[1]

Dies hat aus seiner Sicht der Hamburger Oberbaudirektor Jörn Walter auf dem 25. Kirchbautag in Stuttgart 2005 bestätigt, wies allerdings zugleich mahnend darauf hin, dass auf kirchlicher Seite diese Mitverantwortung dann aber auch angenommen werden müsse, auch wenn andere »gesellschaftliche Akteure« gelegentlich mit kirchlichen Plänen und Vorhaben für ihre Kirchengebäude nicht oder nicht in jedem Punkt einverstanden sind:

»Was die öffentliche Hand anbetrifft, muss dabei aber berücksichtigt werden, dass Kirchengebäude Individuen sind und eine unterschiedliche Bedeutung für die Städte und deren Öffentlichkeit haben. Entsprechend wird sich die öffentliche Mitverantwortung nur aus der jeweiligen geschichtlichen, künstlerischen und städtebaulichen Bedeutung herleiten lassen. Weil das so ist (...), ist es wichtig, dass die Kirchen die Diskussion um die Zusammenlegung von Gemeinden und die Aufgabe von sakralen Bauwerken auch öffentlich führen. Denn wenn man nach außen die gesellschaftliche Beteiligung am Erhalt der Kirchengebäude einfordert, sind diese Fragen keine rein innerkirchliche Angelegenheit mehr und bedürfen der Beteiligung auch jener, die außerhalb der christlichen Gemeinden stehen.«[1]

Urheberrecht und Denkmalschutz, christlicher Auftrag und »Magdeburger Manifest« – Kirchen sind öffentliche Gebäude, die von Kirchenvorständen und anderen kirchlichen Leitungsgremien in diesem Sinne nicht »besessen« werden, sondern verantwortungsvoll im Sinne aller verwaltet werden müssen. Da kommt es also vor allem auf Dialog an – mit Architekten, Denkmalschützern, Vertretern der Öffentlichkeit. Aber es kommt auch noch auf etwas anderes an.

---

[1] *das »Magdeburger Manifest« in Rainer Volp, Denkmal Kirche? Erbe, Zeichen, Vision, Darmstadt 1997, S. 103.*

I. Allgemeine Fragen

I. 5. Muss eine Kirche immer geöffnet haben?

Hauptkirche Beatae Mariae Virginis – verschlossen.
Öffentlichkeit und Öffnung.
Die Bedeutung des Tourismus.
Unlautere Einwände.
Konsequenzen der Verschlossenheit für Nachkriegsbauten.
»Gütesiegel«.
Asiatische Vorbilder?

So oft kommt man nicht nach Wolfenbüttel. Ich hatte vor etlichen Jahren Gelegenheit dazu, konnte auch sehen und besuchen, was es dort Bemerkenswertes gibt. Und das ist nicht wenig. Dazu gehört auch die wahrhaft beachtenswerte Hauptkirche Beatae Mariae Virginis, immerhin der erste bedeutende protestantische Großkirchenbau, begonnen 1608. Allein – diese Kirche fand ich verschlossen vor. Ich habe schon oft am hellen Tag vor verriegelten evangelischen Kirchentüren gestanden, mich aber selten so geärgert wie dort, denn ein solches Prunkstück versäumt man nicht gerne – und wie gesagt: So oft kommt man nicht nach Wolfenbüttel! Ich bin gewiss nicht der einzige, der sich über diese Abweisung geärgert hat. Leider gibt es keine Zahlen darüber, wie vielen Menschen eine verschlossene Kirchentür zum letzten Anlass für ihren Kirchenaustritt wurde.

Muss eine Kirche immer geöffnet haben? Die Antwort auf diese Frage wäre sehr kurz zu geben und müsste lauten: »Nein, nachts nicht.«

Wenn eine Kirche ein »öffentliches Gebäude« ist, wird sie für die Öffentlichkeit auch zugänglich sein müssen. Und damit ist natürlich mehr gemeint als die sonntägliche Öffnungszeit zum Gottesdienst.

Das Thema der »geöffneten Kirchen« spielte bereits 1949 bei der Gründung des Evangelischen Kirchbautages eine Rolle: »Wenngleich sich die Anwesenden bewusst waren, dass der Kirche auch noch andere Wege und Möglichkeiten neuen, missionarischen Handelns gegeben sind, so schien doch vom Kirchenbau her die Forderung nach offenen Kirchen durchaus berechtigt. Geistliche, Kirchenvorstände und ihre Küster sollten dazu angehalten werden, die Kirchen ständig einkehrenden Besuchern zu öffnen.

Diese Forderung, die nicht etwa von einzelnen Unentwegten gestellt wurde, war ein ernstes Anliegen aller Versammelten und gilt sowohl für die großen Kirchen der Städte wie für die kleinsten Kapellen und Notkirchen einer Flüchtlingsgemeinde, dort vor allem.« so die damalige Presseerklärung.[1]

Es ist seitdem wohl kaum ein Kirchbautag vergangen, bei dem nicht erneut gebeten und dazu ermahnt werden musste, der »Verschlossenheit« evangelischer Kirchen endlich ein Ende zu machen.

Zum Glück ist das Wolfenbütteler Beispiel ein Einzelfall, jedenfalls, was die zentralen Hauptkirchen der Städte angeht.[2] Aber

---

[1] s. Kirchbautagung 1949. Bericht – Referate – Gespräch, o.J., ohne Ort, S. 58.
[2] zur Ehrenrettung muss gesagt werden, dass heute die Wolfenbütteler Kirche immerhin von dienstags bis samstags von 10–12 und 14–16 Uhr geöffnet ist.

mittlerweile haben zunehmend auch kleinere Kirchen zu den üblichen Geschäftszeiten geöffnet – jedenfalls solche mit »Patina«, und wenn sie sich in »touristisch relevanten Gebieten« befinden. Jenseits dessen aber gibt man sich auf evangelischer Seite immer noch ziemlich zugeknöpft.

Die Relevanz des Tourismus für »Lebensgefühl«, »Meinungsbildung« und »Bewusstsein« der Menschen ist in den letzten Jahren mehr und mehr in den Blick gekommen, aber noch längst nicht allseits bewusst geworden. Verdienstvoll ist darum die Studie der EKD zur Urlauberseelsorge: »Die Touristikbranche legt Jahr für Jahr zu. 800 Millionen Menschen sind pro Jahr auf Urlaubsreisen unterwegs und über 100 Millionen Beschäftigte finden weltweit Lohn und Brot in der Tourismusbranche. Rund 25 bis 30 Prozent des Welthandels im Dienstleistungsbereich entfallen auf grenzüberschreitende Reisen. In Deutschland konkurriert die Tourismusbranche z. B. mit dem Maschinenbau und der chemischen Industrie; mit ca. 200 Milliarden Umsatz hat sie ebenso viel erwirtschaftet wie diese beiden Produktionsbereiche.[1]

Die Zeit allerdings, dass Pfarrer und Kirchenvorstände eine Kirche hauptsächlich als einen Gottesdienstraum ansahen und deshalb die Notwendigkeit einer Öffnung der Kirche jenseits dessen nicht in den Blick bekamen, scheint aber langsam zu Ende zu gehen. Die Einsicht, dass der »heilige Raum« dieses nicht nur zur Predigtzeit ist, sondern, wenn auch in einem anderen, aber legitimen Verständnis des Wortes[2], auch, wenn dort kein gesprochenes Wort fällt, schafft sich mehr und mehr Raum. So werden heute meist nur noch praktische Gründe genannt, die eine Kirchenöffnung unmöglich erscheinen lassen.

Den ersten Grund wird man ohne weiteres beiseite schaffen können, geäußert vor allem, wenn es um die Kirchen in den Vororten und Randsiedlungen der Städte geht: »Aber wer kommt denn da!« Mit diesem Ausruf kann nur gemeint sein, dass »der Aufwand« in keinem Verhältnis zum Erfolg steht, mithin die Mühe nicht lohnt.

Das könnte nur sagen, wer es erprobt hat. Sollte es allerdings in der Probe tatsächlich erwiesen werden, würde man dringend einen Besuch beim katholischen Kollegen der benachbarten Kirche empfehlen und fragen, warum dieser denn seine Kirche dennoch geöff-

---

[1] s. Fern der Heimat: Kirche – Urlaubs-Seelsorge im Wandel. Ein Beitrag der EKD zu einer missionarischen Handlungsstrategie, EKD-Texte 82, 2006, weitere Zahlen: ebd. und unter http://www.ekd.de/EKD-Texte/ekd_texte_82_0.html.

[2] s. unter I.1.

net hält, wo es doch »der Mühe nicht lohnt«. Möglicherweise wird der katholische Kollege anders rechnen, vielleicht nur mit den Fingern einer Hand und nach der Weise Abrahams, als dieser einst mit Gott um Sodom feilschte (1. Mose 18). Nein, wenn ein kirchliches Gremium eine Kirche besitzt, diese aber, wie gesehen, nur für die Öffentlichkeit verwaltet, muss die Öffentlichkeit auch Zugang haben – und zwar so viel wie zum Einwohnermeldeamt, und wenn es geht, sogar noch ein wenig mehr.

Wie gesehen sind die eben angesprochenen Kirchen »in den Vororten und Randsiedlungen der Städte« zugleich jene, die sich dem »Bauboom« der 50er- und 60er-Jahre verdanken, und die es angeblich so schwer haben, bei den Menschen »anzukommen«. Wer weiß, wie es mit diesem »Ankommen« stünde, wenn diese Kirchen erst so viele Jahre öffentlich zugänglich gewesen sein werden – wie die 500 Jahre alten gotischen Marktkirchen, die seinerzeit übrigens kaum für eine größere Anzahl von Menschen erbaut wurden, als sie vor kurzem noch zu den Gemeinden der Nachkriegszeit gehörten. Wer also die Probe machen wollte, ob sich die Öffnung »lohnt«, dürfte diese Probe also zeitlich nicht zu kurz gestalten.

Weitere praktische Einwände wären: »Ja, wer soll sie denn auf- und zuschließen?« Tatsächlich, auch so etwas wird gelegentlich geäußert. Nur ist in diesem Fall wohl die Bequemlichkeit der größere Ratgeber als die Vernunft, denn selbst, wenn in kritischeren Zeiten die Zahl der Küster rückläufig ist, bleibt doch, jedenfalls einstweilen, die »Residenzpflicht« in Kraft. Und somit wäre schon gefunden, wer selbst die »Schlüsselgewalt« übernehmen kann, wenn er es denn partout nicht anders organisieren kann. Wenn ein Pfarrer seinen Tag damit beginnen würde, die Kirche aufzuschließen und ihn damit enden ließe, sie sorgfältig wieder abzusperren, wäre das nicht die geringste Andacht, die seinen Dienstalltag gestalten hilft.

Das andere praktische Argument ist die Angst vor Diebstahl, Zerstörung und Randale. Nur – auch inwieweit diese Angst begründet ist, wird man nur erfahren, wenn man es ausprobiert. Dem Argument nach dürfte eigentlich kaum eine katholische Kirche mehr intakt sein.

Der Vorsitzende der »Deutschen Stiftung Denkmalschutz«, Gottfried Kiesow, wird nicht müde, die Notwendigkeit von Kirchenöffnungen zu unterstreichen: »Immer noch sind viel zu viele Kirchen verschlossen. Wir kennen die Schwierigkeiten des Vandalismus und des Kunstdiebstahls, und insofern kann man auch nicht dazu raten, Kirchen ohne Aufsicht zu öffnen. Allerdings im ländlichen Raum kann man das auch, in Städten sicherlich nicht; aber dann soll man doch Eintritt erheben. Warum eigentlich diese Scheu, darauf hinzuweisen, dass der beste Schutz für Kirchen samt den darin enthaltenen Kunstschätzen der Schutz der Öffentlichkeit ist. (...) Wir müssen die Kirche aufmachen. Wir müssen die Trennung zwischen dem Sakralen und dem Profanen aufheben.«[1]

Ob wirklich immer Aufsicht Not tut, ist aber fraglich. Gottfried Kiesow sagt es ja selbst, dass der beste Schutz von Kirchen die Öffentlichkeit ist und hat dies in Gesprächen im einstigen Arbeitsausschuss des Ev. Kirchbautages wiederholt. Denn es gilt ja auch:

»Natürlich sind Diebstahl, Verunreinigung und Vandalismus, wenn es dazu kommt, unangenehme und schmerzliche Erfahrungen. Doch diese Vorkommnisse sind eher Einzelfälle und nicht die Regel. Kunstgegenstände werden viel öfter aus abgeschlossenen als aus offenen Kirchen gestohlen. Auch lässt sich das Risiko verringern, indem man Wertvolles wegsperrt oder sichert. Schließlich lässt man wertvolle Schmuckstücke auch in der eigenen Wohnung nicht einfach herumliegen. Zu bedenken ist, dass es in vielen evangelischen Kirchen sowieso nicht allzu viel zu stehlen gibt, sieht man einmal von einem Gesangbuch aus dem Regal am Ausgang ab. Im übrigen gilt: Je mehr Menschen tagsüber die Kirche im Auge behalten und den Kirchenraum betreten, um so geringer ist die Gefahr, dass es dort zu Zerstörung und Verunreinigung kommt.«[2]

Zu ergänzen wäre: Es kann nur in eine Kirche eingebrochen werden, die verschlossen ist. Natürlich wird man einige Sicherungsmaßnahmen vornehmen müssen, zu denen die Bauämter, notfalls auch schlicht die Polizei, raten werden. Allzu teuer sind diese Maßnahmen alle nicht; die simple Maßnahme, die Kollektenbüchse am Ausgang möglichst oft zu leeren, kostet sogar überhaupt nichts.

Wem das an Sicherheit noch immer nicht reicht, der werbe ehrenamtliche Kräfte, die die Kirche – nein: nicht bewachen, sondern gastfrei offen halten, so dass ein etwaiger Besucher womöglich eine Tasse Kaffee erhält. Gottfried Kiesow verweist auf das englische Beispiel: *»Sie können in fast jeder englischen Kathedrale lunchen, das kann ich Ihnen nur empfehlen, da gibt's hervorragenden home-made-cake und ich weiß nicht was.«*[3] Ängstlichen Gemütern wird

---

[1] Gottfried Kiesow, Das Erbe und die Visionen, in: Rainer Volp (Hg.): Denkmal Kirche? Erbe, Zeichen, Vision, Darmstadt 1997, S. 51 ff.

[2] Gerhard Köhnlein: Der anvertraute Schatz – unsere Kirchen, in: Deutsches Pfarrerblatt 9/2004.

[3] Gottfried Kiesow, a. a. O.

ein »Pre-Paid-Handy« hingelegt – mit nur einer einzigen gespeicherten »Notrufnummer«, Kosten: rd. 20 EUR, Haltbarkeitsdauer bei 6 Notrufen im Jahr ungefähr fünf Jahre.

Und ohne Ironie: Das Ehrenamt in der Kirche sollte Konjunktur haben, hat zum Glück auch Konjunktur, nicht nur, weil das Geld, hauptamtliche Mitarbeiter zu bezahlen, immer weniger wird. Sondern weil für ihre Kirche engagierte Menschen oft die glaubwürdigsten Zeugen sind, die für das Anliegen des Evangeliums die beste Sprache sprechen. So könnte die buchstäbliche Öffnung der Kirchen mit Hilfe ehrenamtlicher Kräfte geradezu eine ganz eigene Form des »Gemeindeaufbaus« sein – und eine vielversprechende Form dazu.

Und selbst, wenn eine weitere Angst offen ausgesprochen würde, änderte sich nicht viel: »Und dann tummeln sich im Winter alle Bettler der Stadt in meiner warmen Kirche?« Die Antwort lautet: Selbst wenn – was für ein Geschenk! Oder: Welch weitere Chance des »Gemeindeaufbaus«! Aber – wenn alle Kirchen geöffnet hätten – wie viele »Bettler« bleiben für die einzelne Kirche? Und wenn – wen stören sie? In Paris gehört das Bild von schlafenden, Zeitung lesenden oder einfach sich wärmenden Obdachlosen zum selbstverständlichen Bild der dort ja überall geöffneten Kirchen – und ich habe niemals auch nur einen gesehen, der daran Anstoß nahm.

Nein, die Phantasien, welche »normal« geöffnete Kirchen bei ihren »Besitzern« wecken, sind weitgehend wirklichkeitsfremd, und auch gegenüber solchen Ängsten wäre das kräftige »Fürchtet euch nicht« des Evangeliums angebracht. Jedenfalls schadet eine Öffnung den Kirchen und Kirchengemeinden ungleich weniger als die dauernde Schließung!

Zum Glück hat sich die Einsicht, seine Kirchen geöffnet zu halten, auch wenn es sich nicht um das städtische Prunkstück am Markt handelt, schon recht weit verbreitet. Das »Gütesiegel«, von der Hannoverschen Landeskirche entwickelt und von anderen Landeskirchen übernommen, das inzwischen am Eingang so mancher Kirche hängt: »Verlässlich geöffnete Kirche« zeugt davon. Noch macht ein solches »Siegel« guten Sinn. Klar ist aber, dass es nur eine »historische Zwischenstation« markieren darf und sich hoffentlich recht bald überlebt hat: weil es dann keine besondere Botschaft mehr sendet, sondern nur noch eine allgemeine Selbstverständlichkeit.

Übrigens hat die Nordelbische Kirche (wie einige andere Landeskirchen auch) ein eigenes »Siegel« entwickelt: Tritt ein! – Die Kirche ist offen –«. Das mag sprachlich besser sein als das

»Wortungetüm« von der »verlässlich geöffneten Kirche«, das ja fälschlicherweise nahe legt, es gäbe ausschließlich geöffnete Kirchen – die einen eben verlässlich geöffnet, die anderen dagegen – ja was denn: »unzuverlässig geöffnet«? Allerdings: »Tritt ein« – nun ja. Nicht nur im nordelbischen Öffentlichkeitsarbeits-Jargon hat sich die »Kunden-Duzerei« in die kirchliche Sprachgestalt eingeschlichen, die eine mehr gewünschte als reale Gemeinsamkeit signalisiert und leider kaum etwas von dem skandinavischen Charme hat, mit dem IKEA seine Kunden duzt.[1]

Besser, als seine Ängste zu pflegen, wäre es, Besuchern Möglichkeiten zur »Benutzung« der Kirche an die Hand zu geben. Denn wenn es nicht der »böse Bube« ist, der kommt – wer wäre es dann? Und was wollte er dort, in der Kirche?

Ja, was kann er denn wollen?

Einen Augenblick Ruhe vielleicht. Einen Blick auf ein Bild, das die Gedanken fließen lässt. Nur einen Augenblick dort sitzen – was bereits etwas ganz anderes ist, als sich für einen Augenblick auf einer Parkbank auszuruhen. Und selbst, wenn man dort nicht in der Stille sitzt, weil z. B. der Organist eben auf der Orgel übt, so wird der Gast dafür dankbar sein, weil dieser ganz andere Klang, überhaupt: diese andere Welt, dieser so andere Raum ... Es mögen nur fünf Minuten sein, oder drei oder nur eine ... aber für die Arithmetik ist in der Kirche ohnehin grundsätzlich Abraham mit den Fingern seiner einen Hand zuständig. Und wenn es pro Jahr nur einer wäre, der so in eine Kirche käme – an der abrahamitischen Zuständigkeit ändert das nichts.

Es ist, und das mag »die Crux« an der Sache sein, die Öffnung der Kirchen keine Maßnahme, mit der ein »schneller Erfolg« zu erzielen ist. Sie »wirkt« nur mit langem Atem, wenn es hier denn überhaupt um eine »Wirkung« ginge – und nicht, wie gesehen, um die »innere Notwendigkeit« eines »öffentlichen Gebäudes«.

Nur: Notwendig ist solche Öffnung auch ohne »schnellen Erfolg«. Wer die innere Notwendigkeit zur Öffnung nicht einsieht, muss sich im Klaren darüber sein: Wer seine Kirche nicht offen hält, verspielt auf jeden Fall die Chance, in seinem sonstigen »Öffentlichkeitsanspruch« auf Dauer ernst genommen zu werden.

Es gibt natürlich – neben der »einfachen« Öffnung der Kirchen und einer solchen unter ehrenamtlicher Begleitung eine weitere Möglichkeit, die Kirchen auch tagsüber offen zu halten: Indem Funktionen der Gemeinde, die bisher außerhalb der Kirchengebäu-

---

[1] zur »Kirchensprache« s. unter II. 10.

de lokalisiert waren, in die Kirche verlegt werden. Besonders dafür in Frage kommen beispielsweise das pfarramtliche Dienstzimmer und das Gemeindebüro, doch dazu später.[1]

Es gehört zu meinen befremdlichsten und zugleich wohltuendsten Erlebnissen, »Tempel« und »Kultstätten« in Ost- und Südostasien besucht zu haben. Es war der Zutritt (nahezu) immer möglich, sowohl innerstädtisch wie auch bei den »Heiligtümern« der Klöster in ländlichen Gebieten. Niemals hat jemand gefragt, was ich da wollte, obwohl man mir meine fremdländische und somit nichtbuddhistische Herkunft buchstäblich an der Nasenspitze ansah. Traf ich auf Mönche, haben sie nicht einmal befremdet hergesehen, jedenfalls nicht, solange ich es hätte bemerken können.

Ich konnte in ihrem Tempel sein – wie zu Hause. Ich konnte bleiben, solange ich wollte. Ich konnte grußlos gehen. Ich konnte bei mir sein, ohne dass sich mir irgend jemand zur Gesellschaft aufdrängte. Ich konnte vor diesen fremden »Kult-Figuren« (so etwa würde ein Buddhist vielleicht ein Kruzifix bezeichnen …) stehen (manchmal sind es dort allerdings wirklich sehr viele …) und mir mein Teil denken – niemand kümmerte dieses Denken. Aber wollte ich fragen – es war immer jemand zugegen. War ich – wie häufig – von Menschen des Landes begleitet, wurden wir oft gemeinsam zum Essen geladen und teilten Reis und Gemüse mit allen – in einer Holzschale. Und am Ende konnte ich meiner Wege gehen, ohne Belehrung, ohne Belastung, aber mit Dankbarkeit und leisen Gedanken.

Gewiss, diese besondere, die kulinarische »Behandlung« wird nicht jedem zuteil – hier spielte die »Höflichkeit« dem Fremden gegenüber eine Rolle. Aber wäre nur ein Bruchteil solcher Höflichkeit bei uns vorhanden – manches bei uns wäre vielleicht anders?

Ich weiß, dass diese Dinge weder vergleichbar noch ohne weiteres übertragbar sind. Daher beschränke ich mich darauf, leise zu bitten, es möchten mehr Pfarrer Gelegenheit haben, diese bei uns völlig fremde, andersartige »grundsätzlich Öffentlichkeit« der »Sakralgebäude« jener Länder kennen zu lernen. Sie wirkt, und zwar »nachhaltig«. Und: Gastfreundschaft gehört keineswegs nur in die asiatische Kultur.

---

[1] s. unter II. 8. und II. 13.

I. Allgemeine Fragen

I.6. Kann man Kirchen erklären?

Wer ist Apollo?
Schmelzendes Basiswissen.
Öffentlichkeit und Anleitung.
Kirchenpädagogik als Verpflichtung.
Hinführen zu den Rastplätzen der Menschenheimat.
Eröffnen statt Erklären.

Es ist gut, wenn Kirchen zu »Geschäftszeiten« geöffnet haben, dass jeder hineingehen kann, der es möchte und dort tun kann, wonach ihm ums Herz ist.

Aber der verwaltende »Besitz« von Kirchen als öffentlichen Gebäuden nötigt nicht nur zu einer Öffnung, die passiv einlässt, sondern auch zu einer solchen, die aktiv einlädt. Natürlich geschieht das bereits, schließlich ist zum Gottesdienst stets jeder eingeladen, gleich ob Kirchenmitglied oder nicht. Aber hier ist anderes gemeint. Denn es ist ja nicht nur so, dass immer weniger Menschen diese Gottesdienste überhaupt besuchen. Sondern insgesamt hat die zunehmende Entfernung der Menschen von der Kirche zu einem Bedeutungsverlust mindestens der »verfassten« Religion, also der Kirchen, geführt.

Zu einer Sendung über Jugend und Religion schrieb der SWR in einer Ankündigung: »Dass Religion aus dem Bewusstsein der Gesellschaft immer mehr verschwindet, gilt für Erwachsene gleichermaßen wie für die Jugend: Obwohl das Interesse an verschiedenen Formen der Spiritualität in den vergangenen Jahren durchaus gewachsen ist – der Glaube an Gott, die ernsthafte Beschäftigung mit der Religion hat abgenommen. So ist Religiosität gemäß der Shell-Studie 2002 heute nur noch gut einem Drittel der Jugendlichen in Deutschland wichtig.«[1]

Solche Wissenserosion beschränkt sich keinesfalls auf den »religiösen Sektor«. Jugendliche kennen mehr Handy-Klingeltöne als Dichter, können keine Buche von einer Eiche unterscheiden, und Apollo führt keine Musen, sondern stellt Brillen her. Unsere Gesellschaft ist nicht mehr mit der traditionellen »abendländischen Kultur« getränkt. Zumal zu »unserer Gesellschaft« längst eine große Anzahl von Menschen anderer Herkunft und anderer Religion gehört, von denen man solches Wissen auch gar nicht erwarten kann – was aber keinesfalls heißen darf, dass diesen Menschen unsere Kirchen etwa nicht offen stünden!

Aber selbst innerhalb der eigentlich noch »vom Christentum« geprägten Gesellschaftsanteile nimmt die Kenntnis »religiösen Basiswissens« ab. Nicht jeder weiß mehr, was zu Ostern gefeiert wird; und zu glauben, alle Menschen wüssten selbstverständlich, dass Weihnachten die Geburt Jesu vergegenwärtigt wird, ist ein Irrtum.

Jeder achte Deutsche »hat einer Umfrage zufolge keine Ahnung, was an den Ostertagen wirklich gefeiert wird. Das ergab eine (...)

---

[1] s. http://www.wissen.swr.de/sf/php/02_sen01.php?reihe=586.

repräsentative Studie des Meinungsforschungsinstituts Forsa im Auftrag der Hamburger Zeitschrift ›Bildwoche‹ unter 1002 Menschen. Auch diejenigen, die den Hintergrund des Festes kannten, lagen bei genauer Nachfrage häufig falsch: So wussten nur 54 Prozent, dass nach dem christlichen Glauben Jesus Christus am Karfreitag gekreuzigt wurde und zu Ostern auferstand. Hier bewiesen Katholiken mit 67 Prozent häufiger ihr Wissen als Protestanten mit 61 Prozent. Jeder fünfte Befragte glaubt, dass beide Tage das Fest der Kreuzigung sind. Zwölf Prozent glauben, dass allein die Auferstehung Grund für den hohen Feiertag ist.«[1]

Wohlbemerkt: Das Wissen nimmt ab, nicht etwa die »Religionsfähigkeit«; jeder Mensch, gleich welcher Kultur, bleibt allezeit »unheilbar religiös«[2]

Entsprechend hat sich auch das Wissen darum verflüchtigt, was eine Kirche ist, was eine Kanzel ist, wie eine Orgel klingt, und wozu ein Taufbecken da ist. »Darf ich in eine Kirche gehen, wenn ich gar nicht dazugehöre?« – wer weiß, wie viele Menschen diese heimlich gestellte Frage, deren Antwort sie nicht wussten, bereits vom Betreten einer Kirche abgehalten hat! Selbst wenn also eine Kirche »ordentlich« geöffnet hat, hielte die Unkenntnis, ob man eigentlich hinein darf, und was man dort tut – oder tun könnte –, womöglich manchen von einem Schritt über die Schwelle ab.

Aus dem »öffentlichen Charakter« einer Kirche ergibt sich daher die lohnenswerte Aufgabe der Kirchengemeinden und ihrer Pfarrer, Angebote vorzuhalten, die dazu geeignet sind, mit dem Kirchenraum vertraut zu machen, seine Möglichkeiten vorzustellen und zu seinem Gebrauch, nicht nur zur Gottesdienstzeit, Mut zu machen.

In den letzten Jahren sind unter dem Stichwort »Kirchenpädagogik« mit wachsendem Erfolg Versuche unternommen worden, Kirchen zu »erklären«. Gleich ob Touristengruppen, Konfirmandengruppen, Schulklassen, mehr und mehr aber auch Erwachsenengruppen – die behutsam begleitete, erlebnisorientierte »Kirchenführung« hat sich im pädagogischen Geschäft der »Erklärung von Kirchen« einen guten Platz geschaffen. Es wäre zu fordern, dass den auf diesem Feld erfolgreich arbeitenden Kolleginnen und Kollegen nicht mit demselben finanziellen Spar-Spaten das Wasser abgegraben wird, der schon bei vielen kirchlichen »Kunstdiensten« seine traurige

---

[1] s. www.rp-online.de/news/journal/2002-0327/ostern.html.

[2] so Helge Adolphsen unter Bezug auf Bischof Lönnebo in: »Dokumentation Stuttgart«, S. 17.

Pflicht getan hat. Gleichwohl ist es von den Pfarrern nicht zu viel verlangt, dass sie hier auch selbst erfinderisch tätig werden, auf Konzepte zurückgreifen, die bereits vorhanden sind, und daraus neue, eigene entwickeln.

Sollte jemand meinen, bei seinem kleinen Nachkriegskirchlein gäbe es doch nichts zu erklären, müsste er sich die Frage gefallen lassen, ob dieses etwa nicht über Kanzel, Taufstein, Orgel, Glocken und manches andere verfügte, und ob es in seiner Nachbarschaft wirklich nur ausgewiesene Kirchenchristen gibt, die das liturgische Alphabet im Schlaf aufzusagen wissen.

Natürlich kann man also Kirchen erklären – man muss es sogar, jedenfalls solange man den »Betrieb« einer Kirche nicht für eine Privatsache, sondern für eine öffentliche Angelegenheit hält. Aber was heißt hier »Man muss ...«! Kirchenpädagogische Maßnahmen im weitesten Sinn gehören zwar zu den Verpflichtungen, die einem der Besitz einer Kirche auferlegt, aber mehr noch gehören sie zu den Chancen, welche die Kirchen an die Hand geben – zu den Chancen nämlich, es uns Menschen gemeinsam und miteinander ein wenig heimatlicher auf der Erde zu machen. Denn Kirchen, wie gesagt, sind die »Rastplätze« einer solchen »Menschenheimat«. Und sie sind es für jeden, gleich ob er seine Kirchensteuer gezahlt hat oder nicht.[1]

Nicht, dass ein falscher Eindruck entsteht: Man kann nicht alles »erklären«, das ist nicht gemeint. Was bei einem Gottesdienst geschehen kann, dass sich Gott ein Verstehen im Herzen eines Menschen eröffnet – das kann man nicht erklären, man kann nur »hinführen« und zur Teilnahme behutsam und mit bescheidener Ehrlichkeit einladen.

Auch das andere kann natürlich nicht »erklärt« werden: Was »Kunst« ist, was sie besagen will, wozu sie öffnen will. Das gilt für das Gebäude selbst wie die darin befindlichen »Kunstgegenstände«. Kunst spricht letztlich für sich selbst – oder gar nicht. Aber in ihre Sprache einführen und einige Vokabeln freundlich deklinieren helfen, Möglichkeiten aufweisen, zu eigener Auseinandersetzung in Stand versetzen – das kann man schon.

---

[1] *Informationen zu der Arbeit der »Kirchenpädagogik« sind beim Bundesverband für Kirchenpädagogik erhältlich: http://www.bvkirchenpaedagogik.de/. Literaturauswahl: Daniela Evers u. a. (Hg): Handbuch der Kirchenpädagogik, Stuttgart 2005; Birgit Neumann, Antje Rösener: Kirchenpädagogik, Gütersloh 2003²; Thomas Klie (Hg.) Der Religion Raum geben, Loccum 2003¹⁰. Texte, Aufsätze und weitere Informationen unter: http://www.rpi-loccum.de/downkirch.html.*

I. Allgemeine Fragen

I.7. Wie »schön« muss eine Kirche sein?

Ein Wohnzimmer im Alten Land.
Ästhetikprobleme der »Funktionselite«?
Merkmale statt Begriffe.
Müll hinter dem Altar.
Zu wenig »Kasualien«.
Wabernde Geräuschkulissen.
Weihrauch und Talare.
Bild und Bildersturm.
Kunstdienst.
Leuchter, Beichtstühle & Co.
Vom Kreuz.
Dubiose Wohnlichkeit.

Im »Alten Land«, einer riesigen agrarwirtschaftlichen Industrielandschaft Hamburgs, hat sich, von Touristen gerne besucht, eine dörfliche »Kirchenlandschaft« erhalten, die zusammen mit den gleichfalls »dörflich« wirkenden Fachwerkhäusern der Umgebung »gutes Althergebrachtes« signalisiert, so als würden dort die Äpfel noch von Hand gepflückt und einzeln liebevoll blank poliert. Das ist natürlich nicht der Fall, dennoch kommt diesen spätmittelalterlichen Dorfkirchen mit ihrem »volks-barocken« Inventar aus dem 17./18. Jahrhundert etwas Rührendes zu, etwas »Anheimelndes«; sie sind ein Stück des ewigen Traums von der »guten alten Zeit«. Und doch sind sie auch so – Orte, an denen Gottes Wort gepredigt und die Sakramente verwaltet werden, Orte, an denen Menschen sich einfinden, ihre Einkehr, und sei es auch »nur« eine touristische, zu halten, »heilige Räume« mithin – in »beiderlei Gestalt«, also im theologischen wie im anthropologischen Sinn.

Die Frage ist allerdings, ob jener Pfarrer recht tat, der in die »Vierung« einer dieser Kirchen, dort also, wo die Längsachse und die – in vielen Dorfkirchen eher nur angedeutete – Querachse einander kreuzen, einen runden Tisch stellte mit vier Sitzgelegenheiten dazu, halb Stuhl, mehr Sessel, kurzum: preiswertes, skandinavisches Design – ob also jener Pfarrer recht tat, der dieses Ensemble auch noch auf einem Wohnzimmerteppich anrichtete, einige Bücher auf den Tisch legte, ein paar Gebetszettel, einige Puzzles und andere Spiele für Kinder unterschiedlichen Alters, dazu ein paar laminierte Bögen, welche in groben Zügen die »Kunst« der Kirche erklärten.

Wohlgemerkt: Das Ganze war mit einigem Geschick arrangiert! Es lud tatsächlich ein, Platz zu nehmen, eher als die engen Kirchenbänke es taten, die den Besucher in jene übergesunde Sitzhaltung zwingen, die der normale Zivilisationsgeschädigte keine fünf Minuten aushält.

Ein Einfall also. Und kein schlechter obendrein. Oder? Das alte Dorfkirchlein gleichsam vom Wohnzimmer in der Vierung aus zu betrachten, die Beine auf dem Nachbarsessel, entspannt und offen – wer wollte dagegen etwas anführen?

Widersprechen wollte man bei der Frage, wie »schön« eine Kirche sein muss, da doch lieber an anderen Stellen. Einige »typische« solcher Stellen sollen benannt werden. Zuvor nur zur Erinnerung: Dem »strengen« Theologenpfarrer, man weiß es bereits, wird die »Schönheit« seiner Kirche, wenn nicht egal, so doch von keinem besonderen Gewicht sein. Da aber Kirchen auch von anderer Warte aus besondere, also: »heilige« Räume sind, stellt sich die Frage ihrer »Schönheit« auf jeden Fall. Als Jakob seinen »Schlafstein« zum »Malstein« errichtete, salbte er ihn mit kostbarem Öl. Und auch die Blumen der Großmutter am Bild ihres gefallenen Sohnes sind Mahnungen, dass es in einer Kirche im Niveau doch nicht darunter sein darf.

Aber nicht einmal »der gestrenge Herr Pfarrer« selbst, der hier ja nur eine »Kunstfigur« ist, wird, wenn die Umstände es irgend zulassen, seinen Predigtraum als Räuberhöhle gestaltet wissen wollen. Ohnehin wird er die »Schönheit« einer Kirche nicht verachten, da er ja immer zugleich auch der andere ist, dem etwas im anthropologischen Sinne »heilig« ist – z. B. eben ein Kirchenraum.

Die Frage ist natürlich, was »Schönheit« eigentlich ist. Ästhetik allerdings ist ein weites Feld, auf dem nicht jeder dieselben Früchte erntet. Ich werde mich folglich hüten, so etwas wie eine »Schönheitslehre« zu entwickeln, um dann die Kirchenräume daran zu messen. Insofern sind die folgenden Hinweise subjektiv und verfolgen keinen weiteren Zweck, als das längst überfällige Gespräch zu dieser Thematik ein wenig mit anzuregen.

Man wird womöglich fragen, wieso ein Gespräch über die Ästhetik eines Kirchenraums »überfällig« ist, und ob es denn darüber nicht ein beständiges Gespräch gibt. Nein, ein solch beständiges Gespräch ist leider nicht zu erkennen. Im Gegenteil: 1982 verabschiedete der damalige Arbeitsausschuss des Ev. Kirchbautages das Memorandum »Die Ausbildung von Theologen in Fragen künstlerischer Gestaltung« und forderte darin, die nachwachsende Theologengeneration stärker in musisch-künstlerischen Fragen zu schulen; in der Fortbildung der Pfarrer sollte ihre Beschäftigung mit künstlerischen Fragen ein Schwerpunkt sein.[1] Damit griff der Ausschuss auf Äußerungen zurück, mit denen er sich bereits 1958 an die Kirchenleitungen der EKD-Gliedkirchen gewandt hatte.[2]

Die Thematik konnte allerdings mit dem Memorandum nicht abgeschlossen werden. Die Problematik blieb, zahlreiche Äußerungen von Referenten auf späteren Kirchbautagen belegen das. Ja, sie verschärfte sich sogar, indem sie sich ausweitete; 1999 in Hamburg bezweifelten mehrere Redner, darunter der Theologe Friedrich Wilhelm Graf, die Fähigkeit der Pfarrer als der »kirchlichen Funktionselite«, noch dialogisch und auf Augenhöhe wahrzunehmen, was jenseits der eigenen Grenzen im Raum von Gesellschaft und Kultur geschieht: »In einer komplexen Bildungsgesellschaft hängt die kultu-

---

[1] *»Spuren hinterlassen ...«, S. 296 ff.*
[2] *ebd. S. 257 ff.*

relle Prägekraft einer Organisation entscheidend von der Fähigkeit ihrer Funktionselite (sc. gemeint sind auf kirchlicher Seite die Pfarrer) ab, über die Kommunikation nach innen auch mit den Eliten anderer Organisationen zu kommunizieren. Auch da kann man für den deutschen Protestantismus eine ›Milieuverengung‹ feststellen, die mangelnde Fähigkeit, mit anderen Funktionseliten in dieser Gesellschaft überhaupt noch zu kommunizieren.«[1]

Die folgenden Hinweise benennen übrigens nicht nur, was »man nicht darf«, sondern regen auch an, manches bereits Vorhandene zu intensivieren.

1. Eine Kirche kann unmöglich schlechter behandelt werden als die eigene Wohnung. Ich stelle aber weder meinen Besen noch die Reinigungsmittel und auch nicht mein Kellerregal oder gar den Wäschesack in mein Wohnzimmer, nicht einmal in eine Abseite meines Wohnzimmers. Eine Kirche ist nie und unter keinen Umständen ein Lagerraum für Material, weder für solches, das dem Küster die Arbeit erleichtert, noch auch für vorübergehend im Gemeindehaus nicht genutzte Stühle. Einen solchen »Lagerraum« stellen auch nicht die Seitenkapellen dar, so vorhanden, am wenigsten aber der Raum hinter dem Altar, der aber, wenn es ihn gibt, am liebsten dafür verwendet wird. Es gäbe eine schöne Ausstellung »zeitgenössischer Kunst«, wenn man die Gegenstände, die sich in evangelischen Kirchen hinter Altären verbergen, einmal hervorholte und angemessen präsentierte!

Die Raumnot in manchen Gemeinden mag groß sein – eine Kirche ist eine Kirche und nichts sonst. Noch einmal: Das Evangelium mag auch in einer Scheune angemessen zu predigen sein, warum denn nicht. Nur ist das kein Grund, aus einem für viele »heiligen Raum«, in dem überdies in Gebet und Lied, in Bekenntnis und Sakramentsfeier die Antwort auf Gottes Wort ihren angemessenen Raum finden will, nachträglich doch wieder einen Hühnerstall zu machen, am wenigsten hinter dem Altar. Vor dem Altar die »Gemeinschaft der Heiligen«, dahinter Werkzeugkiste und Trittleiter – kurz ist der Weg vom Erhabenen zum Lächerlichen.

2. Es ist üblich geworden, in einer Kirche alle möglichen »Spezialgottesdienste« zu veranstalten: Gottesdienst mit Tieren, Krabbelgottesdienste mit Kleinkindern, Motorradgottesdienste, Jahrfeiern der Bäckerinnung, Konfirmationsjubiläen, Kunstgottesdienste – die Reihe könnte noch eine zeitlang fortgesetzt werden. Hieran soll

---

[1] *Friedrich Wilhelm Graf: Das 21. Jahrhundert – ein religionsloses Zeitalter? in: »Dokumentation Hamburg«, S. 94.*

höchstens kritisiert werden, dass diese Reihe noch immer zu kurz ist. Denn es gibt keine Gelegenheit des Lebens, sie sei besonders oder nicht, die nicht in einer Kirche noch eine vertiefende, Horizonte erweiternde Dimension finden könnte.

Warum werden noch immer keine Abiturienten ermutigt, ihre Feier – in einer Kirche zu beginnen, warum also nur einen »Schulanfänger-Gottesdienst«? Warum werden zur Saisoneröffnung nicht die Theaterschaffenden und Orchestermitglieder zu einem »Opener« der besonderen Art eingeladen? Warum gibt es noch immer keinen »Passageritus« für Menschen, deren Arbeitsleben zu Ende geht? Muss eigentlich der Valentinstag eine Domäne allein der Blumenhändler bleiben, selbst, wenn diese ihn gar erfunden hätten? Ist es absurd, theologische Prüfungen zum 1. und 2. Examen – in einer Kirche abzuhalten? Warum gibt es so wenig Angebote an Firmen, sich ihre Weihnachtsfeiern von der Kirche gestalten zu lassen – zumindest teilweise?

Man setzte die Reihe fort – nichts von alledem beeinträchtigt die »Schönheit« oder die »Würde« einer Kirche im mindesten – nur dass eben in allen Fällen vom Einladenden und von den Pfarrern eine besondere sprachliche Qualität und theologische Vorsicht geboten ist, damit die Angelegenheit nicht in einen Kommunikations- und vor allem in einen Sprachkitsch mündet, der allen Beteiligten mehr schadet als nützt.

Es sei allerdings dahingestellt, ob Andachten und Gottesdienste zu einer Fußballweltmeisterschaft wirklich mit in die oben eröffnete Reihe hineingehören, oder nicht doch unter die Mahnung fallen: »Nicht jedes Blümlein sollst du pflücken, nur weil es grad am Wegrand steht.« Aber dies ist gewiss: Bei einer solchen Gelegenheit dafür zu beten, dass der Bessere gewinnen möge, ist ungefähr so sinnvoll, wie sich dafür einzusetzen, dass im Roulette der Ärmste den Hauptgewinn nach Hause trage – aber vor allem: Was macht man da mit Gott?

3. Von Zeit zu Zeit betritt man friedlich gestimmt eine Kirche – aber kaum überschreitet man die Schwelle zum »heiligen Raum«, vernimmt man gleich auch »heilige Musik« – vom Band, von der CD, von der DVD, häufig Orgelmusik, auch Mönche werden immer wieder gerne genommen. Dann ist es mit dem Frieden aus.

Am schlimmsten ist Händels »Halleluja« aus dem Messias mit großem Chor und Orchester – in einer romanischen Dorfkirche, in der die Ausführenden nicht einmal den Platz hätten, ihre Instrumente zu positionieren – von einem Ort für die Damen und Herren des »Großen Chores« ganz zu schweigen.

Derlei Unart täuscht vor, diese Kirche wäre gewissermaßen »in Betrieb«, in ihr ginge das Lob Gottes bei Tag und Nacht so wenig unter wie die Sonne im Reich Karls V., es sei denn, der Küster vergisst die rechtzeitige Auswechslung der CD.

Natürlich ist diese Kirche »in Betrieb«, wie alle Kirchen, ständig und immerzu, auch ohne Küster und DVD, allein schon, weil sie da steht – da bedarf es keiner Musik, mit der man übrigens denjenigen ausschließt, der seine Seelenruhe suchte und sie nun in solcher Kirche so wenig findet wie in einem Supermarkt, in dem es ständig dudelt, dort allerdings nicht zum Lobe Gottes, wohl aber zur Gewinnmaximierung. Damit sollte eine Kirche unter keinen Umständen verwechselt werden. Denn wo ein Abraham den Rechenstab führt, kann St. Cäcilie nur live musizieren.

4. In mehr und mehr evangelischen Kirchen scheint Weihrauch wieder eine Rolle zu spielen.[1] Da wird man gleich daran erinnert, dass mehr und mehr Pfarrer, wenn sie schon nicht weiße Talare tragen, sich doch wenigstens mit farbigen Stolen schmücken. Man sieht schon den erhobenen Finger: »Ist das alles denn nicht katholisch?« – und kann nicht anders antworten als: »Nein – wieso?« Die Reformation wurde nicht um schwarzer, ziemlich hässlicher Talare willen veranstaltet. Und es schadet einer Kirche nicht, wenn es in ihr gut riecht. Wenn all dies geschieht, um die Botschaft sinnfälliger zu machen und den Raum zu gestalten, wie es ihm zukommt, wird man dagegen nichts einwenden, sondern im Gegenteil, solche Tendenzen nur unterstützen können. Vorausgesetzt, diese werden nicht gegen vorsichtig fragende oder zweifelnde Gemeindeglieder rücksichtslos durchgesetzt. Ästhetik – und dazu gehören auch Weihrauch und Talare, will gelernt sein, und dazu braucht es Zeit. Wer aber hätte diese – wenn nicht die Kirche?

4. Leider geht es mir nicht selten so, dass ich mich beim Betreten einer Kirche frage: »Und wo hängt hier das Hungertuch«? Diese von »Misereor« und einst auch von »Brot für die Welt« vertriebenen Wandbehänge haben den unschätzbaren Vorteil, so dekorativ wie preiswert zu sein. Ihr künstlerischer Wert kann und soll hier nicht befragt werden, es will immerhin scheinen, als hätten sie dem eigentlichen Zweck, zu dem sie geschaffen wurden, einen guten Dienst geleistet. Aber waren sie je als dauerhafte »Ausstattungsstücke« für Kirchenräume gedacht? Dort aber findet man sie, überall, in romanischen, gotischen, neugotischen und Nachkriegskirchen, in allen Kirchenformen aus jeder Zeit, in Haupt- und Ne-

---

[1] *epd-Meldung vom 2.1.2006.*

benkirchen, stets dieselben großflächigen Tücher, meistens ziemlich bunt – und es ist, wie es immer ist: wenn Raffaels süße, kleine Engelsracker auf Teebechern, Badezimmerkacheln, Topflappen und Mousepads zugleich erscheinen, sind sie nicht mehr dieselben wie ehedem, um es vorsichtig zu sagen.

Hier stehen die »Hungertücher« natürlich nur für »das Bild an sich«, das in einer Kirche als Ausstattungsstück angebracht wird.

1983 schon beschäftigte sich der 18. Evangelische Kirchbautag mit dem Thema »Bilder. Die reformatorischen Kirchen und das Bild«. Eberhard Roters, der damalige Leiter der Berlinischen Galerie beschrieb die Situation: »Die evangelische Kirche ist eine Kirche, die sich mit der Lust der Augen schwertut«, weil sie »in erster Linie eine Kirche des Wortes ist« – eine Situation, an der, so wird man fürchten müssen, so viel sich seitdem nicht geändert hat.[1]

Am leichtesten haben es Bilder »mit Patina«, die »schon immer« da hängen. Denen wollte man auch ihren Stammplatz nicht gerne nehmen, höchstens darauf hinweisen, dass von Ruß und Staub nahezu geschwärzte Bilder nicht mehr unter das Gütesiegel »mit Patina versehen« fallen, sondern nur noch renovierungsbedürftig sind, denn, in der Tat, auch Bilder kann man, muss man bisweilen sogar, in Stand setzen, wenn sie ihre Aussage, ihre »Identität« nicht verlieren sollen. Bei Bildern aber, denen eine solche Renovierung nicht vergönnt war, schadet der Verbleib mehr, als dass er nützt. Ein Bild, das nicht mehr zu erkennen ist, ist sinnlos, nur ist es leider nicht wirkungslos.

Bilder neu zu platzieren oder gar: neue Bilder zu platzieren, ist nicht nur in einem Kirchenraum ein schwieriges Geschäft. Man bringe einmal seine(n) »ständige(n) MitbewohnerIn« dazu, im Wohnzimmer den Kunstdruck von Manet, der mit den Jahren doch allzu sehr nach Zahnarztpraxis aussieht, gegen einen solchen von Miró oder Keith Haring auszutauschen, obwohl auch solche Ware in großen Möbelhäusern als flottes Accessoire längst günstig erhältlich ist, noch dazu schon gerahmt!

Bilder haben zudem die Unart, nicht nur »irgendwie schön« zu sein (wobei man fragen könnte, ob in Kirchräumen eigentlich im gängigen Sinne »Schönes« zu hängen hätte), sondern auch äußerst verräterisch: bezüglich desjenigen nämlich, der dieses Bild dorthin hängte. »Zeige mir die Bilder deiner Wohnung, und ich sage dir den Grund, warum du zum Therapeuten musst« – dieser Satz ist leider nicht nur lustig.

---

[1] *»Spuren hinterlassen …«, S. 139 ff.*

1.7. Wie »schön« muss eine Kirche sein?

Es ist keine Schande, eine Autowerkstatt aufzusuchen, wenn der Motor streikt. Genauso wenig ist es eine Schande, Fachleute zu bemühen, wenn es um Bilder im Kirchenraum geht. Diese Äußerung zielt nicht darauf, den »Fachleuten« blind die Entscheidung zu überlassen – so wenig man einem Architekten in seinem Entwurf für ein neues Kirchengebäude »blindlings« folgt – sondern einen Kommunikations- und Diskussionsprozess in Gang zu setzen, der zu einem gemeinsam getragenen und künstlerisch tragfähigen Ergebnis führt.

Bislang stand den Gemeinden seitens ihrer Landeskirchen in diesen Fragen ein kirchlicher »Kunstdienst« zur Seite, wie er 1950 unter Federführung Oskar Söhngens im Rahmen der Evangelischen Kirche der Union begründet wurde.

Es bleibt zu wünschen, dass die »Abwicklung« der Kunstdienste, wie sie derzeit in vielen Landeskirchen aus finanziellen Gründen heraus geschieht, die Gefahr möglicher »Langzeitschäden« für kirchliche Gebäude hoffentlich im Blick hat. Es stellen sich keine anderen Fragen, nur weil es den Kunstdienst kaum noch oder gar nicht mehr gibt. Wer aber hilft jetzt, die Antworten kompetent zu entwickeln?

5. Nicht nur Bilder sind kirchliche Ausstattungsgegenstände, auch gehören dazu – z. B.: Leuchter. Natürlich ist die Frage, ob der schwungvoll gerundete, im Prospekt so »künstlerisch« wirkende Leuchter aus Maria Laach in einer eher rechtwinklig strukturierten Kirche eigentlich am Platze ist. Gegen den Leuchter selbst ist aber nichts einzuwenden, im Gegenteil. Wenn er erlaubt, einem Menschen, der die Kirche betritt, eine Kerze darauf abzustellen, die für eine Zeitlang das Anliegen, das ihn in diese Kirche trieb, wach hält, so bedauert man, dass es noch immer Kirchen gibt, in denen ein solcher Leuchter nicht zu finden ist. Anders als beim Weihrauch unterliegen solche Leuchter auch längst nicht mehr dem »Katholisierungsverdacht«. Manchmal erledigt die Zeit freundlicherweise langes Argumentieren.

Aber: Man fragt, warum nicht auch andere »Ausstattungsgegenstände« längst in unseren Kirchen ihren Ort gefunden haben. Eine Alternative zum katholischen »Beichtstuhl« etwa wurde für evangelische Kirchen nie erfunden, obwohl die Beichte keinesfalls unter das reformatorische Verdikt gefallen ist. Sollten künftig pfarramtliche Dienstzimmer, in denen selten gebeichtet, meist aber verwaltet wird, in die Kirche zurückkehren[1], könnten womöglich auch gu-

---

[1] s. unter II. 8. und II. 13.

te Zeiten für eine freilich erst ganz neu zu entwickelnden Form eines »evangelischen Beichtstuhls« anbrechen.

Eine »Agenda«, welche in knapper und präziser Form die Kirche, ihre (Bau-)Geschichte, ihre architektonische »Aussage«, ihre Bilder und Fenster einfühlsam zur Sprache bringt, so dass man sie in die Hand nehmen und im Dialog mit ihr langsam durch den Kirchraum gehen kann, gehört in jede Kirche. Nur nicht in der laminierten Form, wie man sie von der Speisekarte aus der nahen Kneipe kennt, sondern auch dieses »Ausstattungsstück« wäre eine eigene Gestaltung wert, die einen gewissen »Schwund« dieser »Ausstattungsgegenstände« dabei einkalkuliert.

Sollte nun mancher einwenden: »Ach du liebe Güte, über mein schmuckloses Kirchlein gibt es doch gar nichts zu sagen!« – so unterstreicht das nur die Notwendigkeit einer solchen Agenda. Denn welche Worte sollte ein Fremder je finden, der die Kirche betritt, wenn selbst deren Pfarrer oder Kirchenvorstand – keine findet? Auch hier würde man fürchten müssen, dass Sprachlosigkeit in Wahrheit eher Gedankenlosigkeit ist.

Ein weiteres »Ausstattungsstück« fehlt in vielen Kirchen: Die »Tafel«, auf der verzeichnet ist, wann in diesem Raum Gottesdienst stattfindet, und wann, und vor allem: wo ein Pfarrer erreichbar ist. Auch hier ist übrigens »Gestaltung« gefordert; die hier und da noch in Gebrauch befindliche Tafel mit Gummireihen und weißen Einzelbuchstaben zum Einstecken mag praktisch sein – nur wäre ihre einzige Tugend damit bereits genannt.

Es mögen in schwierigen Zeiten auch neue Einfälle für weitere »Ausstattungsgegenstände« willkommen sein:

Ich habe mir manchmal die Möglichkeit gewünscht, etwas in einer Kirche »hinterlegen« zu können: einen Brief zum Beispiel, und zwar einen solchen an mich selbst, ein Versprechen vielleicht, notiert auf einem einfachen Bogen Papier, oder auch nur einen kleinen, symbolischen Gegenstand, der gewiss nur mir und sonst keinem etwas sagt, mir selbst dafür aber etwas ganz Bestimmtes.

Natürlich müsste mit einer solchen »Hinterlegungsmöglichkeit« verbunden sein, dass ich fünf Jahre lang nicht mehr an das von mir »Hinterlegte« herankomme, und zwar partout nicht, und wollte ich selbst das ganze Presbyterium bestechen. Wohl aber bekomme ich meinen »Gegenstand« nach fünf Jahren unaufgefordert zurückgesandt, unversehrt und höchstens mit einem Hinweis versehen, wie ich, wenn ich es wollte, mit einem Pfarrer darüber reden könnte, sollte die – nach fünf Jahren wahrscheinlich überraschend kommende – Rückgabe etwas Unvorhergesehenes bei mir ausgelöst haben.

Ich weiß: Derartige »Festgeldkonten für die Seele« wird man belächeln, wichtiger aber wäre, darüber nachzusinnen, welche »Ausstattungsgegenstände« einem Besucher sonst, gleich ob kirchennah oder kirchenfern, es ermöglichen, die Kirche nicht nur zu »besuchen«, sondern sie auch zu »benutzen«. Und da sind alle denkbaren Formen der »Kommunikation über die Zeiten hinweg« wie das »Seelenfestgeldkonto« gerade in »heiligen Räumen« von größter Bedeutung – und wem das zu marginal ist, der erfinde selber etwas. Dass dabei innerhalb der Kirchräume ein anderes Zeitverständnis gilt als außerhalb, sollte dabei im Hinterkopf bleiben.

6. Als letzter Ausstattungsgegenstand soll an dieser Stelle einer genannt werden, den man für selbstverständlich hält: Gemeint ist ein Kreuz – als Altarkreuz, als Lettnerkreuz, als Kruzifix oder auch als Nagelkreuz, jedenfalls ein Kreuz, das im Raum unübersehbar ist, das den Raum nicht nur architektonisch ausrichtet, sondern eben auch – inhaltlich.

Man könnte fast meinen, ein Kreuz sei in einem christlichen sakralen Raum so selbstverständlich »wie das Amen in der Kirche«. Das ist es auch, ist sogar unverzichtbar. Insofern ist »das Kreuz« in einer Kirche wohl doch weniger ein »Ausstattungsstück« wie ein Leuchter, der zwar wünschenswert ist, aber »im Prinzip« auch fehlen kann. Das Kreuz aber kann nicht fehlen, so wenig wie die »Prinzipalstücke«.[1] Denn das Kreuz ist der Angel- und Wendepunkt des christlichen Glaubens.

Ein bloßer Altar (ohne Kreuz), ein Sprechpult (Kanzel), ein Taufbecken, ein Leuchter und was sonst noch – alles schön und gut. Aber das Kreuz ist das Kriterium der Kirche. Am Kreuz führt kein Weg vorbei. Wie immer man davor erschrecken mag, wie immer man das Kreuzesgeschehen sich deuten mag, wie auch immer man darüber denkt – man kann als Christ nicht darüber hinwegdenken. So entbehrlich man es sich wünschte, so wenig ist es das. Es ist der Prüfstein jeder Theologie, das Herzstück jedes Glaubens. Ohne Deutung des Kreuzes ist alle Predigt umsonst – wie auch immer diese Deutung dann im Einzelnen ausfallen mag. Darum gehört (mindestens) ein sichtbares, gewichtendes Kreuz in den Kirchenraum.

So selbstverständlich man das finden mag, so wenig selbstverständlich wird man die Konsequenz finden: In vielen Kirchen gibt es eine »Kreuzesinflation«. Da steht eines auf dem Altar, da findet man mindestens eines in den Glasfenstern, weitere in Kapellen, eines im

---

[1] zu den »Prinzipalstücken« s. unter I. 9.

Eingang, wieder eines in der Sakristei, in die Seiten der Kirchenbänke sind Kreuze eingeschnitzt, man findet sie auf Stolen und Talaren – man setze die Reihe mit eigenen Beispielen fort.

Inflation entwertet. Das darf beim Kreuz nicht geschehen. Hier darf Gewöhnung nie eintreten. Skandalös genug, dass es kaum Kirchengemeinden und kirchliche Einrichtungen gibt, die in ihrem »Logo« – so sie denn über eines verfügen – nicht selbstverständlich ein Kreuz, manchmal sogar ein schwungvoll gewelltes verwenden – selbst »animierte« Kreuze im sanften Swing kann man im Internet entdecken und befindet sich da plötzlich und (hoffentlich) ungewollt in der Nähe von Monty Python. Das Kreuz ist ein Folterinstrument und eignet sich darum nicht als lustiges Logo.

Viel wäre für Identität und Ausstrahlungskraft der Kirche gewonnen, wenn die Notwendigkeit eines Kreuzes hauptsächlich darauf beschränkt bliebe, den Kirchenraum, den sakralen Raum im künstlerischen Sinn zu »markieren«. Jede weitere Verwendung des Kreuzes sollte wohl bedacht sein und gewollt. Sonst ist sie von Übel. Denn beim Kreuz ist die Kirche nun wirklich bei ihrer ureigenen Sache. Und jede Inflation des Kreuzes würde millimetergenau indizieren, dass sie es nicht mehr ist. Bequem ist das Kreuz also nicht, nein, weiß Gott nicht, aber im Kirchenraum unverzichtbar.

Die Frage bleibt offen, ob der Pfarrer, der in dem Dorfkirchlein des »Alten Landes« bei Hamburg einen »Wohnzimmertisch« gewissermaßen in die »Vierung« stellte, nun recht tat oder nicht. Die Antwort kann leider nicht anders lauten als: Nein. Mit dem in den Kirchenraum eingeschachtelten »Wohnzimmer« wird eine zweite Ebene in den Raum gezogen, eine »Kinosessel-Ebene«, von der aus die Kirche zu betrachten ist wie ein mehr oder weniger gelungenes Drama auf der Leinwand. Es gibt in Kirchen zwar viele Dimensionen, aber nur eine Ebene. Die Ebene des Zuschauers jedenfalls gibt es nicht.

Das Phänomen ist nicht singulär: Die Tendenz, einen Kirchenraum »wohnlich« zu machen, findet man allenthalben. Soll denn die Kirche nicht ein »Zuhause« sein? Nein, das soll sie nicht. Viel wichtiger wäre es, wenn das Zuhause ein »Zuhause« wäre. Genauer: Mose fand es am Dornbusch gewiss nicht »wohnlich«. Die Begegnung mit Gott und seinem Wort ist niemals »gemütlich«. Sie muss deswegen nicht immer »schrecklich« sein oder auch so kalt wie eine Tankstelle. Nur ist eben »Wohnlichkeit« – und noch weniger »Gemütlichkeit« – die richtige Messlatte für einen Kirchenraum.

Das Bild meines gefallenen Onkels auf der Kredenz mit den Blumen dabei – stand zwar im Wohnzimmer meiner Großmutter.

1.7. Wie »schön« muss eine Kirche sein?

Aber dieses Bild machte den Teil des Wohnzimmers aus – und wenn ich recht sehe, den einzigen – der eben gerade nicht »gemütlich« war oder »wohnlich«, sondern eine Erinnerung präsentierte, die für meine Großmutter sehr schmerzlich und zugleich feierlich war, ohne die sie ein Wohnzimmer aber hätte nicht »bewohnen« mögen – oder können.

In ähnliche Richtung gingen die Gedanken der Architekturkritikerin Karin Leydecker während des 25. Ev. Kirchbautages in Stuttgart: »Meine überspitzte Darstellung will eines klar machen: Eine Kirche ist eine Kirche ist eine Kirche. Sie hat ein Angebot zu machen, und es ist ein gutes Angebot. Eines, das es nicht im Sonderangebot zu kaufen gibt. Dazu ist es viel zu wichtig und kostbar, und kostbare Dinge gibt es nicht im Sonderangebot. Das ist Fakt und auch in den Köpfen der Menschen lebt der Gedanke: ›Nur was teuer ist, ist auch wertvoll.‹ Die Botschaft teuer sein lassen – ja, elitär – das bedeutet, auch das Haus Gottes teuer und wichtig sein lassen. ›Ich erwarte einen würdigen Bau für eine würdige Tätigkeit des Menschen‹, so formulierte es einst der große Architekt Louis Kahn. Daran gibt es nichts zu rütteln.« Und: »Für eine Kirche ist es zu wenig, sich als dekoriertes Gehäuse kindlicher Wohnstubengemütlichkeit zu präsentieren oder – als anderes Extrem – als sterile Kontemplationskiste.«[1]

Gleich ob aus theologischer oder anthropologischer Sicht: »Wohnlichkeit« zählt zu den Feinden des »Heiligen Raums«. In diesem geht es immer um ein »zur Ruhe Kommen« oder um einen Aufbruch, um Klage oder um Freude, um Nachdenken oder Weinen, um Explosives oder Internes, um alles Mögliche also – nur nicht um »Behaglichkeit« oder »Gemütlichkeit«. Alle Tendenzen, die einen Kirchraum in dieser Hinsicht »freundlicher«, »erträglicher«, »schöner« machen wollen, gehen bereits mit ihrem ersten Schritt in die falsche Richtung.

Ich kenne keine Kirchenbauten, schon gar nicht jene der Nachkriegsjahre, die »wohnlich« sein wollten. Ich habe nie einen Architekten gesprochen, der dem lieben Gott eine »gute Stube« bauen wollte. Aber ich habe viele dieser »Nachkriegskirchen« gesehen, die man mit Kindergottesdienstbildern an den Wänden, mit nachträglich ausgelegten Teppichen, mit Bistrotischen im Eingangsbereich für den »Plausch danach«, ja, durchaus auch mit gerahmten Spruchbildchen aus frömmelnden Kalendern »heimeliger«, »wär-

---

[1] *Karin Leydecker, Ein' feste Burg ist unser Gott, in: »Dokumentation Stuttgart«, S. 56 f.*

mer« »freundlicher« gestaltet hat – manche so sehr, dass man meinen könnte, hier stünde langsam doch wieder das »Urheberrecht« des Architekten auf dem Spiel.[1]

Und noch einmal zur so genannten »Nachkriegsarchitektur«: Bedenkt man, dass gerade sie bislang kaum Zeit hatte, »anzukommen«, in der Regel buchstäblich verschlossen war – und wenn zur Gottesdienstzeit geöffnet, dann häufig eine nie in Auftrag gegebene Pseudowohnlichkeit ausstrahlte – kein Wunder, dass diese Architektur »es schwer hat«. Sie hat sich eben nie aussprechen dürfen.[2]

Um dieses zu ändern, wäre allerdings eine Tugend auf Seiten der Pfarrer und Presbyterien vonnöten, die offenbar schwer zu erwerben ist: Die Akzeptanz des Vorgefundenen.

Immerhin waren diese Kirchen seinerzeit auch von Pfarrern und Presbyterien in Auftrag gegeben worden. Und das ist niemals ohne Hilfe der kirchlichen Bauämter und vieler allseitig geführter Gespräche geschehen, vor allem natürlich solcher mit den Architekten, die ja nicht einfach willkürlich entworfen und gebaut haben, was ihnen beim zweiten Frühstück gerade in den Sinn kam. Es sollte die Unart ein Ende haben, dass jede Generation meint, in das Überkommene ihre eigenen Phantasien und Vorstellungen hineinzubauen oder hineinzuinterpretieren. Nein, »wohnlich« waren – und sind! – weder Riemerschmids Dreifaltigkeitskirche oder Matthaeis Bethlehemkirche, um noch einmal auf die Beispielkirchen vom Beginn zurückzukommen. Wer sie nun nachträglich mit »Wohnlichkeit« ausstatten wollte, hilft ihnen nicht auf die Beine, sondern stellt ihnen ein Bein. Nötig ist also die »Akzeptanz« dieser Bauten, besser noch: die Entdeckung ihrer bislang noch längst nicht ausgeschöpften Möglichkeiten.

Dazu noch einmal Horst von Bassewitz: »Da fliegen – ohne Architekten und ohne kirchenaufsichtliche Genehmigung – die Fenster heraus und werden, um eine angeblich fehlende Sakralität des Raumes zu stärken beziehungsweise überhaupt erst herzustellen (welch ein oft gehörter Hochmut!), durch moderne und jetzt erst recht farbige Fenster ersetzt. Da wird – ohne Architekten – die originäre Beleuchtung schnell ausgewechselt, angeblich um dem Raum mehr ›Wohnlichkeit‹ zu verleihen – gemeint ist Gemütlichkeit. Da wird – ohne Architekten – die seinerzeit zum Geist der Architektur korrespondierende, moderne Kunst der so progressiven zwei Jahrzehnte kritisch befragt und leichtfertig durch ›Werke, die

---

[1] zum Urheberrecht s. unter I. 3.
[2] s. unter I. 2.

heute alle verstehen müssen ...‹ ersetzt. *Da ist die Farbgebung des Raumes angeblich ›zu kalt‹ – oder noch schlimmer: die Wände sind aus Beton, dem Stoff des Teufels! – und der Raum bedarf der emotionalen ›Erwärmung‹ durch eine Farbigkeit nach dem Geschmack des Kirchenvorstandes. Wen störte je die ›Kälte‹ einer gotischen Kathedrale? Und da trägt schließlich – ohne den Architekten zu fragen – der als Küster tätige Gartenliebhaber seine exotischsten Exemplare in den Altarbereich usw.«*[1]

Wie schön muss eine Kirche sein? Nun, eine »Schönheitslehre« gibt es auch für Kirchen nicht. Aber es gibt Selbstverständlichkeiten im Umgang mit Kunstwerken – und dazu zählen Kirchenbauten, wie gesehen – derer sich jeder befleißigt, vom Kunstliebhaber bis zum Kustoden des Museums: die nämlich, das Kunstwerk auf jeden Fall so zu behandeln, dass es seine eigene Sprache sprechen, seine eigene Aussage formulieren kann. Das hat übrigens nichts mit »Respekt« vor dem Kunstwerk zu tun. Es ist ja auch kein Respekt vor dem Auto, wenn ich es benutze, um von hier nach dort zu kommen – sondern dafür ist das Auto einfach da!

Kunstwerke muss man ihre eigene Sprache reden lassen; eine Mona Lisa in Plüsch ist keine mehr. Die Toleranz, ausreden zu lassen, würde im Umgang mit Kirchenräumen eigentlich schon ausreichen und jede »Schönheitslehre« überflüssig machen.

---

[1] *Horst v. Bassewitz, a. a. O., S. 48.*

I. Allgemeine Fragen

I. 8. Können Steine predigen?

Predigt ist keine Kunst!
Die Matthäuspassion predigt nicht.
Kunstbegriff?
Kunst spricht.
Die Untugend der Kunst.
Sprachwechsel.
Vom Schaukasten und vom Internet.

Wenn es darum geht, eine Kirche »ihre Sache« sagen zu lassen – ist damit gemeint, dass »Steine predigen können«? Kann eine Kirche, ein Kirchengebäude »das Evangelium weitersagen«?

»Wenn Steine predigen«, so heißt immerhin ein Buch von Friedhelm Grundmann und Thomas Helms aus dem Jahr 1993 über den Sakralbau in Hamburg. Und in der »Leipziger Erklärung« des Evangelischen Kirchbautages aus dem Jahr 2002, die ermutigte, »die verborgenen Schätze und Chancen unserer Kirchräume neu zu entdecken und zur Geltung zu bringen«, heißt es: »Kirchen sind Schatzkammern des christlichen Glaubens: Ihre Mauern und Steine predigen; mit ihren Räumen sind sie ein Asyl für die letzten Dinge; ihre Altäre stiften Gemeinschaft, mit ihren Orgeln und Glocken loben sie Gott, mit ihren Kunstwerken legen sie Zeugnis ab und erzählen die Geschichte unserer Kultur ...«[1]

Die Frage, ob Kirchenräume »predigen« können, ist keine andere als die, ob auch einzelne Bildwerke, Skulpturen, aber beispielsweise auch Musikwerke, ob also Kunstwerke, zu denen ja auch die Kirchen gehören, predigen können. Das müsste sogar bis zu der Frage führen, ob Literatur, also beispielsweise ein Roman, der sich ja sogar der Worte bedient, neben dem, was er in erster Linie bezwecken mag oder zu erzählen hat, gewissermaßen »unwillkürlich« und »nebenher« predigen kann. Die Frage, ob Werke der Architektur »predigen können«, ist also nur eine Teilfrage aus einem ganzen Fragenbündel.

Nun wird man, wenn man die theologische »Predigtlehre« ernst nimmt, womöglich zum Entsetzen aller Pfarrer sagen müssen, dass die Predigt leider – keine »Kunst« ist, jedenfalls nicht in demselben Sinn wie Bild- und Musikwerke oder solche der Literatur. Predigt, streng genommen, ist eine besondere Form der Rede, nämlich »auslegende« Rede, die also mit dem Anspruch formuliert wird, »das Evangelium weiterzusagen« und sich damit etwas Vorgegebenem verpflichtet weiß. Das ist in den »klassischen Künsten« so nicht der Fall.

Vor allem aber: Die Predigt hat einen Anlass, der sie, in dem Augenblick, da sie gehalten wurde, bereits als veraltet erscheinen lässt. Denn darin stimmen alle Predigtlehren der evangelischen Kirche überein: Die Pfarrer legen für den kommenden Sonntag nicht nur etwas Vorgegebenes aus, das gälte ja für so manche Form der Gattung »Rede«, sie halten auch nicht eine »religiöse Rede«, die der allgemeinen »religiösen Fortbildung« dient, sondern sie »predigen«

---

[1] »Dokumentation Leipzig«, S. 5 ff.

eben, und das heißt: Sie haben die aktuellen Nachrichten der Tagesschau noch im Ohr; sie predigen und wissen sogar recht gut, für wen sie es tun, denn mindestens zwei Drittel seiner Hörer kann ein Pfarrer im Voraus benennen; sie predigen – und wissen genau, an welchem Ort das geschieht, nämlich in ihrer Gemeinde, und nicht in Moskau, Washington oder Kinshasa – und daher wissen sie natürlich, oder sollten es zumindest wissen, was an diesem Ort gerade zum jetzigen Zeitpunkt – eigentlich »Sache ist«.

Mit anderen Worten: Eine Predigt ist eigentlich nur diejenige Rede, die ein bestimmtes Stück Evangelium an einem bestimmten Tag und Ort für ziemlich genau benennbare Leute auslegt. Oder: Eine Predigt ist nur diejenige Rede, die streng genommen nur einmal gehalten werden kann, noch dazu nur an einem bestimmten Ort. Weswegen die Verschriftlichung von Predigten allenfalls aus seelsorgerlichen Gründen und für einen ganz bestimmten Personenkreis (z. B. für Kranke, die bei Gesundheit die Predigt »live« hätten hören wollen) einen Sinn macht. In Gestalt von »Predigtsammlungen« aber haben die Predigten ihren eigentlichen »Predigtcharakter« bereits verloren und besitzen in dieser Form nur mehr »historischen« oder »exemplarischen« Wert, den aber immerhin.

Autoren und Urheber der »klassischen Künste« dagegen wissen in aller Regel nicht, für wen sie arbeiten, häufig ist es ihnen sogar gleich, und sie gehen erst recht nicht davon aus, dass ihr Werk, kaum dass es gesehen, gehört oder gelesen wurde, bereits veraltet ist; sie arbeiten nach anderen Vorgaben und in anderen Zusammenhängen als Pfarrer und können schon von daher nicht »predigen«. Kunstwerke verfehlen die Kriterien, die zu Recht an eine Predigt gelegt werden: das »punktuelle« Auslegen einer bestimmten »Perikope« mit der Pflicht zur Tagesaktualität, Ortsangabe und Situationsbezogenheit. Kunstwerke sind keine Predigt, das gilt für alle Kunstwerke, selbst für den Oberton der evangelischen Kirchenmusik – Bachs Matthäuspassion nämlich. Diese Klarheit ist zunächst einmal nötig, dass man Kunstwerken zu viel, noch dazu das Falsche auferlegt, wenn man von ihnen »Predigtfähigkeit« fordern würde.

Es gibt freilich neben dem »strengen« Gebrauch des Begriffes »Predigt« auch noch einen anderen, allgemeineren, also umgangssprachlichen Gebrauch dieses Begriffes – als einer Form der Rede welchen Themas auch immer, die pointiert bis penetrant eine »Botschaft« übermittelt, welche auch immer, Hauptsache – Botschaft!

Nur ist diesem Sinne das Wort »Predigt« nicht gerade angenehm, denn in das Umfeld dieses Wortes gehört z. B. auch die »Gardinenpredigt«, deren Botschaft in aller Regel nur allzu klar ist.

In der »umgangssprachlichen« Bedeutung des Wortes »Predigt« wird also schnell Negatives daraus, eine Art »Rede(über)fluss«, mittels dessen einem die jeweilige Botschaft eher aufgedrängt als angeboten wird, womöglich noch mit erhobenem Zeigefinger.

Es dürfte die Kirche eigentlich nicht unberührt lassen, dass dieser umgangssprachliche Begriff der »Predigt« einen derartig abwertenden Klang hat. Denn diese Tatsache verdankt sich, so wird man fürchten müssen, einem allgemeinen »rhetorischen Mangel« der tatsächlichen Predigten, über den herzuziehen freilich leichter ist, als ihn zu beheben.

Man sollte es angesichts dessen dabei belassen, dass Kunstwerke, und also auch Kirchen, nicht »predigen« können, nicht im strengen theologischen und erst recht nicht in jenem umgangssprachlichen Sinn, denn was wären das für Kunstwerke …

Es handelt sich bei den folgenden Abschnitten übrigens nicht etwa um den hilflosen Versuch, so etwas wie einen »Kunstbegriff« zu formulieren. Ein solcher »Begriff« existiert nicht mehr, schon gar nicht im Singular, weil die »Künstler« selbst, spätestens seit dem 20. Jahrhundert, ihn immer wieder in Frage gestellt, neu formuliert, umformuliert, wieder destruiert, und wieder neu geschaffen haben.

Bestenfalls könnte man Karl-Heinz Kohl folgen: »Soweit ich sehe gibt es im Großen und Ganzen drei Formen der Kunstdefinition, die ästhetische, die institutionelle und die symbolische.

Zur ästhetischen braucht man nicht mehr viel zu sagen, die scheint durch die Entwicklungen der letzten dreißig, vierzig Jahre im wesentlichen überwunden.

Die institutionelle Kunst ist das, was die Schicht der Connaisseurs als Kunst definiert. Eine ganz wichtige Rolle spielt dabei natürlich der Markt, d. h. was auf den Kunstmarkt kommt und was auf dem Kunstmarkt verkauft werden kann.

Der dritten Definition zufolge zeichnen sich Kunstwerke durch bestimmte Eigenschaften aus, die sie dazu prädestinieren, Bedeutungen zu transportieren.«[1]

»Bedeutungen transportieren« – also: »Sichtweisen auf unsere Existenz zu finden, darzustellen oder anzuregen, die bisher nicht selbstverständlich gewesen sind«[2] *– in der Tat, wer es partout nicht lassen kann, kommt mit solch »symbolischem« Kunstbegriff am ehesten über die Runden.*

---

[1] Karl-Heinz Kohl im Gespräch mit Rüdiger John, Frankfurt/M., 5. August 2002, http://www.transferkunst.de/transfer/karl-heinz-kohl.html.

[2] zit. nach Christoph Stender, www.christoph-stender.de/texte/kunst-technik.html.

Kunstwerke können also nicht »predigen«, wohl aber »sprechen«. Kunstwerke besagen natürlich etwas, teilen etwas mit, das ist keine Frage, Kunst ist immer auch »Kommunikation«. Kirchen können nicht predigen, wohl aber reden: von »weitem Raum«, von Stille und Kraft, von Hoffnung und Verzweiflung, von Schutz und Wehrlosigkeit, sie können tausend Geschichten erzählen – wie ein Musik- oder Bildwerk auch, oder wie ganze Romane. Ja, Kunstwerke können sprechen. Zu nichts anderem sind sie geschaffen.

Nur sprechen sie eben nicht mit Worten. Sie sagen zwar etwas aus, aber sie haben dennoch nicht nur eine Aussage, sondern mehrere, viele mögliche Aussagen, im Prinzip sogar unendlich viele. Denn Kunstwerke sprechen mit Zeichen, Gesten, Symbolen und Bedeutungen. Und es ist stets der »Rezipient«, also derjenige, der ein Kunstwerk wahrnimmt, der in seiner Kommunikation mit dem Kunstwerk diesem erst die Sprache gibt, seine eigene nämlich, indem er sich selbst die Symbole erschlüsselt, so wie er sie eben aufnimmt, ansieht und versteht.

Was aus solchem »Entschlüsselungsprozess« an Verstehen, Gefühlen oder Einsichten herauskommt, ist nie falsch, weil es etwa in dem Kunstwerk nicht enthalten gewesen wäre! Es ist aber auch nie einfach »richtig«, weil es das »eindimensionale« Kunstwerk, das nur eine einzige »Richtigkeit« enthalten würde, überhaupt nicht gibt, auch wenn sich das bei Kunsthistorikern manchmal anders anhört.

Denn »falsch« und »richtig« existieren nicht in »der Kunst«. Sondern beim »Kunstgeschehen« handelt sich um (unwillkürliche) Dialoge, über deren Ausgang und Gelingen allein der Dialog selbst entscheidet – ob er nämlich zu Stande kommt, ob er beim »Rezipienten« zu »etwas führt« – oder abgebrochen wird.

Um zum Beispiel zu kommen und bei der Mona Lisa zu bleiben: Ihr angeblich so »geheimnisvolles« Lächeln ist dieses natürlich erst in dem Augenblick, in dem jemand sich fragt: »Warum lächelt die eigentlich?« Und da die Mona Lisa ansonsten äußerst schweigsam ist, beginnt man, sich selbst Antworten zu geben – jetzt beginnt »die Kunst« zu sprechen, nur eben nicht monologisch-vortragend, weil sie das nicht kann. »Kunst« findet wirklich im Kopf des »Rezipienten« statt – oder gar nicht.

Geht es, wie oben angedeutet[1] bei »der Kunst« vor allem um die »Idee«, den Einfall, die Erfindung, den »Entwurf«, und dann erst ums »Können«, ist die Antwort von John Cage auf die Frage, ob das nicht jeder kann – »ja, Sie tun es aber nicht!« – weniger zu belächeln, als

---

[1] s. unter I.3.

man das unwillkürlich erst einmal tun möchte. Denn für den beschriebenen, eigentlichen »Effekt« eines Kunstwerkes ist nicht unbedingt und nicht in jedem Fall ein »(Kunst-)Handwerk« nötig – wohl aber Konsequenz und Bereitschaft, »es zu machen«. Um es in konsequenter Negation zu sagen: Die meisten unbezahlbaren, genialen, aber leider nie geschaffenen Kunstwerke sind nicht deshalb nicht entstanden, weil es einer nicht vermocht hätte – sondern einfach nur, weil er es, warum auch immer, »nicht gemacht hat«.

Mit anderen Worten: 99 Prozent aller Deutschen wollen in ihrem Leben ein Buch schreiben. Täten sie es, wäre gewiss manches Lesenswerte darunter. Aber wiederum 99 Prozent jener 99 Prozent unterlassen ihr Vorhaben, nicht weil sie es nicht könnten, sondern weil sie es einfach nicht tun. Zum »künstlerischen Schaffen« gehört also nicht nur die Begabung zum Entwurf, sondern mindestens ebenso sehr die Kraft, den Entwurf auch zu verwirklichen. »Kunst ist das, was wir machen«, so traf Christo auf die Frage, wie er und Jeanne Claude Kunst definieren würden, den Nagel auf den Kopf.

Und auch nach Beuys' Begriff von der »erweiterten Kunst« kann jeder Mensch Künstler bzw. Künstlerin werden, wenn er es »kraft geordneter Gedankenfolgen sowie theoretischer und tragfähiger Begründungen schafft, für seine Kreationen und Entscheidungen im weitesten Sinne die Verantwortung zu übernehmen.«[1]

Kirchen können nicht predigen – wohl aber sprechen. Wovon sie im günstigen Fall sprechen – das muss hier höchstens noch einmal angedeutet werden: Die »Heiligen Räume« können eben vom »Heiligen« sprechen, vom »Heiligen in beiderlei Gestalt«[2], vom ganz Großen und ganz Kleinen, vom »Steh auf!« bis zum »Komm nach Haus!«.

Darin ist die vorhin kritisierte »Leipziger Erklärung« ansonsten vorbildlich: Sie formuliert die »Sprachmöglichkeiten« kirchlicher Räume sehr eindringlich. Trotz des »Lapsus« gelingt ihr darum auch die Begründung, warum Kirchenräume tatsächlich »Schatzkammern« sind – leider werden sie nur nicht immer als solche angesehen und genutzt.

Nun hat das Ganze eine nicht immer beachtete Kehrseite. Denn die Tugend aller Kunstwerke, ihre »Sprachfähigkeit«, ist zugleich ihre Unart: Sie sprechen nämlich immerzu, und ihre Rede endet nie. Die Mona Lisa hört zu lächeln nicht auf, wenn ich sie stehle und mir ins Badezimmer hänge. Nur sagt sie dort leider nicht mehr dassel-

---

[1] s. Antje Oltmann: Joseph Beuys. Für und wider die Moderne, Ostfildern 1994.
[2] s. unter I.1.

be wie an ihrem bisherigen Standort. Jedes Mal, wenn ich mein derart aufgewertetes Badezimmer betreten würde, käme mir dort ihr Lächeln stets ein wenig spöttischer vor, als im Louvre zu Paris ...

Der Rahmen, in dem ein Kunstwerk auftritt, wird also stets zum Bestandteil seiner Aussage. Der Druck einer römischen Vedute von Piranesi, mit einem derben Aluminiumrahmen versehen, spricht nicht mehr, röchelt nur noch. Dieser Sachverhalt gilt für eine Kirche nicht minder. Sie predigt zwar nicht, aber sie spricht, und das immerzu, nur nicht immer dasselbe, sondern durchaus Verschiedenes, je nach dem »Rahmen«, dem Zustand also, in dem sie sich befindet. Eine verwahrloste Kirche erzählt anderes als eine gut erhaltene. Und natürlich spricht eine Ruine eine ganz andere Sprache als eine frisch restaurierte Kirche.

Bei diesem Hinweis geht es um mehr als die Aufforderung, den Kirchwänden rechtzeitig Farbe zu gönnen oder das umgebende Gelände in einen Zustand zu versetzen und auch darin zu erhalten, der Wert und Bedeutung einer »Schatzkammer des Glaubens« entspricht. Obwohl auch das angesichts mancher gegenläufiger Tatsachen nicht ungesagt bleiben kann.

Hier aber geht es darum, daran zu erinnern, das jener »Rahmen« nämlich gleichfalls spricht, möglicherweise sogar so laut, dass er die Sprache des Kunstwerkes selbst übertönt und dieses somit unhörbar wird. Und zwar sagt dieser »Rahmen« vor allem etwas über den aus, der mit dem Kunstwerk umgeht. Man würde sich schon fragen, was das für einer ist, der eine komplette Mona Lisa entwendet – um sie sich ausgerechnet ins Badezimmer zu hängen. Kunstwerke reden nicht nur von dem, was ihr Urheber in sie hineingelegt hat, sondern – unfreiwillig und erst recht ungewollt – auch von dem Rahmen, den sie tragen, von dem also, was »der Rezipient« als Käufer und Besitzer aus ihnen gemacht hat. Mit anderen Worten: Problematisch wird es, wenn die Hängung eines Bildes dessen eigener Intention widerspricht.

Hierin liegt ein großes Problem vieler Museen, deren Raumnot oft zu einer Ausstellungsform nötigt, die von ihnen selbst gar nicht gewollt ist, die aber dazu führt, dass die gezeigten Werke hinter dem Geräuschvorhang eines allgemeinen »Gemurmels« der umgebenden Exponate fast verschwinden. Die Riemenschneider-Exponate beispielsweise des Mainfränkischen Museums in Würzburg, einzigartig in der Welt, litten genau unter dieser sie »rahmenden« Platzenge, die um so dramatischer wird, wenn man bedenkt, welcher Raum (meist in einer Kirche) diesen Werken ursprünglich zugedacht worden war, auf den hin sie ja eigentlich auch einst entwor-

fen wurden. Die kürzlich erfolgte Renovierung der Riemenschneider-Räume hat manches verbessert – nur nichts Entscheidendes, weil bedauerlicherweise kaum Ausstellungsfläche hinzugewonnen werden konnte.

Und natürlich wird es erst recht problematisch, wenn der Zustand einer Kirche ihrem Auftrag widerspricht. Auch eine Kirche spricht eben nicht nur von den »Einfällen«, Ideen und Entwürfen ihres Urhebers, des Architekten also, sondern spricht auch davon, was das für Leute sind, die dieses Kunstwerk eben jetzt »unterhalten« und besitzen.

Um die Hamburger Bethlehemkirche ist seit einem Jahr ein ganz neuer Rahmen gelegt worden; sie wurde »aufgegeben«. Im letzten Gottesdienst wurden die »Vasa sacra« feierlich hinausgetragen. Die zuständige Bischöfin stellte nach der Entwidmung gegen Ende des Gottesdienstes traurig, aber entschlossen fest: »Dieses ist nun keine Kirche mehr!« Hätte Joachim Matthäi, der verstorbene Architekt der Kirche, diesen Satz noch vernommen, es hätte ihm wohl das Herz zerrissen; vielleicht hätte er auch nicht länger mehr stille sein können.

Denn die Bischöfin hatte höchstens im »strengen« theologischen Sinn recht: Die Bethlehemkirche ist nach ihrer Entwidmung kein Ort mehr, an dem das Wort Gottes verkündigt und die Sakramente verwaltet werden. In jedem anderen Sinn aber hatte sie Unrecht. Denn solange die Kirche (noch) steht, wird sie auch für unzählige Menschen, die mit dieser Kirche ihre Geschichte haben, derselbe »heilige Ort« bleiben, der sie zuvor gewesen ist. Und selbst, wer diese Kirche nie zuvor in seinem Leben sah, wird, wenn er sie erstmals sieht, nicken und ohne weiteres Wissen zu dem Gebäude immerhin soviel sagen, und damit der Bischöfin unwissentlich widersprechen: »Aha, eine Kirche!«

Eine Kirche ist eine Kirche, selbst wenn sie entwidmet wurde. Ein Architekt verliert sein Urheberrecht nicht, weil ein Bischof die Entwidmung bekannt gibt. Eine Kirche bleibt ein Kunstwerk, auch wenn man sie nur noch von außen betrachten kann. Aber wie gesagt – ein Kunstwerk spricht, unentwegt und immerzu, nur eben nicht immer dasselbe. Jetzt also erzählt jede aufgegebene Kirche – neben dem, was sie ohnehin zu sagen hat – auch von dem, was man mit ihr gemacht hat. So sichtbar ihr Turm, so laut spricht sie von der Krise der Kirche. So hoch ihr Schiff ist, so deutlich wird auch, dass die »Amtskirche« diesen heiligen Ort nicht hat halten, diesen Raum nicht mehr hat füllen, ihm sein Leben nicht hat lassen können. Sie hat ein bemerkenswertes Stück Architektur-Kultur aufgeben, hat ein Kunstwerk einmotten müssen und bietet es nun feil – das ist eine deutliche Sprache!

Natürlich haben die betroffenen Gemeinden gute Gründe gehabt, haben gemeint, sich mit der Entwidmung von einer schweren finanziellen Last zu befreien, die sie nicht länger tragen konnten. Nur müssen sie eben auch wissen, dass sie sich eine neue Last aufgeladen haben: ein klagendes und anklagendes Kirchengebäude-Kunstwerk, einen einladenden, offenen Raum, der nun auslädt und abweist.

Noch wissen wir allerdings wenig von der »Langzeitwirkung« solcher Rede von entwidmeten oder »umgenutzten« Kunstwerken, die sprechend das Ende ihrer Geschichte beklagen. Wolfgang Huber wies beim Kirchbautag in Stuttgart 2005 darauf hin, was solches Klagen für die anderen, noch »intakten« Kirchen und für die Kirche selbst bedeutet: »Schon eine sehr geringe Zahl von Kirchen, die als Diskotheken, als ALDI-Einkaufszentren oder als Fischrestaurants genutzt werden, gefährdet den Symbolgehalt auch anderer Kirchengebäude.«[1] Wir werden darum der Frage nachgehen müssen, ob der zwar zu beklagende Abriss einer Kirche nicht doch am Ende dem Verlust ihrer »Lesbarkeit« durch Entwidmung oder durch eine »beliebige« Fremdnutzung vorzuziehen ist.[2]

Nur als Exkurs sind folgende Hinweise gemeint: Nicht nur Kunstwerke reden immerzu. Auch alle sonst öffentlich dargestellten Gegenstände unterliegen dieser niederträchtigen Eigenschaft.

Natürlich redet ein Schaukasten nicht so »heilige« Dinge wie eine Kirche, sondern informiert nur, weist hin, lädt ein. In der Art und Weise aber, wie er das tut, spricht aber auch er zugleich von denen, die ihn bestücken. Und jener Schaukasten, der heute noch zu einer Veranstaltung von gestern einlädt, spricht seine eigentliche Sprache überhaupt nicht mehr, weil die Information, die er transportieren sollte, keine mehr ist, was aber eben leider nicht bedeutet, dass er nun stumm wäre. Er sagt vielmehr: »So wichtig ist es meinen Herrschaften wieder nicht, liebe Leute, die ihr hier vorüber geht, dass ihr wirklich wisst, was hier läuft, vielleicht seid gar ihr selbst meinen Herrschaften so wichtig doch nicht, wie sie in ihren Predigten immerzu beteuern ...« Jedenfalls höre ich allzu viele Schaukästen derart murmeln, wenn ich an ihnen vorübergehe, und kann ihnen das Wort leider nicht verbieten, für Schaukästen gibt es keine Maulkörbe. Dazu muss man wissen: Es gibt kein Schaufenster in meiner

---

[1] *Wolfgang Huber, a. a. O., S. 42.*
[2] *s. unter II. 16.*

Stadt, das nach den Weihnachtstagen zum 27. Dezember früh um acht Uhr etwa nicht bereits für Silvester umdekoriert hätte. Da geht es immerhin um Geld, möchte man einwenden. Das müsste ich korrigieren: Da geht es nur um Geld.

Das Internet ist – jedenfalls für die Kirche – nichts anderes als eine neue Form des Schaukastens. Entsprechend murmelt es da leider allzu häufig auch – nicht nur bei Auftritten von Kirchengemeinden. Die neue Website verkündet eben nicht nur lauthals: »Jetzt sind wir auch drin!«, sondern zugleich: »... nur sonderlich professionell geht's bei uns leider nicht zu ...«

Natürlich lohnt es sich, bei allen kirchlichen Verlautbarungen – von der Kanzelabkündigung bis zum »Wort zum Sonntag« – darauf zu achten, was gesagt werden soll. Aber es empfiehlt sich auch, darauf zu hören, was – unfreiwillig natürlich – leider außerdem und zusätzlich gesagt wird.

Es ist gut, wenn der Kirche soziale, pädagogische und seelsorgerische Kompetenz zuerkannt wird, wie es noch immer der Fall ist. Es ist peinlich, in Dingen der Öffentlichkeitsarbeit zu stümpern – wenn man zugleich seine eigene Bedeutung für die »allgemeine Öffentlichkeit« und seine »Mitverantwortung in Staat und Gesellschaft« nur allzu gerne hervorkehrt und – wie man sehen wird – sogar einklagt. Weltläufigkeit kann man nicht hausbacken vortragen.

Wer in diesen Dingen weiterhin glaubt, sich mit pastellfarbigem A-3-Papier, zentriertem Text und ein wenig Tesafilm behaupten zu können, muss die Herrschaften in Handel und Wirtschaft für komplette Spinner halten – statt, klug wie die Schlangen, bei ihnen zu lernen.

Steine predigen nicht. Aber sie reden. Das kann man im Umgang mit Kirchengebäuden lernen. Dass man sie ausreden lässt, statt ihnen mit allerlei Krimskrams ins Wort zu fallen, müsste eigentlich selbstverständlich sein.[1] Dass man in aller Welt aber auch hört, was sie ungewollt verraten – über ihre Eigentümer und Besitzer nämlich – sollte zu denken geben.

---

[1] s. unter I. 7.

I. Allgemeine Fragen

I. 9. Ist die Orgel die »Königin der Instrumente«?

Von den »Prinzipalstücken«.
Paramentik.
Das akustische Logo.
Tendenzen im Orgelbau.
Eine Sackgasse – und nirgends ein »Trocadéro«.

Zu den Dingen, die man während einer »Kirchenführung« im beschriebenen Sinn[1] »eröffnen« und den Besuchern wird »nahe bringen« wollen, gehören sicherlich die »Prinzipalia«, also die »Hauptstücke« des Kirchenraums: Kanzel, Altar und Taufstein.

Die Kanzel als Ort der Predigt, Altar und Taufe als Orte der Sakramente – diese drei zentralen Punkte des evangelischen Gottesdienstes werden nach kirchlicher Übereinkunft mit dem Begriff »Prinzipalia« zusammengefasst. Wie diese »Hauptstücke« sich im Kirchenraum zueinander »verhalten« sollten, darüber haben zuletzt die »Rummelsberger Grundsätze« Auskunft gegeben.[2]

Da die Bedeutung dieser »Stücke« für den Gottesdienst und somit auch für die Gestaltung eines evangelischen Kirchenraums unumstritten ist, kann eine ausführliche Behandlung hier entfallen. Nicht entfallen dagegen kann der Hinweis, dass zu Altar und Kanzel gemeinhin »Paramente« gehören, also (in der Regel textile) Kunstwerke, welche die aktuelle Bedeutung des Altars und der Kanzel im Zyklus des Kirchenjahres markieren und somit gewissermaßen zu den »Stimmgeräten« des kirchlichen Raumes gehören.

Dieser Hinweis kann aus zwei Gründen nicht entfallen:

Zum einen ist die »Paramentik« nicht von jedermann gleichermaßen geschätzt und wird gelegentlich als »nicht so wichtig« angesehen oder nach Kanzlerart zum »Gedöns« gezählt. Das ist nicht korrekt. Der Entwurf eines Altarparamentes ist nicht weniger künstlerischer Entwurf als der eines Bildes oder einer Skulptur. Im Bereich der Kunst gilt aber nicht »richtig« oder »falsch«, auch nicht »wichtig« oder »Gedöns«, denn die Arbeit des Entwurfes ist niemals zu gewichten, sondern entspringt aus der immer selben Haltung, »eine Aussage zu machen«, »etwas sprechend darzustellen«.

Zum anderen unterliegt – wie Kunstdienst und Kirchenpädagogik – dieser Zweig des »Kirchenbaus im weiteren Sinne« dem derzeitigen Sparzwang. Mehr und mehr ehemals kirchliche Paramentenwerkstätten werden genötigt, sich privatwirtschaftlich zu organisieren – manchmal mit dem Hinweis, andere »Künstler« müssten dieses schließlich auch. Dieser Hinweis vergisst, dass »andere Künstler« grundsätzlich auch andere Kunden gewinnen können als nur Kirchen, kaum jemand aber wird »privat« Paramente in Auftrag geben. So ist die »Abwicklung« von Paramentenwerkstätten kaum weniger problematisch als die der Kirchlichen Kunstdienste.[3]

---

[1] s. unter I.6.
[2] »Spuren hinterlassen ...«, S. 229 u. ö.
[3] weitere Informationen zu Paramentik unter www.marienberger-vereinigung.de.

Die Zusammenstellung von Altar, Kanzel und Taufstein zu den »Prinzipalia« ist eigentlich nur insofern von Bedeutung, als damit die »Orte des Wortes« im Kirchenraum bezeichnet werden, denn auch ein Sakrament ist nichts – ohne das Wort. Problematisch an dieser Zusammenstellung ist höchstens, dass somit »Klang« und »Musik« zumindest sprachlich »nachgeordnet« werden. Glocke und Orgel zählen nicht zu den »Prinzipalia«.

Es ist nicht erkennbar, dass die Bedeutsamkeit der Glocken als dem klassischen akustischen »Logo« der Kirche in Frage stünde. Im Gegenteil: Es war das große Problem der 70er-Jahres-Kirchenzentren, dass sie oft ohne Turm und Glocken gebaut wurden. Manche von ihnen haben diesen »Makel« nicht durchstehen können und wurden nachträglich mit Glockentürmen oder wenigstens Glockenstühlen versehen, den Architekten nicht immer zum Wohlgefallen.

Aber für die Menschen innerhalb und außerhalb der Kirchengemeinden waren und sind »Glocken« so sehr mit dem verbunden, was eine Kirche, einen »heiligen Raum«, ausmacht, dass jede Geringschätzung hier fehl am Platze wäre. Zumal Glocken – von ihrem ästhetischen Wert ganz abgesehen – eine derart eindeutige »Aufmerksamkeitspotenz« für die Kirche haben, dass jede Vernachlässigung nur mit Kopfschütteln quittiert werden könnte. Wenn manche große Firma die Kirchen um etwas beneidet, dann sicher erst einmal um ein solches »akustisches Logo« – noch dazu eines mit derartiger Durchschlagskraft!

Gelegentliche Prozesse gegen den Stundenschlag müssen wohl hingenommen werden, aber in puncto Glocken sollte man nicht so rasch klein beigeben: In Zeiten, da Laubsauger, Baumaschinen, Rasenmäher und andere solcher Folterinstrumente nahezu tun und lassen können, was sie wollen, ist jede Bescheidenheit unangebracht. Glocken tragen in den gesundheitsgefährdenden Lärm unserer Städte – einen heilsamen Klang. Für den sollte man notfalls auch auf die Barrikaden gehen.[1]

Nun ist hier dem Hinweis auf Glocken und Orgeln nicht daran gelegen, die Trinität der »Prinzipalia« zu einem Quintett auszuweiten. Dennoch müssen den Hinweisen auf die Glocken auch einige Sätze über die Orgel angefügt werden, keineswegs nur deswegen, weil es häufig eben Architekten sind, die der Orgel »ein Gesicht« im Raum geben, indem sie den Prospekt entwerfen.

---

[1] *in Fragen der Glocken geben die jeweiligen Glockensachverständigen der Landeskirchen gerne Auskunft und Hilfestellung. Sie und ihren Dachverband findet man unter www.glocken-online.de.*

Lessing abwandelnd könnte man sagen: Im Zuge der »Orgel-Bewegung« vor und mehr noch nach dem letzten Krieg wurde in Deutschland eine zufällige historische Momentaufnahme zum Aufweis der wahrhaft »vernünftigen« Orgel. Hans Henny Jahn verwies auf die Orgeln Arp Schnitgers. Willibald Gurlitt initiierte die »Prätorius-Orgel«. In der »barocken« Orgel nämlich meinte man, diese »eigentliche« Orgel wiederzufinden; dort, wo sie noch »klar und rein« nach ihrem, wie man meinte, »wahren Wesen« spielte, ohne den »technischen Schnickschnack« aller möglichen Spielhilfen, ohne verblüffende Effekte, ohne all den Aufwand, den die romantische, die symphonische Musik und ihre pneumatischen Helfershelfer inszeniert hatten. Die Bewegung war nach dem Krieg in Deutschland nahezu flächendeckend; manch Denkmalschützer geriet bereits in ernste Sorge um den Fortbestand der vorherigen »romantischen« Kirchenorgeln.[1]

Die Zeiten der »Orgelbewegung« sind allerdings vorbei. Als neuere Tendenzen im Orgelbau wird man bei uns wohl die Neigung nennen dürfen, Orgel im »französisch-symphonischen« Stil zu bauen[2], wobei übrigens bemerkenswert ist, dass in Frankreich, zumindest so weit es Paris betrifft, die umgekehrte Tendenz zu »deutsch-barocken« Orgeln erkennbar ist.[3]

Allerneueste Tendenzen hingegen haben sich vorgenommen, aktuelle historische Erkenntnisse und neue Techniken des Orgelbaus zu nutzen, indem gewissermaßen »historisch unmögliche« Orgeln geplant werden: der Nachbau einer »Arp-Schnitger-Orgel« beispielsweise, die nicht nur eine »Stilkopie« ist, sondern eine »1:1-Rekonstruktion« ist, also gewissermaßen »ein Klon«.

»Im Rahmen eines EU-Projektes hat die Universität Göteborg im Jahr 2000 ein bemerkenswertes Projekt abgeschlossen: In der Göteborger Nya Örgryte-Kirche wurde eine Orgel im Stile Arp Schnitgers errichtet, die optisch der Lübecker Domorgel und klanglich-technisch der Orgel der Hamburger Jakobi-Kirche nachempfunden wurde. 4,7 Mio. EUR wurden investiert, um dieses Instrument weitestmöglich mittels überlieferter oder wiederzuentdeckender Techniken des 17. Jahrhunderts zu bauen.

---

[1] s. Andreas Nohr: Orgelkunst in Paris, in: Barbara Kraus, Andreas Nohr, Orgelhandbuch Paris, Hamburg 2006, S. 76 ff.

[2] allein in Hamburg wurden in den letzten Jahren in St. Sophien Barmbek, St. Johannes Altona sowie in Hamburg-Volksdorf drei größere Instrumente dieses »Typs« neu gebaut.

[3] s. Andreas Nohr, a. a. O., S. 204.

Wissenschaftler aus den Bereichen Metallurgie, Akustik sowie Thermo- und Strömungsdynamik der Technischen Universität Chalmers (Göteborg) wirkten mit, um mit modernsten technischen und wissenschaftlichen Methoden die Geheimnisse der Orgelbaukunst des 17. Jahrhunderts zu entschlüsseln.

Medien- und Kommunikationstechniker entwickelten eine »virtuelle« Orgel, um mit Hilfe moderner Computertechnologie Wege zur akustischen und optischen Simulation historischer Instrumente und Klangräume zu finden.«[1]

Ob solche Tendenzen zukunftsweisend sind, erscheint eher fraglich. Im Grunde setzt diese neueste Tendenz des »Orgelbaus« den historisierenden Tendenzen der Sparte nur die Krone auf, die sie allerdings mit der Musik im Allgemeinen und ihrer »historischen Aufführungspraxis« teilt. Ich gestehe: Eine Orgel, weniger für die Zeitgenossen Bachs oder Buxtehudes, als für heutige Zeitgenossen, fände ich interessanter – wie müsste die wohl beschaffen sein?

Allerdings gehörte die folgende Frage gleich hinterher, welche Musik nämlich darauf erklingen würde. Denn die »Neue Musik« steckt – wie manch andere Künste auch – derzeit in einer »Vermittlungs-Sackgasse«, weil einem Hörer in der Regel nicht ein komplettes »Kunststudium« zugemutet werden darf, ehe er die Musik auch »goutieren« kann.

Diejenige Orgelmusik, die nach heutigen Statistiken in deutschen Orgelkonzerten noch häufiger als Bach erklingt, ist noch immer die Musik der »französischen Symphonik«, also kurz gesagt: Franck, Widor, Vierne. Was weniger bekannt ist: Diese Musik entstand weniger in Kirchen und war auch nicht für den Gottesdienst gemacht. Sondern sie verdankt sich entscheidend einer bestimmten Einrichtung in Paris (die englische Vorbilder hat), dem Trocadéro nämlich, einer großen Präsentationshalle zur Weltausstellung 1878.

Das Trocadéro erlaubte wöchentliches Konzertieren frei von allen liturgischen Zwängen. Dort fanden über Jahre hinweg wöchentliche Orgelkonzerte mit mehr als 500 Zuhörern pro Abend statt; die Feuilletons der Pariser Zeitungen berichteten darüber auf erster Seite – eine Vorstellung, die uns heute fast abenteuerlich anmutet.

Nur impliziert diese hohe Zuhörerzahl eben auch, dass die Komponisten offenbar zu einer Sprache gefunden hatten, welche ihre da-

---

[1] der Text ist den Vorbereitungstexten entnommen, mit denen die Musikhochschule Lübeck 2002 zu einem Symposion einlud, das letztlich darauf zielte, für den Lübecker Dom ein entsprechendes Instrument zu entwickeln und dort auch zu platzieren, s. http://www.schnitgerorgel.de/html/domorgel.html.

maligen Zuhörer traf und sie »berührte« – noch dazu mit einem Instrument, das nicht nur klanglich, sondern auch technisch interessant war. Der Glaube an die »Technik« und ihre Möglichkeiten, einem Motor, dem sich so unterschiedliche »Produkte« wie die »französische symphonische Orgel« und der Eiffelturm (und anderes natürlich) verdanken, ermöglichten der Orgel in Paris eine »Hochkonjunktur« sondergleichen, von der sie hier und da noch heute ein wenig zehrt.[1]

Die heutige »Aporie« der Orgel gründet aber nicht nur in der baulichen Sackgasse, die sie in den »Historismus« treibt, und in den Problemen zeitgenössischer Musik. Sondern es ist zudem nicht einmal in der Ferne ein »Trocadéro« zu erkennen, nirgends ein Ort auszumachen, an dem die Orgel – sei es durch technische, sei es durch kompositorische Innovation, zu einer neuen, zeitgenössischen Ausdrucksform finden könnte, die sie in den Austausch mit mehr als 17 Hörern zugleich bringen könnte, die im Schnitt (!) das Publikum eines Orgelkonzertes ausmachen.

Und – um die Aporie vollständig zu machen: Mit einer »Häufung« von Kirchen, die dem Abriss oder dem Verkauf zugeführt werden sollen[2], stehen ja auch die Instrumente dieser Kirchen zur Disposition. Eine Weile mag es helfen, dass man solche Orgeln zu Partnergemeinden in Süd und Ost verfrachtet, wo sie vielleicht noch einige Jahre gute Dienste leisten können, bis die Problematik der Wartung und der damit verbundenen Kosten ihr auch dort den Garaus machen wird. Ansonsten wird es demnächst bei uns wohl »Orgelfriedhöfe« geben, Lagerhallen, in denen die Instrumente abgelegt werden – einstweilen, wie man sich zunächst versichert, bis man erkennen wird, dass hier unwillentlich doch ein Dauergrab ausgehoben wurde. Denn sehr schnell wird sich erweisen, dass es für die Orgeln, trotz ihres hohen Wertes, so wenig einen »Markt« gibt, wie für die Kirchen selbst, die sie einst beherbergten.

Erstaunlich ist angesichts solchen Szenarios, dass die Kirchenmusiker selbst sich kaum zu rühren scheinen. Eine Fachzeitschrift wie »Ars Organi« macht ungerührt im bisherigen Dokumentations-Stil weiter, indem sie zwar die Entstehung neuer Orgeln, die es ja hier und da auch noch gibt, nach alter Weise protokolliert – nicht aber den orgelgrabschaufelnden Zug der Zeit. Die ständigen und zum Teil ja rabiaten Stellenkürzungen bei Kirchenmusikern und Organisten reichen als Weckruf offenbar nicht aus.

---

[1] *Andreas Nohr, a. a. O., S. 51 ff.*
[2] *s. unter II. »Aktuelle Fragen«.*

Die Kürzungen bei Kirchenmusikerstellen werden immer alarmierender: Bei den Kirchenkreisen und Gemeinden der rheinischen Kirche, der zweitgrößten von 23 evangelischen Landeskirchen, führte der Finanzdruck zu dem beachtlichen Stellenabbau von rd. 30 Prozent in den vergangenen fünf Jahren. Zudem wurden aus verbleibenden Vollzeitstellen häufig Teilzeitstellen. Außerdem muss die Kirchenmusik auch noch Einschränkungen der EKD in der Hochschulförderung hinnehmen; nur noch drei von ehemals sieben kirchenmusikalischen Ausbildungsstätten werden künftig finanziell gefördert.[1]

Es steht also nicht gut um die zeitgenössische Orgel.

Dem scheint der große Wille auf Seiten von Wirtschaft, Politik, Verbänden und vielen Einzelpersonen zu widersprechen, bei Orgelrenovierungen, -erweiterungen oder -neubauten nach Kräften durch Spenden tätig zu werden. Kaum ein kirchliches Vorhaben ist so sehr auf solche zusätzliche Spenden angewiesen, aber auch kaum ein Vorhaben bringt solche Spenden oft so mühelos und in kurzer Zeit auf wie – Orgelbauten.

Man mag darüber spekulieren, warum das so ist. Dabei darf man allerdings nicht übersehen, dass die Spender selbst häufig Menschen sind, die weder einen Gottesdienst noch ein Orgelkonzert tatsächlich besuchen würden. Womöglich hat es damit zu tun, dass der »Königin der Instrumente« auf einen neuen und blank geputzten Thron zu verhelfen, nicht nur etwas Edles, Verdienstvolles und Kunstbeflissenes an sich hat, sondern auch noch eine religiöse Komponente beinhaltet, die aber wiederum auch nicht allzu »kirchlich« ist und darum den Spender nicht als einen Kirchenchristen »outet«, sondern als einen »Mäzen« im besten und tiefsten Sinne des Wortes.

Ist nun die Orgel die »Königin der Instrumente?« Natürlich nicht. Dieser Begriff sprang aus dem Mund seines Erfinders Mozart, der allerdings kompositorisch dieser Königin nicht gerade den Hof gemacht hat, direkt in den apologetischen Werkzeugkasten von Orgelenthusiasten, die dem von musikalischen »Kollegen« manchmal etwas schief angesehenen »mechanistischen« Instrument ein wenig zu triumphalistisch auf die Beine helfen wollten. Die Orgel kann schon deshalb keine »Königin« sein, weil es in der Musik wie auch sonst in der Kunst weder Adel noch Stände gibt – und auch keine Herrschaft. Das nimmt der Orgel nicht ihre Würde – sondern das gibt ihr diese Würde eigentlich erst wieder zurück.

---

[1] *epd*-Meldung vom 4.4.2006.

I. Allgemeine Fragen

I. 10. Was verträgt eine Kirche?

Veranstaltungsformen in Kirchenräumen.
Infantilisierungen?
Adventsbasar und Modenschau.
Von der Nötigung des Geldes.
Kriterien statt Kataloge.
Crux probat omnia.

Dass Kirchen die »Umrüstung« zum Wohnzimmer »nicht vertragen«, wurde bereits gesagt.[1] im Hinblick auf später folgende Überlegungen zu Sinn und Grenzen von Kirchennutzungen und -vermietungen geht es dagegen nun um die Frage, welche Formen der Veranstaltung in einer Kirche angemessen sind und welche nicht.

Allerdings: So wenig, wie man zur Frage, wie »schön« Kirchen zu sein haben, einen ästhetischen Dekalog aus der Tasche ziehen kann, so wenig wird man auch hier bestimmte Formen erlauben und verbieten, als gäbe es so etwas wie einen »Katalog«, dem man angemessene oder nicht angemessene Veranstaltungsformen ohne weiteres entnehmen könnte. Sondern ich frage nach den Kriterien, die in diesem Zusammenhang hilfreich sein können.

Welche Formen der Veranstaltung sind einer Kirche angemessen? Man wäre geneigt zu behaupten, dass wohl niemand etwas dagegen einzuwenden hätte, wenn man sagte: Es ist der Gottesdienst unter allen Umständen diejenige »Veranstaltungsform«, die einer Kirche immer und unter jeden Umständen zukommt. Gleichwohl findet man schon an dieser Stelle Kritiker, die nicht von vornherein jeden Gottesdienst bzw. nicht jede Gottesdienstform als für eine Kirche angemessen empfinden.

Friedrich Wilhelm Graf wies 1999 beim Hamburger Kirchbautag eindringlich darauf hin, dass nicht jeder Gottesdienst »per se« schon eine Wohltat ist und konstatiert an manchen Stellen »Infantilisierung«: »Wenn man sieht, was Bildung im Protestantismus traditional für ein wichtiges Stichwort gewesen ist, wie sehr sich der deutsche Protestantismus über die Einheit von Glaubenskultur und Bildungskultur definiert hat, und wenn man dann die vielfältigen Phänomene der Infantilisierung religiöser Kommunikation beobachtet, die man im Gegenwartsprotestantismus nicht nur an Kirchentagen, sondern auch an Sonntagen wahrnehmen kann, wird einem auffallen: da stimmt etwas nicht. Man kann auf Dauer seine eigene Botschaft nicht in der Weise kommunizieren, dass man die damit verbundenen Bildungsanforderungen konsequent senkt. Damit nimmt man die Leute nicht ernst, und die Leute fühlen sich dann auch nicht ernst genommen.«[2]

Und bei demselben Kongress zitiert Alois Hahn aus einer Arbeit von Hans-Georg Soeffner: »Zwar ließe sich einwenden, es sei doch zu begrüßen, dass die Kirche ›mitten im Leben stünde‹ und nichts, aber auch gar nichts ihr derart allzu menschlich sei, als dass sie es

---

[1] s. unter I.7.
[2] *Friedrich Wilhelm Graf, a. a. O., S. 94.*

nicht mehr in ihrem Herzen bewegen und mit ihrem Munde bereden könnte (sei es die Kompostierung und ›ökologische Entsorgung eines Friedhofes‹, der Frauenkörper als ›missbrauchte Schöpfung Gottes‹, das Motorradfahren, Briefmarken sammeln, ›östliche‹ Meditationstechniken – und was es sonst noch unter Gottes Himmel gibt). Allerdings, sollte diese Art des ›Mitten im Leben Stehens‹ die neue frohe Botschaft der Kirche sein, so müsste sie sich fragen lassen, was sie vom Medien- einschließlich des Beratungsjournalismus unterschiede: außer der geringeren Professionalität und – damit verbunden – der oft dürftigen Qualität des Dargebotenen.«[1]

In der Tat, bei folgender epd-Nachricht könnte einem angst und bange werden: »Fußballgottesdienst am Männersonntag. Zu einem Kirchgang mit zwei Halbzeiten, Verlängerung und Torwandschießen lädt die Nürnberger Reformations-Gedächtniskirche am Männersonntag (16.Oktober) ein. Der Ablauf entspricht dem Thema: »Fußball ist unser Leben«. In dem Gottesdienst soll dem Stadiongeschehen als vermeintlicher Alltagsreligion nachgespürt werden. Nach dem Warmlaufen ab 9.30 Uhr wird der Ball um 10 Uhr zu einer Talkrunde freigegeben. Die Redeschlacht bestreiten eine Fußballerbraut, ein Profikicker, ein Polizeidirektor und eine Trainerin. In der zweiten Halbzeit wagt der Nürnberger Dekan (...) einen Alleingang zum Sinn des Lebens. Für weltmeisterliche Gefühle sorgen brasilianische Sambarhythmen und als Stärkung gibt es in der Verlängerung Bier und Bratwürste.«[2]

Da hilft wohl nur noch Paulus: Alles ist erlaubt, aber nicht alles nützt (1. Kor. 6, 12).

Welche Formen der Veranstaltung sind einer Kirche angemessen? Man wäre ferner geneigt, zu meinen, alle Formen der Gemeindearbeit – vom Konfirmandenunterricht bis zum Seniorenkreis – könnten so gut wie in einem Gemeindehaus auch in einer Kirche ihren Ort finden. Aber auch hier regt sich Widerspruch:

»Wie also soll ein Kirchenbau sein, der sich um den Menschen ›kümmert‹? Er muss ›Ander-Ort‹ sein, eine Heterotopie, die sich von der Menge der gewöhnlichen Zeichen abhebt. D. h. die Kirche darf kein multifunktionales Dienstleistungszentrum sein, kein Ort, an

---

[1] Alois Hahn: Kirche ohne Öffentlichkeit? in: »Dokumentation Hamburg«, S. 72, das Zitat aus Hans-Georg Soeffner: Der Geist des Überlebens, in: Religion und Kultur. Sonderheft der Kölner Zeitschrift für Soziologie und Sozialpsychologie (herausgegeben von Jörg Bergmann, Alois Hahn und Thomas Luckmann), Opladen 1993, S. 194 f.
[2] epd-bayern vom 6.10.2005.

dem mittwochs die Krabbelgruppe um den Altar tobt, am Donnerstag die Sitztanzgruppe des Altenheimes ihren Auftritt hat und am Samstag die Bibelgruppe ihr Theaterstück probt.

Sicher ist die Kirche auch ein öffentlicher Versammlungsort. Aber ich wende mich entschieden dagegen, wenn die evangelische Kirche postuliert, dass ein Gotteshaus prinzipiell ›offen für neue Arrangements‹ sein muss. Das muss es nicht. Die Kirche muss ihre Güter nicht im Sonderangebot vermarkten, nicht so tun, als sei die Botschaft mal eben als Restposten mitzunehmen, sozusagen im profanisierten Sonderangebot.«[1]

Ich möchte der Kritik Karin Leydeckers weder widersprechen noch sie mir auf die Fahnen schreiben, sondern nur darauf hinweisen: Es gibt fast nichts, das in einer Kirche stattfindet, das unumstritten wäre. Dennoch wird niemand die grundsätzliche Richtigkeit folgender Formulierung ernsthaft in Zweifel ziehen: Der Gemeindegottesdienst und das »Kirchenkonzert« sind diejenigen Veranstaltungen, die »im Prinzip« in eine Kirche gehören, weil sie für diesen Raum »gedacht« sind. Das ist aber keine Aussage über die jeweilige Qualität der Veranstaltung, die – wie gesehen – recht unterschiedlich sein kann.

Die Frage von der anderen Seite gestellt lautet allerdings: Wie verhält es sich mit dem gemeindlichen »Tanz in den Mai« oder dem Gemeindefest im Spätsommer und wie mit dem Basar im Advent? Wie steht es mit der Durchführung von »Disco-Nächten«, wo der Kirchenraum zur »Szene-Location« wird? Was ist mit einer Modenschau für Damendessous? Kann man den Kirchenraum an Firmen zur Durchführung ihrer Weihnachtsfeiern vergeben – erst recht, wenn dort nach womöglich besinnlichem Einstieg getanzt, geraucht und getrunken wird? Wer glaubt, vor allem bei den letzten Punkten wären die kirchlichen Antworten »natürlich negativ« ausgefallen, irrt freilich; all das hat es gegeben, wir kommen darauf zurück.[2]

Was verträgt eine Kirche? Eine »Katalogantwort« ist tatsächlich nicht möglich. Bevor dennoch eine, wenn auch andersartige Antwort versucht wird, soll aber der eigentliche Hintergrund der Frage nicht verschwiegen werden. Die Frage, was eine Kirche »verträgt«, würde sich in ihrer aktuellen, brisanten Form ja nicht stellen, wenn sich die Kirche nicht Gedanken darüber machen müsste, ob sie ihren Kirchenraum nicht gelegentlich auch »zu Geld« machen und ihn an kirchenfremde Veranstalter vermieten müsste. Die hier be-

---

[1] *Karin Leydecker, a. a. O., S. 56.*
[2] s. unter II. 11.

handelte Frage leitet also schon zu dem brennendsten gegenwärtigen Problem des Kirchenbaus über, das mit Fragen des »Baus« eigentlich gar nichts zu tun hat: Was nämlich in Zukunft angesichts der finanziellen »Knappheit« der Kirche, um es gelinde auszudrücken, aus den Kirchenräumen werden soll.

Wie teuer der Unterhalt einer Kirche ist, ahnt man zumindest, wenn man es nicht weiß. Warum also nicht mit einem Raum, der so wenig alltäglich ist wie ein Kirchenraum, der auf jeden Fall »ein Kunstwerk« ist, der immer, gleich in welcher Umgebung, ein besonderer, ein nicht alltäglicher Raum ist, warum also damit nicht gelegentlich auch Geld verdienen? Setzt man nicht auch sonst derlei Dinge ein, dass sie nicht nur Ausgaben, sondern auch Einnahmen erzielen – wie beispielsweise der Erhalt eines Bergschlösschens, der ja auch nicht eben billig zu haben ist, mit einer besonderen Ausstellungsidee oder Vermarktungskonzeption für das Bauwerk verknüpft wird, um die Kostenbalance besser auszutarieren?

Nein, dagegen ist nichts einzuwenden, geschweige denn, dass es etwa verboten wäre, einen Kirchenraum auch zu anderen als zu gottesdienstlichen oder kirchenmusikalischen Zwecken zu verwenden oder ihn zu »kirchenfremden« Zwecken zu vermieten. Das Problem ist nur, was geht und was nicht geht, es geht also um die Frage nach den Grenzen und somit um die Frage nach der »Glaubwürdigkeit« des Raumes, die von jedweder Veranstaltung, die darin stattfindet, eigentlich nicht beschädigt werden darf.

Nein, einen Katalog des Erlaubten und des Verbotenen gibt es nicht. Aber es wird künftig – noch mehr als bisher – eine Debatte über die Kriterien stattfinden, nach denen ein Kirchenvorstand oder ein Pfarrer die jeweilige Entscheidung bemisst. Solche Kriterien sind nötig, nicht, um zu disziplinieren, sondern um praktische Hilfe an die Hand zu geben. Die folgenden Kriterien sind als Angebote für eine derartige Diskussion gedacht.

1. Es sollte in einer Kirche keine Veranstaltung stattfinden, mit der ein nicht zu übersehender Teil der Gemeinde seine Schwierigkeiten hat. Dieses erste Kriterium zielt also auf ein Mindestmaß an Konsens, das vorhanden sein muss, um eine bestimmte gemeindliche oder außergemeindliche »Kirchraumnutzung« tatsächlich stattfinden zu lassen. Es kann nicht angehen, dass Fragen der Verwendung der Kirche die Gemeinde spalten, denn das wäre das genaue Gegenteil dessen, wozu ein Kirchenraum – im theologischen Sinn! – eigentlich da ist.

Solcher Konsens kann übrigens nicht einfach formal durch einen Kirchenvorstandsbeschluss »erwirkt« werden, obwohl das natürlich seine Voraussetzung ist. Sondern er muss mit den Gemeindegliedern »kommuniziert« werden, Möglichkeiten dazu gibt es wahrlich hinreichend – und sei es die oft »ungeliebte« Gemeindeversammlung, die bei einem solchen Thema durchaus zu einiger »Form auflaufen« dürfte.

Umgekehrt wäre eine allzu große Vorsicht oder gar Verzagtheit in dieser Frage auch wieder nicht am Platze. Man sollte die Grenzen schon richtig ausloten und die Angst vor der »gemeindlichen Reaktion« nicht zum Grund eigener Tatenlosigkeit machen.

2. Es sollte in einer Kirche keine Veranstaltung stattfinden, welche die Selbstaussage des Raumes behindert oder gar unkenntlich macht. Um es schlicht zu sagen: Wer in seinem Wohnzimmer einen Herd aufstellt, wird sich die Frage gefallen lassen müssen, ob dies nun seine neue Küche ist. Oder: Die Blumenbank im Schlafzimmer ist schon aus gesundheitlichen Gründen nicht angemessen. Wenn das, was eine Kirche sein will: Versammlungsort der Gemeinde und »Anderort« für Fragende und Suchende, durch eine Veranstaltung nicht mehr erkennbar bleibt, wenn dadurch also Wesen, Aussage und Ästhetik des Baus bis zur Unkenntlichkeit verfremdet werden, wäre die in Frage kommende Veranstaltung überall gut aufgehoben – nur in einer Kirche nicht.

3. Das dritte »Angebots-Kriterium« kommt dem zweiten recht nahe – nur aus theologischer Sicht: »Crux probat omnia« (am Kreuz entscheidet sich alles) – auch das ist ein reformatorischer Grundsatz – und nicht der schlechteste. Eine Kirche ist durch das Kreuzeszeichen inhaltlich wie architektonisch geprägt.[1] Eine Kirche verträgt darum alles, was im Angesicht dieses Kreuzes geschehen kann. Wohlgemerkt: Nicht im Angesicht des Kreuzes, an das man sich gewöhnt hat, nicht im Angesicht des Kreuzes als eines bloßen Signets oder »Logos«. Sondern im Angesicht des Kreuzes, das den Raum prägt und das ernsthaft meint, was es sagt.

Wer sich gedrängt fühlt, zu einer Veranstaltung, die in seiner Kirche stattfinden soll, sei es in eigener Regie oder als Vermietung, den Altar beiseite zu räumen oder das Kreuz abzuhängen, sollte von dieser Veranstaltung besser absehen. Was umgekehrt das Kreuz erträgt, das erträgt freilich auch ein Kirchenraum. Das ist übrigens sehr viel. Aber nicht alles. Beispiele zu den einzelnen »Kriterien« zu geben, habe ich verzichtet. Die »schicklichen« Grenzen muss jeder Kirchenvorstand selbst ausloten.

---

[1] s. unter I. 7.

II. Aktuelle Fragen

II. 1. Wieso sind Kirchen »übrig«?

Mitgliederzahlen, Steuerpolitik, Alterspyramide.
Mängel des Rasenmähers.
Die Last der Baunterhaltung.
Kirchengebäude als »Markenkern«.
»Leipziger Erklärung« und »Maulbronner Mandat«.

Was bisher gesagt wurde, stand ungesagt vor einem bestimmten Hintergrund. Auf diesen – und damit auf die aktuelle Situation im Kirchenbau – gehen die folgenden Abschnitte ausdrücklich ein. Das Szenario ist bekannt; es muss hier nicht ausführlich entfaltet oder belegt werden; Andeutungen reichen aus:

1. Der Rückgang der Kirchenmitgliederzahl hält an. Dass hier und da ein paar zehntausend Menschen im vergangenen Jahr weniger aus der Kirche ausgetreten sind als im Vorjahr, wird niemand als eine Trendwende bezeichnen können. Es ist kaum ein Trost, dass es anderen »traditionellen« Organisationen und Verbänden wie beispielsweise den Gewerkschaften nicht grundsätzlich anders ergeht.

Die Neigung, »sich zu organisieren«, für frühere Generationen eine fast unbefragte Selbstverständlichkeit, hat in dramatischer Weise abgenommen – jedenfalls was »Großverbände« betrifft. Die »kleinformatige« und nicht etwa lebenslange, sondern »temporäre« und meist vom konkreten Anlass bzw. Ziel bestimmte »Organisation« ist an die Stelle getreten. Diese Tatsache ist nicht zu beklagen, sondern zu konstatieren. Dass schwindende Mitgliedschaft das Säcklein enger zu schnüren nötigt, muss nicht erläutert werden.

2. Die staatliche Steuerpolitik bemüht sich, die Lohn- und Einkommensteuer zu entlasten. Da aber die »Kirchensteuer« als kirchliche Haupteinnahmequelle an die Lohnsteuer gekoppelt ist, kommt es auch bei solchen Maßnahmen zu Einnahmeverlusten der Kirchen. Diese haben sich bisher nicht getraut, darauf mit einer Erhöhung der Kirchensteuer zu antworten, offenbar in der Befürchtung, dass dann erfolgende zusätzliche Kirchenaustritte die »Steuererhöhung« womöglich zu weniger als einem Nullsummenspiel missraten lassen.

3. Die Alterspyramide verändert ihre Gestalt. Immer weniger Erwerbstätigen stehen immer mehr Rentner und Pensionäre gegenüber. Das hat nicht nur seine Auswirkungen auf Krankenkassenzahlungen und Rentenfinanzierungen, sondern auch auf das Einkommen der Kirche, die Kirchensteuer ja nur von Erwerbstätigen einziehen kann.

Die kurzen Hinweise reichen aus: Den Kirchen stehen in dramatischem Umfang weniger Geldmittel zur Verfügung, als sie benötigen, um ihre Aufgaben im bisherigen Umfang wahrzunehmen. Der finanzielle Anzug ist zu eng, die Kirche muss abspecken.

Noch 1992 nahm die Nordelbische Kirche immerhin mehr als 380 Millionen Euro an Kirchensteuern ein. Für das Jahr 2004 erwartete man nur noch 285 Millionen Euro, musste das aber bald nach unten korrigieren, da schlugen dann nur noch 260 Millionen Euro zu

Buch.[1] Und am 9. November 2005 meldeten dpa und epd, die Kirchensteuereinnahmen der Gliedkirchen der EKD hätten den niedrigsten Stand seit den 90er-Jahren erreicht, mittelfristig stelle man sich weiter auf sinkende Einnahmen ein.[2]

Überraschend daran ist höchstens, dass diese Entwicklung für viele Kirchen offenbar überraschend kam. Denn alle drei genannten Faktoren sind nicht erst seit gestern bekannt. Da sie auch den kirchlichen Steuerexperten bekannt waren, wird man die Frage stellen müssen, warum diese nicht rechtzeitiger gewarnt haben.

Für den Kirchbautag jedenfalls hat Helge Adolphsen beschrieben, wie Hinweise und Mahnungen, sich auf solche Situationen einzustellen und Vorsorge zu treffen, bis in die 70er-Jahre zurückreichen und erstmals in der Abschlusskundgebung des Kasseler Kirchbautages von 1976 formuliert wurden.[3]

Nun sind allerdings die Möglichkeiten der Kirche, auf derlei Veränderungen konzentriert und geplant zu reagieren, auf Grund ihrer Verfassung und Struktur relativ beschränkt. Da diese Struktur und Verfassung wiederum in den Händen der Kirchen selbst liegen, wird man nicht umhin können, zumindest einen Teil der entstandenen Probleme als hausgemacht bezeichnen zu müssen.

Wenn eine Kirche abspecken muss, stellt sich natürlich die Frage, wie sie das tut. Eine Zeitlang hilft der Rasenmäher: Alle geben etwas weniger aus, dann stimmt es wieder. Irgendwann greift aber der Rasenmäher an manchen Stellen gar nicht mehr in den Rasen, sondern nur noch in blankes Erdreich. Spätestens dann sind Gewichtungen erforderlich. Zu Gewichtungen wiederum sind Kriterien vonnöten. Diese auszubilden, wenn dazu eigentlich gar keine Zeit mehr ist, sie also zu entwickeln, wenn bereits Lösungsstrategien vorliegen müssten, gleicht ein wenig dem Münchhausenschen Unterfangen, sich an den eigenen Haaren aus dem Sumpf zu ziehen, in den er geraten ist – samt Pferd, wenn ich recht erinnere.

So glich die Kirche in den letzten Jahren ein wenig einem Unternehmen, das Umsatzrückgänge mit Produktionseinschränkungen aufzufangen sucht, um die Kosten zu senken, was natürlich zwangsläufig zu Mitarbeiterkündigungen führt, zugleich aber auch zu »Marktverlusten« – statt neue oder verbesserte »Produkte« zu entwickeln und sie auf dem »Markt« oder sogar auf »neuen Märkten«

---

[1] *Hamburger Abendblatt, 12. 6. und 9. 7. 2003.*

[2] *Hamburger Abendblatt, 9. 11. 2005.*

[3] *Helge Adolphsen: Kirchen haben kein Verfallsdatum, in: »Spuren hinterlassen …«, S. 210 ff.*

zu platzieren. Absatzrückgang nötigt also zur Sparsamkeit, keine Frage, aber mehr noch zu Innovation und finanziell: zur Investition.

Das Bild des »Unternehmens« mag fehl am Platz erscheinen, weil die Kirche doch keine »Firma« ist, die sich an irgendeinem »Markt« platzieren müsste. Wirklich nicht? Warum hätte sie sich dann, wie wiederholt und in vielen Landeskirchen geschehen, Unternehmensberater ins Haus geholt? Dass die Kirche einen »Markt« hätte, indem sie sich »Konkurrenz« gegenüber bewähren müsse; dass in Zeiten des Umsatzrückganges gegenüber den »Einsparungen« die Investitionen eigentlich viel interessanter wären, weil sie notwendig sind, um »Marktsegmente« »zurückzuerobern«, dass also in Zeiten der wirtschaftlichen »Depression« vor allem »Innovation« gefragt ist – das ist zwar »unternehmenswahr« – aber nicht die Sprache der Kirche.

Das wiederum ist kurios, weil dieselbe Kirche sehr wohl auf seelsorgerlichem Gebiet zum Beispiel, aber auch auf den Gebieten der Kunst, des Baus, des Rechtes, sogar des Sports allerlei »Fremdsprachen« zu lernen sich immerhin bemüht hat. Wenn es aber ums Geld geht, hätte das Vokabular des Betriebswirtes draußen zu bleiben? »Markt« ist kein »schlechtes« Wort, nur weil es in dieser Form nicht dem Neuen Testament zu entnehmen ist. Ökonomische Begrifflichkeit, an rechter Stelle eingesetzt, hilft, Abläufe vorauszuschätzen und »Begegnungsstrategien« rechtzeitig zu entwickeln.

Wie auch immer – keine Frage ist, dass Personalentlassungen die Betriebskosten reduzieren. Diesen Weg ist die Kirche gegangen. Ebenso unumstritten dürfte es sein, dass die Bauunterhaltung der Kirchen ein weiterer großer Posten ist, der kostenwirksam zu Buche schlägt. Dass parallel zu der Welle der Entlassungen also auch die kirchlichen Gebäude auf den Prüfstand kamen, kann nur den überraschen, der noch nie einen kirchlichen Haushalt gelesen hat – und blind war gegenüber allen gesellschaftlichen Entwicklungen.

Zahlen, welche Summe die kirchliche Gebäudeinstandhaltung jährlich erfordert, sind schwer erhältlich. Es ist sogar kaum möglich, auch nur die Anzahl von Kirchen, Kapellen, Pastoraten, Gemeindehäusern, Kindergärten, Verwaltungsgebäuden zuverlässig in Erfahrung zu bringen, weil kaum eine Landeskirche über solch statisches Material verfügt. 23.000 Kirchen sollen sich bundesweit in den Händen der Evangelischen Kirche befinden, so meldete die Mittelbadische Presse am 1.2.2006. Der Ratsvorsitzende der EKD wusste beim Stuttgarter Kirchbautag nur von rund 2000 Kirchen weniger, dafür war seine Zahl aber so exakt, als hätte ein fleißiger Kirchenrat die Kirchen von Hand einzeln nachgezählt: Huber nannte die Zahl von 21.088 Kirchen. Einer seiner Oberkirchenräte wusste kurze Zeit vorher nur von 20.000, meinte aber, die satte Hälfte davon würde demnächst nicht mehr benötigt. Dafür erfuhr er sogleich Widerspruch aus dem eigenen Hause, zu Recht.[1]

Wer meint, der Gebäudebestand einer Landeskirche müsste über kircheneigene Bauämter auf der jeweiligen Ebene abzufragen sein, macht sich nicht die rechte Vorstellung von der Arbeitsüberlastung dieser Ämter – auf allen Ebenen. Nur macht natürlich das Fehlen solcher Zahlen die Planung der Prozesse zusätzlich schwer.

Nebenbei erschwert das Fehlen solchen Zahlenmaterials übrigens den Umgang mit der Presse und anderen Medien, weil diese, wenn es um das Thema des Kirchenverkaufs oder Kirchenabrisses und um die Frage geht, wie sich die Kirchen dazu verhalten, solches Material in der Regel vergeblich abfragen. In diesen Zusammenhang gehört das weitere Manko, das gleichfalls in der Überlastung aller kirchlicher Bauämter seinen Grund hat: In der Regel haben die Kirchen große Mühe, Presse und Medien mit druckreifem Bildmaterial in der richtigen Auflösung zu versorgen, das überdies auch zum Abdruck frei ist. Für die letzten drei Kirchbautage konnte das dringend erforderliche Bildmaterial weder von der Nordelbischen Kirche (Hamburg 1999), noch von der Sächsischen Landeskirche (Leipzig 2002) noch auch von der Württembergischen Landeskirche (Stuttgart 2005) geliefert werden. Dieser Zustand ist unbefriedigend.

Um die Schärfe des Problems herauszuarbeiten, muss vor diesem Hintergrund, selbst auf die Gefahr der Wiederholung hin, noch einmal herausgestellt werden:

Es sind die Kirchengebäude, die wie sonst nichts für »die Kirche« stehen. Das gilt im selben Maß aus der Sicht ihrer Mitglieder wie der Nichtmitglieder. Selbst der Pfarrer als Angehöriger der »Funktionselite« der Kirche[2] ist, wenn er nicht persönlich bekannt ist, nach außen hin als solcher in der Regel nicht erkennbar. Eine Kirche dagegen ist immer erkennbar. Nicht das Kreuz ist das »Logo« der Kirche, sondern das Kirchengebäude, gleich ob natural, stilisiert oder abstrahiert. Diese Gebäude sind zudem, gleich wie dieser oder jener den konkreten baukünstlerischen Wert persönlich einschätzt: Kunstwerke, und somit von höherem Wert als alle anderen kirchlichen Gebäude, gemeint ist hier allerdings weniger der

---

[1] *Die Meldung ging Anfang 2005 vom »Westfalenblatt« aus in die bundesdeutsche Presse und sorgte für einiges Aufsehen im Land, s. etwa die Berliner Morgenpost vom 13.3.05.*

[2] *s. unter I.7.*

»Marktwert«. Sie sind ferner Ausdruck nicht nur der kirchlichen, sondern der gesamtgesellschaftlichen Baukultur.

Die Kirchengebäude sind nicht nur die »vorläufige Heimat« der christlichen Gemeinde, die sich darin um Wort und Sakrament versammelt. Sondern sie sind wie sonst nichts in der Kirche: Fenster und Tür zur »Öffentlichkeit«. Und diese »Öffentlichkeit« darf und kann die Kirche nicht als »Nichtmitglieder«, »Außenstehende« oder eben als »die Gesellschaft« sehen, sondern als den Teil der Welt, der noch – noch! – keinen eigenen Platz am Altar gefunden hat, gleichwohl mit dem »anderen Raum« im Stadtteil, dem Erholungsraum der »Auszeit« und dem »Kraftort« des »Besonderen« schon jetzt eine Menge anfangen kann, wenn er ihm nur offen stünde.

Also: Die Kirchengebäude gehören nicht nur zum »Markenkern« der Kirche – sie sind dieser »Markenkern«, d. h. de facto sind die Kirchen »Kirche« – und sind dies mehr als alles, was die Kirche sonst vorzuweisen hat.

Solchen Wert der Kirchengebäude gerade in für die Kirchen schwierigen finanziellen Zeiten noch einmal eindringlich herauszuheben, war Sinn und Ziel der »Leipziger Erklärung« des 24. Ev. Kirchbautages 2002 in Leipzig. Kirchen sind »Versammlungsorte der christlichen Gemeinden«, Kirchen sind »Kraftorte«, Kirchen sind »gestaltete Räume«, Kirchen sind »Freiräume« – in diesen Hinsichten unterstreicht die Erklärung den Wert der Kirchengebäude für Kirche und Öffentlichkeit als »Schatzkammern des Glaubens«.

Das »Maulbronner Mandat« des 25. Ev. Kirchbautages 2005 in Stuttgart knüpft zunächst – auch sprachlich – an die »Leipziger Erklärung« an und unterstreicht noch einmal deren Impetus. Aber das »Maulbronner Mandat« geht weiter, wird konkreter, unterbreitet Vorschläge, wie mit Kirchen verfahren werden könnte, die nun auf Grund von geldsparenden Gemeindezusammenlegungen »übrig« sind. Dabei geht es an manchen Punkten über den in diesem Zusammenhang bisher erarbeiteten innerkirchlichen Konsens hinaus.

Wenn also in den folgenden Abschnitten bezogen auf die Fragen der »übrigen« Kirchen sowohl der bisherige Konsens, dann aber auch der an manchen Stellen vorhandene Dissens beschrieben wird, sind diese Abschnitte auch als eine Entfaltung des »Maulbronner Mandats« zu verstehen, dessen Positionen und Anregungen erst in diesem Konsens-Dissens-Spannungsfeld ihre eigentliche Aussagekraft gewinnen.[1]

---

[1] *»Leipziger Erklärung« und »Maulbronner Mandat« sind im Anhang abgedruckt.*

II. Aktuelle Fragen

II. 2. Gibt es eine kirchliche Baupolitik?

Von der Unmöglichkeit, keine Baupolitik zu machen.
Zustimmungspflichten.
Vom Zwang zum Konsens.
Das Beispiel des Bauministers.
Sich mit dem ungerechten Mammon Freunde schaffen.
Anreize und Notfonds.

Es ist eine politische Aufgabe, Probleme zu erkennen, Lösungen zu erwägen und die rechten Entscheidungen herbeizuführen. Die »übrigen Kirchen«, die Überlegungen zu ihrer Weiternutzung oder ihrer Fremdnutzung, die Pläne zu ihrem Umbau, die Erwägungen ihres Verkaufs oder gar ihres Abrisses, stellen ein solches Problem dar. Und damit ist die Frage gegeben, ob es so etwas gibt wie eine »Kirchliche Baupolitik«. Zunächst ist diese Frage leicht zu beantworten: Natürlich gibt es eine solche Politik. Es gibt allerdings mehr als nur eine.

Wenn jemand ein Gebäude besitzt (oder »für alle« verwaltet) ist, was er dabei tut oder lässt: »Baupolitik«. Das ist es auch in dem Falle, dass er sich dessen nicht bewusst ist, dass es so etwas wie »Baupolitik« überhaupt gibt, sondern die Verwaltung seines Gebäudes einfach betreibt, wie er es von seinen Vorgängern übernommen hat.

Somit verfolgt also jede Kirchengemeinde eine »Baupolitik«, sei es »bestandsorientiert« im Sinne von Erhalten und Bewahren der Substanz, sei es »ertragsorientiert« im Sinne des Gelderwerbs.

Um sich vor unnötigen Verlusten zu schützen, ist es natürlich erforderlich, sich seine Ziele im Umgang mit Gebäuden nicht erst dann zu formulieren, wenn der »Sparzwang« das Augenmerk auf die »Einsparmöglichkeit« durch Gebäudereduzierung und Gebäudeverkauf lenkt. Zwar stopft man kurzfristig durch einen dann erfolgenden Verkauf ein finanzielles Loch und entspannt mittels des Fortfalls der für das verkaufte Gebäude zuvor notwendigen Bauunterhaltung ein wenig seinen Haushalt. Nur erzielt man eben »unter Verkaufszwang« kaum je die sonst möglichen Preise ...

Die Frage ist allerdings, ob es auch eine gesamtkirchliche Baupolitik auf der Ebene der Landeskirchen oder der EKD gibt und welche Möglichkeiten und Spielräume sie hat. Dabei fällt eine Schwierigkeit sogleich ins Auge.

Natürlich haben die Kirchenvorstände als (verwaltende) Besitzer das Verfügungsrecht an ihren Kirchengebäuden inne. Dieses wird nun allerdings nicht nur durch das Urheberrecht der Architekten oder durch Auflagen des Denkmalschutzes eingeschränkt[1], sondern je nach dem Recht der Landeskirchen sind bestimmte Beschlüsse (nicht nur zu Baufragen) zustimmungspflichtig, d.h., sie müssen der nächst höheren Verwaltungsebene (Kirchenkreise, Dekanate etc.) vorgelegt werden. Entsprechendes gilt wiederum für die Kirchenkreisebene bezogen auf die ihr übergeordnete Verwaltungsebene(n). Es wurde nicht im einzelnen recherchiert, aber es

---

[1] s. unter I.3. und I.4.

ist zu vermuten, dass in allen Landeskirchen der Verkauf einer Kirche formal den Weg durch die Verwaltungsinstanzen bis hin zum Landeskirchenamt gehen muss.

Durch Zustimmung, Ablehnung oder im Gespräch erfolgte Modifikation eines den Kirchenbau betreffenden Beschlusses kann also auf das Verfügungsrecht eines »Kirchenbesitzers« Einfluss genommen werden. Dabei geht aber die »Aktion« immer gewissermaßen »von unten« aus, also von der verfügungsberechtigten Ebene, die sich für ihre Vorhaben »nach oben« hin absichern muss.

Der umgekehrte Weg, dass kirchenleitende Gremien eine konkrete Politik »nach unten« bis auf die verfügungsberechtigte Ebene durchsetzen können, ist nahezu nicht gegeben, auch wenn natürlich von den Synoden verabschiedete Kirchengesetze und von Kirchenämtern erlassene Rechtsverordnungen allen gemeinsam einen Entscheidungsrahmen setzen.

Zur Veranschaulichung: Das Vorgehen in der Wirtschaft ist gegenläufig. Die »Politik« einer Firma oder eines Konzerns wird von Managern in Abstimmung mit ihren Aufsichtsräten »gemacht«; die einzelnen »Standorte« müssen sich dem ein- und unterordnen.

Vereinfacht und plakativ, strukturell dennoch korrekt könnte man sagen: Firmenpolitik geht »von oben nach unten«, ist tendenziell durchsetzungsfähig, schnell und konsequent, die »Politik« einer Kirche dagegen geht »von unten nach oben«, ist konsensgenötigt, daher tendenziell langsam und muss stets mit »Abweichlern«, »Eigenbrötlern« und »Sonderlingen« rechnen.

Das wird hier aber nicht beklagt. Die Notwendigkeit zu Gespräch und dazu, stets Konsens über Ziele, Richtungen und Entscheidungen herzustellen, die in den Kirchenverfassungen niedergelegt sind, entsprechen dem Wesen der Kirchen und dem Wesen des Evangeliums, dem sich die Kirchen verpflichtet wissen. Es soll nur deutlich werden, dass eine gewisse kirchliche »Beschlussträgheit« unter bestimmten Umständen eine Gefahr in sich birgt: die nämlich, die aktuell nötigen Aufgaben nicht planend angehen und dabei agieren zu können, sondern diesen Aufgaben als »Sachzwängen« nur mehr »hinterherlaufen«, also nur noch reagieren zu können.

Gleichwohl ist auch eine gesamtkirchliche »Baupolitik« keineswegs »mittellos«. Nur stehen ihr eben keine anderen Mittel zur Verfügung als jene, die in einem »Konsensbildungsprozess« opportun sind. Durch Fachtagungen und Symposien können nicht verbindliche, aber empfohlene Kriterien und Ziele erarbeitet werden. In der Vermittlung solcher Ergebnisse spielen Pröpste, Dekane und ihre Pfarrkonferenzen eine wichtige Rolle. Kirchliche Medien und

Presseorgane begleiten den Prozess kritisch. Theologische Fachpublikation erarbeiten grundlegende, wissenschaftliche Hilfen. Kirchenämter entwickeln beratende Handreichungen, Synoden oder andere Gremien finden sich zu Verlautbarungen und Entschließungen zusammen. Aus dem Geflecht all dessen entsteht eine »Wetterlage«, in dessen Zentrum ein Konsens, an dessen Rändern sich aber auch Meinungsunterschiedlichkeiten artikulieren. Aus solcher »Wetterlage« heraus treffen dann die jeweiligen kirchlichen Gremien ihre konkreten Entscheidungen.

Einzelne Teilnehmer an derartigen »Workshops« oder Leser kirchlicher Artikel oder theologischer Aufsätze haben in diesem oft verwirrenden Geflecht der »Konsensbildung« den resignierenden Eindruck, aus dem jeweils einzelnen »Event« käme ja doch nichts heraus, weil zu allgemein, zu abgehoben und zu »holzschnittartig« argumentiert worden sei. Das Gefühl ist verständlich, aber irrig: Es kommt immer »etwas« heraus, ein »Klima« formt sich nicht aus einem einzelnen »Hoch« oder »Tief« sondern aus dem »Durchschnitt« einer ganzen Abfolge von »Hochs« und Tiefs«. Die Entstehung eines »Konsensklimas« ist vom einzelnen nur schwer zu verfolgen – und das macht eine andere, gleichfalls unvermeidbare Problematik dieses »Politikweges« aus.

Der Architekt Bernhard Hirche, langjähriges Mitglied im Arbeitsausschuss des Evangelischen Kirchbautages, beklagte zur Eröffnung des 25. Evangelischen Kirchbautages resigniert, die Kirchbautage hätten »mehr auf Entwicklungen reagiert als wirklich Impulse gegeben«.[1] Vermutlich hat der Kirchbautag aber beides getan – reagiert und Impulse gegeben. Nur sind diese Impulse so wenig wie die Ergebnisse von Symposien oder die Wirkung von Artikeln einzeln aufweisbar. Insofern ist Hirche nicht ganz Recht zu geben, und sehr wohl enthält der Rückblick auf 25 Kirchbautage[2] auch Spuren, die nachweislich Impulse gaben, allerdings auch solche, die im Sande verliefen – nicht immer zu Recht.

Die Verlautbarungen der Evangelischen Kirchbautage allein – von den »Rummelsberger Grundsätzen« bis hin zum »Maulbronner Mandat« – konnten also die Welt so wenig ändern, wie sie die Welt unverändert hinterließen. Genau das ist das Schicksal wohl aller Einzelbeiträge im »Konsensbildungsprozess«. Sie bewegen etwas, indem sie zu einem Klima beitragen – wie weit sie dieses jeweils im

---

[1] s. Bernhard Hirche: *Zur Eröffnung des 25. Evangelischen Kirchbautages*, in: »Dokumentation Stuttgart«, S. 22.

[2] s. »Spuren hinterlassen …« *passim*.

Einzelnen beeinflusst haben, ist erst aus der historischen Rückschau und Einordnung möglich – wenn überhaupt.

Gleichfalls in das klimaschaffende Feld solcher »Konsensbildung« hinein gehört es, wenn landeskirchliche Bauämter mit Hilfe eigener Publikationen ihre Arbeit darstellen und auf diesem Weg bekannt machen. Es gibt beeindruckende Beispiele solchen Materials; ohne Anspruch auf Vollständigkeit sei hier das Heft »Bauen und Gestalten« der Ev. Kirche von Kurhessen-Waldeck genannt (o. J.), das Heft »Bauen in der Evangelischen Kirche von Westfalen« (2003), das Heft »Bauen und Gestalten« der Ev. Landeskirche in Württemberg (o. J.), aber auch das veritable Hardcover »Aus dem Baugeschehen der Ev.-Luth. Landeskirche Sachsens« (o. J.).

Neben der beschriebenen »Konsensbildung« stünde freilich auch den Kirchen ein weiteres »Mittel« zu Gebote, von dem sie aber bisher wenig erkennbaren Gebrauch gemacht haben.

Es kann der agilste Bauminister einen etwa nötigen Wohnungsbau nun einmal nicht anordnen, will er nicht selbst zum Bauherrn werden. Und das will er aus naheliegenden Gründen nicht, der naheliegendste ist: Bauherr zu sein, ist nicht gar nicht seine Aufgabe. Will er also den Wohnungsbau möglichen Investoren schmackhaft machen, muss er Förderungswege schaffen oder Kredite für solche Zwecke billig machen und dergleichen mehr, kurz: Er muss Anreize schaffen, sonst wird seine Politik kaum Ergebnisse haben.

Überall dort, wo die unmittelbare Umsetzung einer Politik »auf dem Verordnungswege« nicht so möglich ist, wie sie das etwa im Rahmen eines Wirtschaftsbetriebes ist, dort also, wo ein »Bauminister« auf »Konsens« aus sein muss, ist er dazu nicht allein auf den Überzeugungsweg angewiesen, obwohl er den freilich auch gehen wird – durch Vorträge, Verlautbarungen etc. Sondern er wird Anreize schaffen, d. h., den vernünftigen Argumenten solche finanzieller Art an die Seite stellen, vorausgesetzt, er kann beim Finanzminister im Haushalt die erforderlichen Mittel dafür einwerben.

Den Weg, für bestimmte Ziele den Gemeinden finanzielle Anreize zu geben, sind die kirchenleitenden Gremien bisher recht zögerlich gegangen, wenn überhaupt. Dass man sich mit dem ungerechten Mammon Freunde schaffen soll, gilt aber ohne Frage auch innerhalb der Kirche. Der Grund freilich, warum dieser Weg jedenfalls in Fragen der »übrigen Kirchen« nicht gegangen wurde, könnte wiederum darin liegen, dass sich die Kirchen von ihrer eigenen finanziellen Entwicklung häufig überrollt sehen.

Der Weg der bereits entwidmeten Hamburger Bethlehemkirche zeigt, wie die finanzielle Zuspitzung der Situation ein an sich ver-

nünftiges Handeln gewissermaßen »überholt«. Nachdem die Kirche entwidmet wurde und erste Überlegungen zur alternativen Kirchennutzung nicht weiter führten, kam es mit Beteiligung des Kirchenvorstandes, des zuständigen Kirchenkreises, der zuständigen kirchlichen Bauämter, des Denkmalschutzes und somit auch Vertretern der an dem Erhalt des Gebäudes natürlich interessierten Stadt Hamburg zu Gesprächen, wie verfahren werden könnte.

Es wurde eine »Investorenausschreibung« ausgelobt, d. h. Architekten waren eingeladen, Umbaukonzepte zu entwickeln, die allerdings die Auflage enthielten, dass die für die Verwirklichung nötigen Investoren gewissermaßen »mitgebracht« werden mussten. Der Erhalt zumindest des wertvollen Kirchenraums gehörte ebenfalls zu den Kriterien des Wettbewerbs. Bei dessen Abschluss lagen mehrere solcher Entwürfe vor, die den (wenigstens teilweisen) Erhalt der Kirche, vor allem eben ihres Innenraums, gewährleistet hätten.

Dennoch sah sich der Kirchenvorstand nicht mehr in der Lage, für einen der Entwürfe zu votieren, sondern musste sich für den »unbegrenzten Verkauf« von Grundstück, Kirche und der angrenzenden gemeindeeigenen Gebäude entscheiden, obwohl der Vorstand selbst jenen Wettbewerb ja mit initiiert hatte. So wurde also der Kirchenvorstand im Grunde von der eigenen finanziellen Not zeitlich »überholt«, denn natürlich brachten die an Auflagen gebundenen Architektenentwürfe »unterm Strich« weniger Geld in die leere Kasse, als man es sich von einem auflagefreien Verkauf erhofft und erwartet.

Nur wer den finanziellen Ernst der Situation nicht kennt, in dem Gemeinden wie die soeben beschriebene sich befinden, kann hier lauthals kritisieren. Der Fall zeigt vielmehr, wie eng die Handlungsspielräume werden, wenn der finanzielle Zwang übermächtig wird. Nur rechtzeitiges Errichten von Getreidesilos hilft über sieben magere Jahre hinweg (Gen. 41,47 ff).

Neben der beschriebenen baupolitischen Entwicklung eines Konsenses, wie im Falle von übrigen Kirchen noch sinnvoll entschieden werden könnte, müssten also mehr als bisher – und vor allem rechtzeitig – mit finanziellen Anreizen und womöglich mittels eines solidarisch von allen gespeisten »Notfonds« Handlungsspielräume für einzelne betroffene Gemeinden zusätzlich eröffnet oder offen gehalten werden. Wenn jedoch auch für solche Anreize und Notfonds keine Mittel mehr vorhanden sind, somit einer Kirche nicht einmal dieses »baupolitische Mini-Instrumentarium« zur Verfügung steht, um im Einzelfall eingreifen zu können, dann freilich wird man seine Kirchen tatsächlich nur noch »abwickeln« können.

II. Aktuelle Fragen

II. 3. Gibt es zu viele Kirchen?

Ungeliebte Nachkriegskirchen.
Zu viel gebaut?
Korrektur eines Irrtums.
Ausbildungsmängel.
Zu wenig Geld statt zu viele Kirchen.

Wenn Kirchen »übrig« sind, stellt sich nicht nur die Frage nach den Mitteln der Baupolitik, hier eine Lösung zu finden oder zu einer solchen beizutragen. Denn man könnte es sich einfacher machen und schlicht fragen, ob es nicht ohnehin zu viele Kirchen gibt, so dass man den gegenwärtigen Prozess auch einfach als den eines »Gesundschrumpfens« bezeichnen kann.

Not lehrt nicht nur beten, sie lehrt auch, sich die Dinge zurecht zu reden. Dabei kann es zu historischen Fälschungen kommen, von deren einer hier zu reden ist. Dabei geht es erneut um die Kirchen aus der Zeit des »Baubooms«, um die »ungeliebten« Kirchen der 50er- und 60er-Jahre.

Die Antwort scheint klar: Natürlich gibt es derzeit »zu viele« Kirchen, sonst stünden nicht alleine in der Stadt Hamburg rd. 25 Kirchen vor Schließung, Verkauf oder gar Abriss, andernorts ist es vielfach nicht anders. Die Frage allerdings ist, woran sich dieses »zu viel« eigentlich bemisst. So viel ist klar: Wenigstens für die derzeitige Belastbarkeit des Kirchenportemonnaies gibt es zu viele Kirchen. Aber: Gibt es auch zu viele Kirchen pro Kopf der Bevölkerung? Oder: Gibt es zu viele Kirchen für das Profil der Stadtteile? Kann es – im theologischen Sinn – überhaupt zu viele Kirchen geben?

Tatsächlich hat es nach dem Wiederaufbau eben jenen kirchlichen »Bauboom« gegeben, als in neu wachsenden Stadtteilen, in entstehenden Großsiedlungen am Stadtrand Kirchen gebaut wurden, in den 70er-Jahren dann eher Gemeindezentren mit integriertem Kirchenraum.

Dahinter stand die richtige Überzeugung, man könne die Menschen in ihren neuen Stadtteilen nicht alleine lassen. Auch dort – nein: gerade dort, wo sich Hochhaus an Hochhaus reiht, ist die Präsenz, auch die räumliche Präsenz der Kirche erforderlich. Denn die Kirche muss dort sein, wo die Menschen sind. Sie kann nicht erwarten, dass diese sich zu ihr hin in Bewegung setzen, sondern sie selbst muss sich auf den Weg machen, hingehen zu den Menschen,

»Geh-Strukturen« statt »Komm-Strukturen« schaffen, so hieß das damals im Kirchendeutsch, und: »Jeder soll seine Kirche zu Fuß erreichen«, so beschrieb seinerzeit der Hamburger Bischof Volkmar Herntrich das damals »im Konsens« (!) entwickelte Ziel kirchlicher Baupolitik.

Heute hört man auf Tagungen und Symposien zum Thema schon fast selbstverständlich den reuigen Satz: »Ja, wir haben damals im Überschwang zu viel getan ...« und an der Elbe ließ die Kirche schon 2003 über die Zeitung der Öffentlichkeit mitteilen: »In Hamburg sind nach dem Krieg zu viele Kirchen gebaut worden.«[1] Derartiges klingt wie das Eingeständnis eines Fehlers. In Wahrheit liefert aber solch tätige Reue zugleich das Argument, warum der »Rückbau« von Kirchen eigentlich gar nicht so schlimm ist – wenn es doch »zu viele« sind. Und von da ist es dann nur noch ein Schritt bis zu dem Satz: »Wir haben die finanziellen Probleme eigentlich nur, weil wir damals zu viel gebaut haben.« Dergleichen kommt allerdings einer »historischen Fälschung« wenigstens nahe.

Denn die (räumliche) Nähe zu den Menschen kann nicht falsch sein, wenn man das Evangelium erst nimmt. Und wie viele der Pfarrer sind damals in die unüberschaubaren Hochhaussiedlungen gegangen – mit einer befreienden Theologie im Herzen und Paulo Freire im Kopf – in der Hoffnung, hier einen Beitrag zur »Alphabetisierung des Lebens« leisten zu können! Das alles sollte falsch, sollte »zu viel« gewesen sein, obwohl es doch damals sehr wohl finanzierbar war? Nein, die damalige »kirchliche Politik« war keineswegs »falsch«. Jedenfalls nicht die Baupolitik.

Eine andere vielleicht schon eher: Die entstandenen Bauten konnten über die Jahre hinweg nicht »gefüllt« werden. Der erhoffte »Aufbruch« in den Stadtteilen und Randsiedlungen blieb aus. Trotz des kirchlichen Aufwandes, trotz allen Einsatzes der Pfarrer konnte dort, wo die Menschen tatsächlich wohnen – das sind ja weniger die Innenstädte als die Vorstädte – die »Erosion der Volkskirche« nicht gestoppt werden.

Ein weiterer historischer Irrtum wäre es, der Architektur die Schuld zu geben. Das wäre nicht nur deswegen falsch, weil diese Architektur ja damals den Anforderungen der Bauherren entsprochen hat, die somit auf dieselbe Anklagebank gehörten. Sondern weil, wie gesagt, dieser Architektur die Zeit nicht gelassen wurde, die sie benötigt, weil sie nicht zugänglich war, von dem angesprochenen Problem hüftgeschossener »Wohnlichkeitsveränderungen« ganz abgesehen.[2] Muss man wirklich daran erinnern, dass »Bauhaus-Design« anfänglich auch nicht alle Welt von Hocker gerissen hat? Heute aber gibt es ganze Ladenketten, die im Grunde mit nichts anderem hervorragende Geschäfte machen!

Es gibt – auch heute! – keineswegs »zu viele« Kirchen. Die Kirche hat kein Raumproblem, sondern sie hat das Problem, ihre Räume zu füllen. Der Fehler lag möglicherweise weniger in der »Baupolitik«, als in der »Ausbildungspolitik«. Immer wieder wurde

---

[1] *Hamburger Abendblatt 11.6.2003.*
[2] *s. unter I.7.*

auf Kirchbautagen bezweifelt, ob die Pfarrer für den Umgang mit ihren Kirchen von den Hochschulen und Ausbildungsstätten wirklich befähigt wurden.[1]

Die Anfragen zielen aber nicht nur auf das Thema »Kunst« und »Bau«, sondern auch auf »das Eigentliche« dessen, was in den Kirchen geschieht: auf den »zeitgenössischen« Gottesdienst, den die Kritikerin Karin Leydecker ein »Geschehen der hemmungslosen Anbiederung« nennt, seine »Transformation ... auf ein möglichst tief angesiedeltes Niveau, das wenig abverlangt und den Menschen mit einer Speise sättigt, die er täglich in allen Medien ohnehin geboten bekommt« beklagt und damit endet, da »stellt sich die prinzipielle Frage nach der Würde.«[2]

Nein, es gibt nicht zu viele Kirchen. Der gegenwärtigen Kirche fehlt nur das Geld, sie zu unterhalten. Und die auf Kirchbautagen erhobene Kritik könnte man fragend so zusammenfassen: Könnte es tatsächlich sein, dass der Geschmack des Evangeliums durch zu langes Kochen auf Kirchenherden längst schal geworden ist? Wäre es möglich, dass man, statt dem Volk aufs Maul zu schauen, ihm lange Zeit zu sehr nach dem Munde geredet hat? Sollte die oft allzu biedere Selbstverständlichkeit, mit der die Kirche von Gott redet, das Gefühl dafür verschüttet haben, wo es eigentlich notwendig ist, von Gott zu reden? Könnte es der Kirche des Wortes die Sprache verschlagen haben? Statt das Reich Gottes zu suchen, suchte man verzweifelt – Mitglieder? Statt erweiterter Horizonte – Vereinsmeierei? Hatte man zu lange statt geöffneter Ohren – verschlossene Kirchen? Zielten manch »Kommunikationskitsch«, die »Anbiederungs-Duzerei«, der »Segenskoffer« oder die sprachlichen »Seelenbaumeleien« vieler »Wörter zum Sonntag« wirklich auf die Seele, oder ist das alles zu häufig nur »Effekt« gewesen, also: »Wirkung ohne zureichenden Grund«?[3] Die gegenwärtige Krise mag mit »Rückbau« finanziell erträglicher werden, gelöst wird sie so nicht.

Die Lage ist ernst. Und zur Frage der Überschrift: Nein, es gibt nicht zu viele Kirchen.

---

[1] neben F.W. Graf (s. unter I. 7.) allein beim Hamburger Kirchbautag auch der Denkmalschützer Manfred F. Fischer: Was ist an den Bauten der 50er- und 60erjahre denkmalwert? in: »Dokumentation Hamburg« S. 67 und andere.

[2] s. Karin Leydecker, a. a. O., S. 56. In der Tat: Wenn die Kirchengemeinde Esgrus bei Flensburg im Weltmeisterschaftsjahr ihren Familiengottesdienst am 12. 2. mit 20 Minuten Tischfußball beginnen lässt, ahnt man, was Frau Leydecker meint.

[3] Axel Schultes in: »Dokumentation Stuttgart«, S. 80.

II. Aktuelle Fragen

II. 4. Was macht man mit »übrigen« Kirchen?

Kassel 76.
EKD 81.
Bund der Ev. Kirche in der DDR 83.
Wolfenbüttel 93.
Juristische Baudezernenten 94.
Ev. Kirche von Berlin-Brandenburg 99.
Hamburg 99.
Beratungsstelle für Gestaltung von Gottesdiensten 99.
EKD/VEF 2000.
»Leipziger Erklärung« 02.
VELKD 03.
EKD 05.
»Maulbronner Mandat« 05.
Die katholische Seite des Problems.

Unbestritten ist allerdings: Es gibt mehr Kirchengebäude, als die Kirchen sie derzeit finanziell tragen können. Die Überlegungen zu diesem Problem haben ihre Geschichte; die »Etappen« des diesbezüglichen Diskussionsprozesses sollen in den folgenden Abschnitten kurz vorgestellt werden – so, dass die Tendenz deutlich wird, wie es zum nachher beschriebenen »Konsens« kam, aber auch erkennbar bleibt, was bis heute noch offen geblieben ist.

Die Debatte darüber, was mit Kirchen geschehen soll, die ihren Gemeinden zur Last geworden sind, ist keineswegs neu. Helge Adolphsen, Präsident des Ev. Kirchbautages, weist darauf hin, dass bereits der 16. Kirchbautag in Kassel 1976 Mut zu einer Neuentdeckung des Kirchenraums machte und ermunterte, ihn mit mehr Aktivitäten als bisher zu füllen.[1]

Anfang der 80er-Jahre veröffentlicht die EKD das Papier »Strukturbedingungen der Kirchen auf längere Sicht«, das bereits ein Beleg dafür ist, wie sehr das Kirchensteuersystem und damit die Einnahmeseite der Kirchen in die Krise gekommen ist. Zugleich erweisen sich die nach dem Krieg wiedererrichteten oder neu gebauten Kirchen als »sanierungsbedürftig«, was darauf hindeutet, dass man die laufende Bauunterhaltung wohl ein wenig »schludrig« erledigt hat. Damit aber verschärften sich die kritischen finanziellen Anzeichen.

1983 veröffentlicht die theologische Kommission des Bundes der Ev. Kirche in der DDR ihre Ausarbeitung »Unsere Kirchengebäude. Prozesse der Aneignung und Ablösung«. Bereits hier findet sich, was 20 Jahre später (im Westen) zum »eisernen Bestand« des Konsenses werden wird: Wenn eine Kirche nicht zu halten ist, soll geprüft werden, ob eine andere kirchliche Konfession oder Freikirche für die Nutzung in Frage kommt. Erst dann kommt eine Abgabe an einen »nichtkirchlichen Rechtsträger« zur kulturellen Nutzung in Frage (Museum, Konzerthalle). Sollte auch das nicht möglich sein, kann die Kirche einer »nichtkulturellen« Nutzung zugeführt werden, möglichst unter Erhalt des Baubestandes, als »reversibel«, falls andere, bessere Zeiten kommen.[2]

Zehn Jahre später sprechen die »Wolfenbütteler Empfehlungen« offen von der finanziellen Problematik und empfehlen bereits, auf

---

[1] s. Helge Adolphsen: Kirchen haben kein Verfallsdatum, in: »Spuren hinterlassen ...«, S. 213 ff.

[2] abgedr. in: Konferenz der (jur.) Baudezernenten der Gliedkirchen der EKD: Gesichtspunkte und rechtliche Empfehlungen zur Umnutzung und Abgabe von Kirchen, Ev. Kirche d. Union 1994. Zum Thema vgl. »Spuren hinterlassen ...«, S. 287.

Neubau einstweilen zu verzichten und statt dessen zu groß gewordene oder überzählige Kirchengebäude für die Gemeindearbeit einzurichten.

Die Empfehlungen enthalten »im Prinzip« schon fast alles von dem »Konsens«, der nachher beschrieben werden soll:

»Angesichts des sich abzeichnenden Rückgangs der Mitgliederzahlen der Kirchengemeinden und damit der Steuereinkünfte ist ein ökonomischer Umgang mit den vorhandenen Bauten erforderlich. Anstatt neue Gebäude zu errichten, sollten vorhandene, besonders zu groß oder nutzungslos gewordene Gottesdiensträume für die Gemeindearbeit eingerichtet werden, ohne ihren eigenen Wert zu verlieren. Bauliche Änderungen sollten deshalb möglichst reversibel sein. Insbesondere für Innenstadtkirchen bieten sich oft noch viel zu wenig wahrgenommene übergemeindliche Aufgaben. Können Kirchen aus finanziellen oder sonstigen Gründen nicht mehr gehalten oder für andere kirchliche Zwecke genutzt werden, sind sie nach sorgfältiger Prüfung einer angemessenen Zweckbestimmung zuzuführen. Ihr allgemeiner kultureller Wert fordert die Mitverantwortung der Öffentlichkeit.«[1]

1994 veröffentlichen die Juristischen Baudezernenten der Gliedkirchen der EKD »Gesichtspunkte und rechtliche Empfehlungen zur Umnutzung und Abgabe von Kirchen«, in denen sie ausdrücklich Bezug auf die Ausarbeitung des Bundes der Kirchen in der DDR und auf die Wolfenbütteler Empfehlungen nehmen. Offen wird die schwierige finanzielle Situation der Kirchen (im Osten wie im Westen) herausgestellt. Die Veröffentlichung enthält auch bereits rechtliche Hinweise zu Vertragsformen, die so zu gestalten sind, dass auch bei Ausderhandgabe von Kirchen Einflussmöglichkeiten auf die weitere Nutzung möglich bleiben.[2]

1999 veröffentlichte die Ev. Kirche von Berlin-Brandenburg eine »Orientierungshilfe zur Nutzung von Kirchen für nichtkirchliche Veranstaltungen«, die Vorbild für eine größere Anzahl von vergleichbaren Stellungnahmen in anderen Landeskirchen geworden ist.[3]

Die »Orientierungshilfe« enthält für die Entwicklung von Nutzungskonzepten folgende »von innen nach außen« tendierende Kriterien: 1. Die gottesdienstliche Nutzung der Kirchengebäude (…)

---

[1] Text in: »Spuren hinterlassen …«, S. 302.

[2] Quelle: s. S. 114, Anm. 2.

[3] pars pro toto seien genannt: Evangelische Kirche von Westfalen, Kirchen umbauen, neu nutzen, umwidmen, Bielefeld 2001, und – als aktuelles Beispiel – die

genießt einen Vorrang vor anderen Nutzungsarten, 2. Gottesdienstliche Räume dienen darüber hinaus auch den vielfältigen nicht-gottesdienstlichen Arbeitsformen der Gemeinde, 3. Besondere öffentliche Funktionen wachsen den Kirchengebäuden immer dann zu, wenn in diesen Gebäuden gesellschaftsdiakonische Aufgaben wahrgenommen werden, 4. Kirchengebäude stehen vielfältigen kulturellen und künstlerischen Nutzungen offen, 5. Vermietungen (…) werden dort erwogen, wo das gestiegene Interesse an ihrer Nutzung (…) zusammentrifft mit der Notwendigkeit für Gemeinden, Mittel zum Unterhalt und zur Bewirtschaftung ihrer Kirche zu beschaffen, 6. Bevor die Abgabe einer Kirche erwogen wird, sollte die Möglichkeit für eine gemischte Nutzung geprüft werden. In wenigen besonderen Fällen ist allerdings die Abgabe eines Kirchengebäudes sowie ihre (sic!) Entwidmung unvermeidlich.[1]

Im selben Jahr stellte Rainer Bürgel, seinerzeit Vorsitzender des Arbeitsausschusses des Ev. Kirchbautages, in seinem Schlusswort des Hamburger Kirchbautages fest: »Kirchengebäude überdauern. Sie werden grundsätzlich nicht verkauft oder abgerissen. Eine Kirche, die ihre Kirchen verkauft, verkauft ihre eigene Geschichte und ihr Vertrauen auf die Zukunft; sie verzichtet auf Präsenz. Das gilt auch für die Kirchen der 50er- und 60er-Jahre. Auch sie sind Dokumente christlichen Glaubens. Sind sind von Architekten geschaffene Orte mit einer eigenen Würde; Orte, um dem Leben Würde zu geben. Es ist nicht statthaft, mit ihnen würdelos umzugehen.«[2]

Ebenfalls im gleichen Jahr veröffentlicht die Beratungsstelle für Gestaltung von Gottesdiensten« in Frankfurt ihr Heft 12 mit dem Titel »Raum geben«. Auch in den Beiträgen dieses Heftes finden sich fast alle Elemente dessen, was sich nachher immer mehr zum Konsens »verdichtet«: Der Aufruf auf dem Hintergrund des finanziellen »Engpasses«, die Kirchenräume intensiver zu nutzen – einerseits als »Sakralraum«, der als »spiritueller Raum« erfahrbar sein,

---

Handreichung des Baudezernates der Nordelbischen Kirche »Unsere Kirche – Unsere Kirchen« (2004), das nicht nur inhaltlich den aktuellen »Stand« wiedergibt, sondern auch auf rechtliche Bestimmungen eingeht und verdeutlicht, wie die vollständige oder teilweise widmungsfremde Nutzung eines Kirchengebäudes selbst steuerliche Konsequenzen haben kann – und schließlich sogar Hilfen in Gestalt von Musterverträgen anbietet.

[1] *Diese Orientierungshilfe wird derzeit überarbeitet und in Kürze von der Ev. Kirche Berlin-Brandenburg-Schlesische Oberlausitz neu herausgebracht.*

[2] *Rainer Bürgel: Schlusswort zum 23. Ev. Kirchbautag, in: »Dokumentation Hamburg«, S. 138.*

andererseits aber auch vielfältig gestaltet sein soll für die verschiedenen Hinsichten des Gemeindelebens. Sogar das Thema des »Umbauens« wird ausdrücklich behandelt, gelungene Beispiele dafür werden vorgestellt.[1]

Die EKD und die VEF (Vereinigung Ev. Freikirchen) haben im Jahr 2000 einen »Konsultationsprozess« über das Verhältnis von Protestantismus und Kultur begonnen. In dem Text, der diesen Prozess eröffnete, kommt der Kirchenraum allerdings nur peripher vor: als »Chance, die Ausdrucksgestalten der Kunst mit religiöser Erfahrung in Verbindung zu bringen«.[2]

Da kann es kaum erstaunen, dass die Denkschrift »Räume der Begegnung von EKD und VEF«, in die jener Prozess im Jahr 2002 mündete, trotz seines Titels an den Kirchräumen vollständig vorbeigeht und damit seltsamerweise einen erheblichen Ausschnitt der »Kultur« übersieht.[3]

Die »Leipziger Erklärung« des Evangelischen Kirchbautages aus dem Jahr 2002 will weniger Kompendium konkreter Ratschläge sein als ein grundsätzlicher Ruf zu Ermutigung, auch in finanziell beengten Zeiten die »öffentliche Präsenz« der Kirche nicht zurückzunehmen, sondern sie aktiv und mit Phantasie neu zu gestalten.[4]

Ende 2003 veröffentlicht der Theologische Ausschuss der VELKD »Leitlinien« zum Thema unter der Überschrift »Was ist zu bedenken, wenn eine Kirche nicht mehr als Kirche genutzt wird?« Die »Leitlinien« wiederholen zwar bezüglich der Nutzungskriterien die inzwischen schon bekannte Tendenz »von innen nach außen«, haben aber den großen Verdienst, neben dem »Bedarfswert« der Kirchengebäude für die Gemeinden den »bleibenden Symbolwert« dieser Gebäude für die Öffentlichkeit der Kirchengebäude herauszustellen.

»Die Kirchengebäude sind somit über das jeweilige Zusammenkommen der Gläubigen hinaus sichtbares dauerhaftes Zeichen der Hinwendung Gottes zu den Menschen, die dann je in Wortverkündigung und Sakramentsfeier konkret erfahrbar wird. Das Kirchengebäude dient also nicht allein dem Schutz und der Absonderung,

---

[1] *s. Beratungsstelle für die Gestaltung von Gottesdiensten (HG.): Raum geben. Chancen für den Evangelischen Kirchenraum, Frankfurt 1999.*

[2] *EKD, VEF (Hg.): Gestaltung und Kritik. Zum Verhältnis von Protestantismus und Kultur im neuen Jahrhundert, EKD-Teste Nr. 64, S. 38.*

[3] *EKD, VEF (Hg.), Räume der Begegnung. Religion und Kultur in evangelischer Perspektive, Gütersloh 2002.*

[4] *»Leipziger Erklärung« s. Anhang.*

sondern wirkt in die Gesellschaft hinein. Das Kirchengebäude ist und bleibt ein öffentliches Zeichen, gerade in einer Gesellschaft, die sich nicht mehr selbstverständlich als christlich versteht und von Traditionsverlusten bedroht ist, weil die dazu dienenden Institutionen nicht mehr wahr- und angenommen werden.«[1]

Unterdessen hat die VELKD auch eine »Handreichung für die Entwidmung von Kirchengebäuden« beschlossen: »Vorgelegt wurde die gottesdienstliche Ordnung vom Liturgischen Ausschuss der VELKD, der ein in der Protestantischen Kirche in den Niederlanden gebräuchliches Formular den Gegebenheiten in Deutschland angepasst hat. Aufgrund von Veränderungen in den Gemeinden kann es in wenigen Fällen dazu kommen, dass Kirchengebäude ganz aufgegeben oder durch einen Neubau ersetzt werden. Für die betroffene Gemeinde bedeutet dies einen tiefen Einschnitt, der als Amtshandlung gottesdienstlich gestaltet werden soll, um den Übergang zu bewältigen.«[2]

Der Liturgische Ausschuss lässt in diesen Tagen für den Fall, dass eine Gemeinde ihre Kirche abgeben muss und ein letzter Gottesdienst abgehalten wird, eine Handreichung mit einem liturgischen Formular und ergänzenden Hinweisen erscheinen.

Die aktuellen vier Regeln der EKD teilt der Ratsvorsitzende Wolfgang Huber auf dem 25. Kirchbautag in Stuttgart mit: »1. Regel: Immobilienverkauf geht von ›außen nach innen‹, 2. Regel: Kirchenumnutzung geht vor Kirchenverkauf, 3. Regel: Verträgliche Fremdnutzung der Kirchen geht vor beliebiger Fremdnutzung, 4. Regel: Abbruch der Kirchen geht vor imageschädigender Fremdnutzung«.[3]

Diese letzte, die 4. Regel also, ist allerdings keineswegs unumstritten, wie man sehen wird.

2005 verabschiedeten beim 25. Kirchbautag in Stuttgart die Teilnehmer einstimmig das »Maulbronner Mandat«, das in den folgenden Abschnitten ausführlich entfaltet wird.[4]

---

[1] *s. VELKD-Texte 122/2003, erhältlich unter http://www.velkd.de/. In dem der Schrift beigegebenen Vermerk unterstreicht der VELKD-Text noch einmal die juristischen Möglichkeiten der Nutzungsbeschränkung im Falle des Nichtverkaufs (Vermietung §§ 535 ff BGB, Verpachtung §§ 581 ff BGB) und des Verkaufs von Kirchen (Schuldrechtliche Nutzungsbeschränkungen, Eintrag beschränkter dinglicher Rechte in der 2. Abteilung des Grundbuches).*

[2] *VELKD 24.3.2006, s. http://www.velkd.de/aktuell/presse.php3?id=419.*

[3] *Wolfgang Huber, a. a. O., S. 42 f. Zu der »4. Regel« s. unter II.15 und II.16.*

[4] *»Maulbronner Mandat« s. Anhang.*

Das Fazit: Bereits seit Mitte der 70er-Jahre zeichnet sich die Problematik der »übrigen Kirchen« ab, wird erkennbar, dass Kirchenräume nicht mehr in derselben Selbstverständlichkeit wie bisher einzig als Gottesdiensträume werden Verwendung finden können, wenn sich auf kirchlicher Einnahmenseite nichts Entscheidendes tut. Zugleich entsteht in der kirchenöffentlichen Diskussion ein »Meinungsfeld«, in dem sich zwar mehr und mehr ein Konsens bildet, aber auch an verschiedenen Punkten, wie nachher gezeigt wird, weiterhin Dissens und Uneinigkeit herrscht. Vor allem aber, und das ist deprimierend: Man hat auf dieses Weise »die Lage nicht in den Griff bekommen«. Warum nicht?

Zum einen sind zwar die Ergebnisse der Diskussionen, die Papiere und Verlautbarungen, ausführlich diskutiert und bedacht worden – aber nicht immer auf der richtigen Ebene, oder besser: Sie haben die Ebene der Kirchenvorstände und Pfarrer, also der eigentlich Betroffenen, nicht eindringlich genug erreicht – so dass diese von dem »finanziellen Einbruch« dann doch überrascht wurden, ein Problem der angesprochenen kirchlichen Struktur.

Zum anderen aber könnte ein Versäumnis darin liegen, dass die – eben wegen dieser Struktur! – notwendigen, gerade auch finanziellen Steuerungsmechanismen nicht rechtzeitig genug entwickelt worden sind – wenn es sie überhaupt schon gibt.[1]

In der katholischen Kirche liegen die Verhältnisse kaum anders als in den evangelischen Kirchen. Unter der Überschrift: »Verkauf von Kirchen und Kapellen leider unvermeidlich« teilt Ronald Rother, Generalvikar im Erzbistum Berlin dieses mit: »In unserem Sanierungsplan haben wir uns selbst verpflichtet, die ›pastoral genutzte Fläche‹ in den kommenden Jahren um 25 % zu verringern. Wir wollen damit die laufenden Kosten für Bewirtschaftung und Bauerhalt dauerhaft verringern. In diesem Zusammenhang ist der Verkauf von Kirchen und Kapellen leider unvermeidlich. Eigentümer der Kirchen sind in vielen Fällen die Kirchengemeinden selbst. Deren Absicht, eine Kirche zu verkaufen, wird genau geprüft in Hinblick auf Käufer und dessen Nachnutzungskonzept. Wo dies überzeugt, darf die Kirche auch verkauft werden, auch wenn es immer schwer fällt, sich von Kirchengebäuden zu trennen.«[2]

In der katholischen Kirche sind für die hier anstehenden Fragen noch immer die »Leitlinien für den Bau und die Ausgestaltung von gottesdienstlichen Räumen« der Liturgiekommission der Katholi-

---

[1] s. unter II. 2.
[2] s. http://www.katholische-kirche.de/2627_5766.htm.

schen Bischofskonferenz aus dem Jahr 1988 maßgebend, die 2000 in der 5., überarbeiteten Auflage vorliegen, ergänzt durch die Arbeitshilfe »Umnutzung von Kirchen« aus dem Jahr 2003, herausgeben vom Sekretariat der Deutschen Bischofskonferenz.

Nicht nur die Situation, auch die Argumentation ist keine grundsätzlich andere als in den evangelischen Kirchen, allerdings muss man – obwohl auch in der katholischen Kirche die Gemeinden Eigentümer ihrer Kirchen sind, natürlich die andere Struktur der katholischen Kirche berücksichtigen, die, vorsichtig gesagt, »intern durchsetzungsfähiger« ist.

Im Bistum Essen werden in der Zukunft ein Drittel aller Kirchen nicht mehr als Gottesdienstorte getragen werden können. Eine neue Struktur sieht dort nur noch 35 Pfarreien mit fünf bis sieben Gemeinden und ihren Kirchen (und bei einigen auch ihren Filialkirchen) vor.

Damit aber sind neben Gemeinde- und Filialkirchen eine größere Zahl von Kirchen »übrig«, für die keine Mittel mehr bereitgestellt werden, die man – etwas soft – »weitere Kirchen« nennt, für die mithin eine Lösung gefunden werden muss: »Wie nicht anders zu erwarten, liegt der Schwerpunkt der ›weiteren Kirchen‹ in der modernen Kirchbauarchitektur: Lediglich neun Kirchen sind aus der Zeit vor 1918«, so teilt Herbert Fendrich mit, und damit herrschen, bezogen auch auf die Nachkriegsarchitektur, in der katholischen Kirche keineswegs andere Verhältnisse: »Es geht also bei den ›weiteren Kirchen‹ um nichts Geringeres als um die sichtbare Hälfte unserer eigenen Geschichte.« Und Fendrich teilt auch die in diesem Buch vorgetragene Ansicht, in seinen Worten: »Diese jüngsten Kirchen sind nicht nur zum Teil wirkliche ›Schätze‹, sie sind auch für Liturgie und Gottesdienst heute in einem höheren Maß geeignet als die meisten älteren Kirchen.«[1]

Bekannt ist, dass nicht nur das Bistum Essen in großen finanziellen Schwierigkeiten steckt, anderen Bistümern geht es da nicht besser. Es stellt sich mithin die Frage, warum nicht auch – wenigstens in der Thematik der »übrigen Kirchen« – ökumenischer gedacht und gehandelt wird. Überlegungen, kommende Kirchbautage ökumenisch auszurichten, wenn nicht gar zu veranstalten, gehen angesichts dessen in die richtige Richtung.

---

[1] s. Herbert Fendrich, Die »weiteren Kirchen«, in: Bauwelt 5/06, S. 10 ff.

II. Aktuelle Fragen

II. 5. Kann man für den Erhalt einer Kirche Vorsorge treffen?

Konsens 1.
Konsensbeschreibung.
Ein Prozent Bauunterhaltung.
Fördervereine.
Sponsoring.
Kirchengerüste und Werbung.
Stiftungen und Kapital.

Der in den letzten Jahren entwickelte Konsens zum Thema der »übrigen Kirchen« besteht tatsächlich nur aus fünf Punkten, die im Folgenden beschrieben werden.

Zunächst erfolgt nirgendwo Widerspruch, wenn man darauf verweist, dass die beste Vorsorge für den Erhalt eines Kirchengebäudes dessen regelmäßige Pflege und Unterhaltung darstellt. Langfristig – und gerade bei solchen »Wertgegenständen« wie den Kirchen – ist dieses auch die kostengünstigste Lösung. Die Verlockung, zwar nötige, aber erst einmal kostenintensive Maßnahmen ein oder mehrere Haushaltsjahre vor sich herzuschieben, ist groß. Aber so mancher, der ihr erlegen ist, erwachte mit Schrecken, nämlich der Einsicht, dass plötzlich ungleich teurer gerichtet werden muss, was bei rechtzeitiger Maßnahme deutlich billiger geworden wäre. Ein Prozent von dem Neubauwert eines Gebäudes sollte man für dessen Unterhalt schon jährlich ansetzen, so äußerte sich beispielsweise kürzlich der Oberbaudirektor der Westfälischen Landeskirche, Reinhard Miermeister, auf Befragen.

Eine weitere eigentlich selbstverständliche Vorsorgemaßnahme stellt es natürlich dar, rechtzeitig dafür zu sorgen, dass hinreichend Geld vorhanden ist, das Notwendige auch tun zu können. Nicht erst in Zeiten der Mittelverknappung wäre es bereits sinnvoll gewesen, bestimmte Teile der Arbeit und der Baulasten durch zusätzliche Einnahmen abzusichern, wie das in jüngerer Zeit vor allem durch die Einrichtung von Fördervereinen geschehen ist. Mindestens für die Kirchenmusik stellen solche Vereine inzwischen ein fast selbstverständliches Instrument dar, das für eine Kirchenmusik auf qualitätvollem Niveau sorgen hilft.

Wie sehr Fördervereine Kirchen erhalten helfen, kann man vor allem in den östlichen Landeskirchen sehen: 186 Fördervereine und Dorfkirchen-Initiativen kann allein der »Förderkreis Alte Kirchen Berlin-Brandenburg e.V.« in seinem Brandenburger Wirkungsgebiet aufzählen.[1]

Eine andere Form, den Haushalt zu entlasten, stellt das »Sponsoring« dar. Aber hier kommt man schnell an die Grenzen seiner Möglichkeiten. Zum einen darf man nicht übersehen, dass die Idee, Kirchenveranstaltungen durch örtliche Gewerbetreibende mitfinanzieren zu lassen, natürlich nahe liegt. Nur stellt für diese das Sponsoring eine Investition dar, keine Wohltat. Das bedeutet: Das Geld, das ein Geschäftsmann investiert, will er wieder zurückhaben: dadurch, dass sein Image steigt, seine Kundenzahl sich erhöht

---

[1] s. www.altekirchen.de.

und so seine Verkaufszahlen größer werden und damit sein Gewinn, der wenigstens so hoch sein muss, dass er das investierte Geld auffängt. Wenn es gelingt, mit Gewerbetreibenden ein solches Geschäft abzuschließen, ist dagegen sicher nichts zu sagen, und es mag die »Allianz« von St. Michaelis und »Hamburger Sparkasse« der Hamburger Wahrzeichenkirche Erkleckliches einbringen. Aber die Citykirchen mit ihrem gesamtstädtischen Symbolwert haben es da auch leichter. Im Alltag kleinerer Gemeinden wird demgegenüber das »Sponsoring« kaum eine große Säule finanzieller Absicherung sein können. Das ist dennoch kein Argument dagegen.

Wie gesagt: Sponsoring ist kein Mäzenatentum, sondern Sponsoring ist ein Geschäft. Ich führe das an dieser Stelle auch nur deswegen an, weil man damit in die Nähe dessen kommt, was nun allerdings höchst umstritten ist. Denn es stellt natürlich auch eine Form des für beide Seiten ertragreichen Geschäftes dar, wenn eine Kirche bei größeren Renovierungs- oder anderen Baumaßnahmen das erforderliche Außengerüst für großflächige Werbeplakate verschiedener Firmen vermietet. Das wird gleichfalls weniger in den Vorstadtkirchen als in den Hauptkirchen der Innenstädte möglich sein, wo allein sich die Firmeninvestition lohnen dürfte.

Noch vor Jahren gelang es der Hamburger St. Michaeliskirche, ohne eine solche »Fremdnutzung« ihrer Baugerüste auszukommen. Der anderen Hamburger Hauptkirche mitten in der Mönckebergstraße, der Hauptgeschäftsstraße Hamburgs, gelang das nicht: Über Monate hinweg mussten sich Kirchenbesucher unter großflächigen Plakaten der Firma H&M ihren Weg zur Andacht suchen. Aber immerhin ist es gelungen, in der Absprache unterzubringen, dass es nicht unbedingt Dessous waren, die den Menschen den Weg zur Kirchentüre wiesen.

Man wird nicht vorschnell einen Kirchenvorstand kritisieren, der wenigstens die Kosten für das Gerüst durch die Einnahmen aus der Vermietung wieder hereinholen will. Die Finanznöte sind inzwischen derart drückend, das man sich einer Verurteilung vernünftigerweise enthalten sollte. Interessant ist aber, dass der Widerspruch dagegen weniger von »innerkirchlichen Kreisen« kommt, als vielmehr von außen.

Bereits auf dem Hamburger Kirchbautag 1999 äußerte sich der damalige Stadtentwicklungssenator Willfried Maier äußerst kritisch zu solcher »Vermarktung« einer Kirche, auch dann, wenn deren Aufsicht durch das Baugerüst ohnehin »entstellt« ist.[1] Maier formu-

---

[1] *Willfried Maier: Eröffnungsrede, in: »Dokumentation Hamburg«, S. 33.*

lierte sein Unbehagen kaum anders als sechs Jahre später erneut ein Hamburger: Der Oberbaudirektor der Stadt, Jörn Walter in Stuttgart 2005.[1] Die zunehmende Kommerzialisierung der Innenstädte müsse irgendwo eine Grenze finden; dass diese mit der Vermarktung von eingerüsteten Kirchen erreicht sei, war die gemeinsame Überzeugung beider Hamburger.

An diesem »Widerstand von außen« wird deutlich – und das sollte die Kirchen ermutigen –, welch großes Interesse an den Kirchengebäuden auch außerhalb der Kirchen vorhanden ist; Städteplaner und Politiker haben ein feines Gespür dafür, dass nur jene Stadt und nur das Gemeinwesen auf Dauer Bestand hat, in dem der fraglos notwendige Kommerz aber nicht unbeschränkt alle Flächen besetzt. Die Kirche im erwähnten »anthropologischen Sinn« als »Heiliger Raum« ist eine gesellschaftspolitisch notwendige Einrichtung. Das sollten die Kirchen sorgfältig beachten und darum durch Gespräche mit politisch Verantwortlichen im Einzelfall Lösungen suchen, dass die Kirchen auch während notwendiger Baumaßnahmen nicht zu Werbeträgern von Pullis und Jeans herabsinken.

Zurück zu den Vorsorgemaßnahmen: Ein weiteres Instrument könnte es sein, sich mit dem Gedanken einer Stiftung zu tragen. Im Unterschied zu einer Spende, deren Wirkung mit ihrer Ausgabe ein Ende hat, werden hier Gelder dauerhaft und langfristig festgelegt, zur Ausschüttung kommen – neben Zuwendungen, die nicht ausdrücklich ins Stiftungskapital fließen – nur die damit erwirtschafteten Zinsen. Dazu braucht man natürlich einen Stifter, der zunächst die Stiftung mit einem solchen Grundkapital versorgt; um die weitere Ausstattung wird man sich bemühen, indem man Menschen sucht, die diesen Grundstock mit Zustiftungen »aufstocken«.

Der Stifter kann natürlich auch die Kirche selber sein, die EKD mit der Stiftung KiBa[2] ist dafür prominentestes Beispiel.

2001 veröffentlichte die westfälische Kirche unter dem Titel »Die eigene Stiftung – ein Werk, das Früchte trägt«[3] eine beratende Broschüre zum Thema »Stiftungen«, gut aufgemacht und über 64 Seiten inhaltlich solide und kompetent, die sich fast wie eine Gebrauchsanleitung liest, von der denn auch Gebrauch gemacht wurde – in Dortmund beispielsweise: »40 denkmalswerte Kirchen und Gemeindehäuser gibt es im Bereich der Evangelischen Kirche in Dortmund und Lünen. Neben den Innenstadtkirchen mit ihren herausra-

---

[1] Jörn Walter, a. a. O., S. 120 f.
[2] s. unter I. 4.
[3] s. http://www.ekvw.de/Download.196.0.html.

genden Kunstwerken gibt es in vielen Gemeinden Dortmunds architektonische Kleinode. Manche dieser Kirchen besitzen bedeutende Ausstattungsensembles. Um die Gebäude und die darin befindlichen Kunstschätze zu erhalten, gibt die Evangelische Kirche viel Geld aus. Mehr als 300.000 Euro werden es in diesem Jahr sein. Eine Million hätte es eigentlich sein sollen. Doch die Fördermittel von Seiten des Landes werden immer weniger. Deshalb haben die Evangelischen Kirchenkreise in Dortmund und Lünen die »Stiftung Denkmalswerte Kirchen« gegründet. Ihre Gründung haben sie mit einem Startkapital von 200.000 Euro ausgestattet. Und sie hoffen auf möglichst viele Zustiftungen - aus Spenden oder auch aus Testamenten.«[1]

Die Bedeutung der Stiftungen für den Erhalt kirchlicher Bauwerke hat der FDP-Politiker Otto Graf Lambsdorff beim Hamburger Kirchbautag bereits 1999 ins Spiel gebracht: »Stiftungen sind das Vehikel einer Bürgergesellschaft, die Verantwortung übernimmt. Die aktive Förderung des Stifterwesens ist für die Kirchen eine zielführende Offensiv-Strategie, um den gesellschaftlichen, über die Grenzen der Gemeinde hinausgehenden Einsatz für das kirchliche Kulturerbe zu erreichen.«[2] Lambsdorff forderte den Staat auf, das Entstehen von Stiftungen mehr als bisher steuerlich zu begünstigen, zugleich aber auch die Kirchen, ihre Vorbehalte gegen »wohlbetuchte Kapitalisten« aufzugeben.

Aber auch der Staat selbst ist unterdessen auf den Stiftungsgeschmack gekommen, »im hohen Geldvermögen der Deutschen, das mit 2.500 Milliarden Mark beziffert wird, und der anrollenden Vererbungswelle will man einen Deus ex Machina entdeckt haben.«[3]

Obwohl das Stiftungswesen in Deutschland eine lange Tradition hat, die über das 18. Jahrhundert bis ins späte Mittelalter reicht, spielt gleichwohl das Stiftungswesen in Deutschland gegenüber dem angelsächsischen Bereich bislang nur eine geringe Rolle.

Das hängt zum einen daran, dass Stiftungseinlagen nur bis zu einer Höhe von 307.000.- EUR steuerlich geltend gemacht werden können, weswegen die meisten Stiftungen noch immer nur über ein Grundkapital von unter 500.000.- EUR verfügen, so ja auch die erwähnte Dortmunder Stiftung. Dass mit Erträgen aus so geringem

---

[1] s. www.vkk.org.
[2] Otto Graf Lambsdorff: Kirchengebäude – eine gesamtgesellschaftliche Verantwortung, in: »Dokumentation Hamburg«, S. 131 ff., Zitat S. 136.
[3] ebd. S. 138.

Kapital nicht gerade große Sprünge gemacht werden können, liegt auf der Hand.

Folgerichtig fordert der Generalsekretär des Stiftungsverbandes für die Wissenschaften, Andreas Schlüter, die Entgrenzung der Höchstsumme, dies um so mehr, als sich der Staat ja mehr und mehr aus »eigenen Kernaufgaben zurückzieht« und darum ein um so größeres Interesse daran haben müsste, das hier Stiftungen in die Bresche springen, zumal der Staat, so rechnet Schlüter vor, bei einer Anhebung der Freigrenze auf 1 Mill. EUR auf Einnahmen von nur ca. 60 bis 80 Mill. EUR verzichten müsste, »das ist angesichts von jährlichen Steuereinnahmen von fast 1000 Milliarden eine verschwindende Summe.«

Außerdem kritisiert Schlüter die überbordende staatliche Stiftungsaufsicht, die zwar bis zu einer gewissen Grenze notwendig ist, aber anders und unkomplizierter gehandhabt werden müsste als bisher, erst recht, da zu allem Überfluss die Stiftungen nicht nur Bundes- sondern auch die jeweiligen Landesbestimmungen beachten müssen.[1]

Stiftungen sind gut, nötig und sinnvoll, vor allem, wenn es gelingt, sie mit hinreichend großem Kapital auszustatten. Aber Stiftungen sind kein Allheilmittel. Denn es ist offenkundig: Zu viele Stiftungen für denselben Zweck des Erhalts von Kirchenräumen graben sich gegenseitig das Wasser ab. Der Stiftungswille in Deutschland mag noch weiter zu fördern sein, unbegrenzt ist er nicht. Wer in Dortmund zustiftet, wird es bei der »KiBa« nicht noch einmal tun – und umgekehrt. Und da mag eine große Stiftung, die handlungsfähig ist, sinnvoller sein als viele kleine, die nur wenig bewegen können. Auch wird zu beachten sein, dass die notwendigen Aufstockungen eines relativ kleinen Grundstockes durch Zustiftungen nur mit der unendlichen Mühe geschickten Klinkenputzens zu erreichen sind. Das geht nicht so nebenher, und damit ist viel Professionalität und viel »Kommunikationsgeschick« verbunden, worüber nicht ein jeder ohne weiteres verfügt.

Fördervereine, »Sponsoring«, Stiftungen – alle Maßnahmen der Vorsorge gegen ungewollte finanzielle Not nützen den Gemeinden und ihren Kirchengebäuden – das ist, so weit man erkennen kann, nirgendwo in der Kirche umstritten.

---

[1] *Andreas Schlüter in SZ, 21.2.96, S. 4.*

II. Aktuelle Fragen

II. 6. Wofür ist eine Kirche da?

Konsens 2.
Die Kirche und der Gottesdienst.
Der Raum des Gebets.
Die »Kirchenfernen« und die Öffentlichkeit.
Die Einleitung des »Maulbronner Mandats«.

Der zweite Punkt des innerkirchlichen Konsenses, wie er sich vor allem über die letzten zehn Jahre hinweg entwickelt hat, lautet: Eine Kirche soll in erster Linie der Gottesdienstraum der Gemeinde sein. Für den Gottesdienst ist sie da, für ihn wurde sie vornehmlich gebaut; indem eine Kirche den christlichen Gottesdiensten Raum gibt, findet sie zu ihrem eigentlichen und hauptsächlichen Sinn. Oder, mit anderen Worten: »Eine Kirche ist eine Kirche ist eine Kirche!«[1]

Wer wollte dem auch widersprechen! Leider beinhaltet dieser Satz nicht zwangsläufig und noch immer nicht überall die Forderung nach der selbstverständlichen Öffnung der Kirche »zu den Geschäftszeiten«, jedenfalls findet man diese Forderung nicht in allen Papieren und nicht überall ausdrücklich. Gleichwohl hat sich inzwischen Sinn und Notwendigkeit solcher »Kirchenöffnung« herumgesprochen. Da also zwar in allen Kirchen, die »in Betrieb« sind, selbstverständlich Gottesdienste stattfinden, sie aber gleichwohl noch längst nicht überall »geöffnet« sind, muss die »Kirchenöffnung« eine Forderung bleiben, die beharrlich weiterhin verfolgt werden sollte.[2]

Obwohl also nicht alle Kirchen geöffnet sind, dürfte es aber zum Konsens gehören, dass der Besuch in einer geöffneten Kirche außerhalb des Gottesdienstes, um einen Augenblick zu verweilen, Ruhe zu finden, zu beten, eine Kerze anzuzünden oder was auch immer, natürlich nicht »Gottesdienst« im strengen theologischen Sinn des Wortes ist, diesem aber immerhin recht nahe kommt. Die »anthropologische« Konstante[3], im Kirchenraum einen »heiligen Raum« zu sehen und ihn als solchen zu besuchen, kommt dem »eigentlichen«, dem gottesdienstlichen Sinn einer Kirche sehr nahe. Mit anderen Worten: Wer »weiten Raum« sucht, ist in einer Kirche nie fehlt am Platz, und sei er auch der kernigste Sünder oder der brummigste Heide.

Es ist bemerkenswert, dass die Überzeugung, eine Kirche sei in erster Linie für den Gottesdienst da, keineswegs etwa eine rein innerkirchliche Angelegenheit ist. Auch jene, die der Kirche fern stehen, sehen das nicht anders, selbst, wenn sie eine Kirche nicht betreten. Es sollte zu denken geben, dass auch die »übrigen« Kirchen trotz ihrer rechtlichen Entwidmung für Außenstehende natürlich weiterhin Kirche sind. Mehr noch sollte es zu denken geben, dass

---

[1] *Karin Leydecker*, a. a. O., S. 56 u. ö.
[2] s. unter I. 5.
[3] s. unter I. 1.

die »Abwesenheit« des christlichen Gottesdienstes, der Sakramente und des Gebetes Stirnrunzeln macht, selbst wenn man an alledem niemals teilgenommen hat. Nein, auch aus der Sicht manches »Kirchenfernen« sollte eine Kirche »in Betrieb« sein, und das meint vor allem und als erstes den Gottesdienst, auch, wenn man selbst nicht gerne daran teilnehmen würde.

Der Wunsch, es möchten in diesem »heiligen Raum« Gottesdienste stattfinden, hat etwas von dem Bedürfnis nach dem »ewigen Licht« in katholischen Kirchen. Oder, mit anderen Worten: »Es ist gut, dass wenigstens dort gebetet wird, auch wenn ich es selbst nicht tue«. Wer glaubt, hinter derlei Vorstellungen stecke denn doch gar zu viel Magisches, hat keine Ahnung von der Selbstverständlichkeit der Magie im Alltag der Menschen ...

Der Konsens, dass Kirchen für den Gottesdienst da sind, wird auch, und das ist bemerkenswert, von staatlichen Stellen in aller Regel geteilt, gerade auch von den Denkmalschutzämtern, vor allem, weil man dort natürlich weiß: Der beste Schutz eines Gebäudes ist es, wenn es im ursprünglichen Sinn verwendet wird. Aber neben diesem eher »utilitaristischen« Argument weiß man natürlich dort, dass jedes Kunstwerk nur »sprechen« kann, wo man es seine eigene Sprache auch reden lässt – bei Kirchen geschieht das eben zunächst einmal und in erster Linie bei Gottesdiensten.

Dass Kirchen erst einmal nichts sonst sind als Kirchen – diese Überzeugung teilen auch regierungsamtliche Stellen. Der Hamburger Oberbaudirektor Jörn Walter bestätigte beim Stuttgarter Kirchbautag: »Natürlich gibt es für Kirchengebäude keine bessere Nutzung als jene für religiöse und kirchliche Zwecke.«[1]

Und wie gesehen sind ihm Kirchen (im gottesdienstlichen Sinn) so sehr Kirchen, dass er sich wünscht, sie würden »den Freiraum«, den sie im theologischen und anthropologischen Sinne gewähren, auch angesichts allgegenwärtiger Kommerzialisierung der Stadträume durchhalten.[2] An diesem Punkt scheint mir die richtige Haltung außerhalb der Kirche fast selbstverständlicher als innerhalb der Kirchenmauern.

Kirchen, ob groß ob klein, ob alt ob neu, ob zentral gelegen oder peripher, ob denkmalgeschützt oder nicht, ob großes Kunstwerk oder nicht ganz so großes: Kirchen sind in erster Linie für den Gottesdienst der feiernden Gemeinde da. Darüber gibt es keine abweichende Meinung.

[1] *Jörn Walter, a.a.O., S. 122.*
[2] *s. unter II.5.*

Das »Maulbronner Mandat« des 25. Kirchbautages in Stuttgart 2005 allerdings scheint auf den ersten Blick zum Thema »Gottesdienst« zu schweigen: »Die Kirchengebäude sind Seelen, Gedächtnis und Gewissen unserer Dörfer und Städte, in denen wir wurzeln; sie sind unaufgebbares Kulturgut der Allgemeinheit. Wir ermutigen unsere Kirchengemeinden und die Verantwortlichen in den Kommunen, die Kirchengebäude zu erhalten und sie mit Leben zu füllen« – nach dieser grundsätzliche Einleitung geht das »Mandat« sogleich zum Konkreten über und beschreibt, was zu beachten sein soll, wenn der Erhalt dieser Kirchengebäude bedroht ist; der Gottesdienst als das Geschehen, das einen Kirchenraum am meisten »mit Leben füllt«, wird nicht ausdrücklich genannt.

Das ist aber nicht nur deshalb nicht nötig, weil diese Überzeugung längst zum »eisernen Bestand« dessen zählt, was über die Nutzung der Kirchenräume zu sagen ist. Sondern das Maulbonner Mandat zitiert auch wörtlich die vorausgehende »Leipziger Erklärung« aus dem Jahr 2002. »Die Kirchengebäude sind Seelen und Gedächtnis unserer Dörfer und Städte« – so hieß es nämlich schon wortgleich in Leipzig.

Dies Zitat ist »inklusiv« gemeint, es nimmt die »Leipziger Erklärung« mit in das »Maulbronner Mandat« hinein, jene schwingt in diesem also immer mit, und zwar als ganze. Somit ist natürlich auch mit gemeint, was sich in der »Leipziger Erklärung« nun allerdings überdeutlich findet: »Wir empfehlen, selbstbewusst und mutig die Chancen unserer sakralen Räume zu nutzen, mit diesem Pfund zu wuchern und die uns überkommenen Gebäude verlässlich zu erhalten, denn: Kirchen sind Versammlungsorte der christlichen Gemeinden. Mit ihren Glocken sagen sie eine andere Zeit an. Durch das, was in ihnen geschieht – Gottesdienste und Andachten, Hören und Beten, Loben und Klagen –, werden sie erst zu ›heiligen‹ Räumen.«[1]

Aber: »Die Kirchengebäude sind Seele und Gedächtnis des Gemeinwesens« – das ist schon in Leipzig nur ein Zitat, denn so hieß es – wiederum wortgleich – auch schon im »Magdeburger Manifest« von 1996. Dieselbe Tradition gilt für den Hinweis, dass die Kirchen »unaufgebbares Kulturgut der Allgemeinheit« sind – auch diese Position findet sich wörtlich in Magdeburg, in Leipzig und nun auch, implizit, in Stuttgart.

Die Einleitung des »Maulbronner Mandats« reiht sich also ein, nimmt die zurückliegenden Positionen in sich auf, will also ohne die voraufgegangen Erklärungen nicht verstanden werden. Noch genau-

---

[1] *s. »Leipziger Erklärung« und »Maulbronner Mandat« im Anhang.*

er kann man sagen: Magdeburg ist »grundsätzlich«: in seiner Forderung nach außen, nämlich an Staat und Gesellschaft, die Mitverantwortung am Erhalt der Kirchen auch wahrzunehmen.

Auch Leipzig ist »grundsätzlich«, nun aber nach innen, und mahnt die Kirche und ihre Gemeinden selbst, den Kirchenraum »neu wahrzunehmen« und die eigene Verantwortung am Erhalt der Kirchen noch intensiver ernstzunehmen als bisher schon.

Das »Maulbronner Mandat« nimmt beide »Grundsätzlichkeiten« auf, richtet sich »an unsere Kirchengemeinden ...«, also nach innen (Leipzig), »... und die Verantwortlichen in den Kommunen«, also nach außen (Magdeburg).

Beide Erklärungen sind also immer mit gemeint, müssen aber nicht mehr ausdrücklich wiederholt werden. Denn der Impetus des »Mandats« ist weniger »grundsätzlich« als vielmehr »aktuell«: Es nimmt mit den folgenden drei Absätzen, wie noch zu zeigen sein wird, in der aktuellen Situation zur Frage des Kirchenerhaltes Stellung, und zwar mit praktischen Erwägungen und konkreten Vorschlägen. Diese gehen über den Konsens, wie er hier zunächst geschildert wird, weit hinaus; ja, einige Überlegungen des »Mandats« sind in der Debatte noch gar nicht richtig »angekommen«, sondern werden sich dort erst noch bewähren müssen.

Das also ist die »Spitze« des »Maulbronner Mandats«: Es ist nicht weniger »politisch« als seine Vorgänger, aber pragmatischer als diese, handlungsorientierter, aktueller; es mischt sich ein – in den Alltag.

II. Aktuelle Fragen

II.7. Wie kann eine Gemeinde ihre Kirche nutzen?

Konsens 3.
Nutzungsintensivierungen.
Umzüge, Vermietungen, Verkäufe.
»Multifunktionales Dienstleistungszentrum«?
Altar und Kreuz als Kriterium.
Der 2. Hauptsatz des »Maulbronner Mandats«.

Alle weiteren Überlegungen im »Konsens« fragen – jenseits der Gottesdienste – nach der nächst möglichen sinnvollen Verwendung der Kirchenräume, falls diese »zur Disposition« stehen. Der dritte »Hauptsatz« des »Konsenses« lautet daher: Wenn der Gottesdienst alleine die Kirche nicht mehr trägt, sollten andere Aktivitäten der Gemeinde in den Gottesdienstraum verlegt werden. Es geht um eine intensivere Nutzung des Kirchenraums, darum, diesen nicht für die Gottesdienste allein, sondern auch für andere gemeindliche Veranstaltungen zu nutzen, und damit sind nicht nur die Kirchenkonzerte gemeint.

Dahinter steht die Überzeugung: Wenn es schon um Reduzierung des Bestandes geht, sollte dieser »von außen nach innen« erfolgen, d. h. erst einmal sollte geprüft werden, ob durch die Verlegung von möglichst vielen gemeindlichen Veranstaltungen in den Kirchenraum anderer Raum, z. B. das Gemeindehaus, frei wird. Denn ein »Gemeindehaus« ist schon wegen seiner mit anderen umgebenden Gebäuden ja ganz verwechselbaren Architektur »beliebiger« als eine Kirche, ist darum auch wesentlich einfacher »zu Geld zu machen«, weil es beispielsweise einem Rechtsanwalt letztlich gleich ist, ob er in einem Bürohaus oder einem ehemaligen Gemeindehaus unterkommt, das als »Gemeindehaus« ja in dem Augenblick niemand mehr erkennt, da die Gemeinde es verlassen hat. Hingegen gefragt, ob er in eine aufgegebene Kirche ziehen wollte, hörte man denselben Rechtsanwalt schon tiefer atmen und angestrengter nachdenken.

Geschieht nun der Umzug vorwiegend aus finanziellen Gründen, weil man erhofft, durch die »Nutzungsverdichtung« in der Kirche Ausgaben einzusparen, ist klar, dass sich das Vorhaben nur rentiert, wenn dafür anderer Raum tatsächlich nicht nur frei, sondern auch vermietbar oder gar verkäuflich wird.

Die Vermietung scheint allerdings die ureigene Sache der Kirche nicht immer zu sein. Um einen Gemeinderaum unserem »Beispiel-Rechtsanwalt« anzubieten, wird guter Wille allein nichts nutzen. Denn ein Rechtsanwalt, Zahnarzt oder welche dergleichen Interessenten mehr sein mögen, haben angesichts allerorten nicht wirklich knappen »Büroraums« kaum Interesse an einem beige-braunen, abgehalfterten Gemeinderaum.

Um ein solches Objekt zu vermieten, werden also einige Investitionen notwendig sein, bevor es ans Geldverdienen geht. »Gebäudemanagement« ist nichts, was sich mit der linken Hand machen ließe oder gar von selbst »läuft«, sondern auch dieses Geschäft will, wie alle Geschäfte – gelernt sein.

Häufig wird daher nur der komplette Verkauf eines Grundstücks samt des darauf befindlichen »verwechselbaren«Gebäudes für eine finanzkranke Kirchengemeinde von Interesse sein.[1]

Die Frage ist, ob es auch Grenzen der Nutzung eines Kirchenraumes durch die eigene Gemeinde gibt. Diese Frage könnte erstaunen. Warum sollte man »den Bibelkreis« nicht in der Kirche abhalten, vorausgesetzt, dort ist Raum und Möglichkeit, eine entsprechende Sitzordnung herzustellen? Warum sollte dort ein Kirchenvorstand nicht tagen, warum ein Pfarrer seine Konfirmanden nicht unterrichten können?

Karin Leydecker erhebt Widerspruch, wie gesehen: »Die Kirche darf kein multifunktionales Dienstleistungszentrum sein, kein Ort, an dem mittwochs die Krabbelgruppe um den Altar tobt, am Donnerstag die Sitztanzgruppe des Altenheimes ihren Auftritt hat und am Samstag die Bibelgruppe ihr Theaterstück probt.[2]

Man wird der Kritikerin vielleicht nicht in allen Punkten folgen wollen. Denn auch, wenn eine Gemeinde ihren Kirchenraum zu anderen als zu gottesdienstlichen Veranstaltungen nutzen will, gilt grundsätzlich: Alle Aktivitäten einer Kirchengemeinde haben im Kirchenraum Platz, sofern es für diese Aktivitäten nicht vonnöten ist, den Altar fortzuschieben oder das raumprägende Kreuz zu entfernen[3], ein Kriterium, das allerdings doch so manches »gar zu alltägliche« Vorhaben einer Gemeindegruppe in einem Kirchengebäude in Frage stellen könnte.

Wenn man sich Karin Leydeckers Kritik zu Herzen nimmt, dürfte in der Tat außer einem Gottesdienst nichts sonst in der Kirche stattfinden als – Stille, die allerdings offen ist für Besucher, die von außen in die Kirche hineinkommen – zur stillen Andacht, um nachzudenken oder einfach nur, um ein wenig auszuruhen. Das Orgelüben des Kirchenmusikers würde sie aber wohl gestatten müssen? Denn die Orgel steht nun einmal in der Kirche, und das bedeutet, dass auf jeden Fall auch andere musikalische Proben dort werden stattfinden müssen. Wenn musikalische Proben – warum dann keine Probe der Bibelgruppe für ihr Theaterstück?

Aber so viel ist auf jeden Fall richtig: Eine »zu den Geschäftszeiten« regelmäßig geöffnete Kirche muss natürlich zu eben diesen Zeiten das Betreten der Kirche auch zulassen. Wenn gar zu oft das auf gerade stattfindende Aktivitäten hinweisende Schild an der Kir-

---

[1] s. unter II.11. und unter II.16.

[2] *Karin Leydecker, a.a.O., S. 55f., s. unter I.10.*

[3] s. unter I.7. und unter I.10.

chentüre den potentiellen Besucher von dieser weist, macht die ganze Kirchenöffnung letztlich keinen Sinn.

Es zeigt sich: einer bloßen »Intensivierung« der Kirchennutzung durch die Kirchengemeinde sind durchaus Grenzen gesetzt. Sie hat aber ihren Sinn, wo eine Gemeinde ihren eigenen Kirchenraum beleben, seine Möglichkeiten neu entdecken, sich ihre Spiritualität von ihm »befruchten« lassen will. Vorstandssitzungen im Kirchenschiff sind nicht dasselbe wie solche im Gemeindesaal. Das gilt auch für den Konfirmandenunterricht.

Den Kirchenraum beleben, neu entdecken ist ein wichtiger Baustein – im Gemeindeaufbau. Für den Gemeindehaushalt sind solche Maßnahmen aber nur dann eine Entlastung, wenn dadurch tatsächlich andere Räume freiwerden, die durch Vermietung oder Verkauf zu Geld gemacht werden können. Das wird nur selten der Fall sein.

Auch das »Maulbronner Mandat« fordert dazu auf, die Kirchenräume als »Chance für eine erweiterte und intensivere Nutzung« anzusehen. Dass damit auch eine »Nutzungsverdichtung« durch die Gemeinde selbst und ihre Veranstaltungen gemeint ist, wird – als Teil des hier ja schon weitestgehend erreichten Konsenses – gar nicht mehr ausdrücklich gesagt. Statt dessen geht das »Maulbronner Mandat« sogleich zu der Ermunterung über, die Kirchen auch für »andere, insbesondere kulturelle Veranstaltungen zu öffnen und für ihren Erhalt weitere (Mit-) Träger zu gewinnen.« Dieses gehört noch keineswegs zu dem Konsens des bisher erreichten, sondern hier wird engagiert in eine Richtung gewiesen, über die ein Konsens erst noch hergestellt werden muss.[1]

---

[1] s. unter II.10. und unter II.12.

II. Aktuelle Fragen

II. 8. Können Kirchen umgebaut werden?

Konsens 4.
Der 1. Hauptsatz des »Maulbronner Mandats«.
Umzug ist besser als »Fremdnutzung«.
Erfahrungen der DDR.
Beispiele: Berlin, Nürnberg, Dortmund.
Pfarramtszimmer und Kirchenbüro.
Verkauf und Investition.
Umbau und Denkmalschutz.

Der vierte Hauptsatz des hier beschriebenen Konsenses besagt: Bevor eine Kirche verkauft oder abgerissen wird, sollte geprüft werden, ob sie nicht für die Zwecke der Gemeinde umgebaut werden kann. Dabei zielen die hier gemeinten Umbaumaßnahmen ausdrücklich darauf, dass dann die Kirche von mehreren kirchengemeindlichen Einrichtungen und Gruppen gleichzeitig benutzt werden kann und somit andere Räume oder Gebäude der Gemeinde für Vermietung, Verpachtung oder Verkauf tatsächlich frei werden.

Umbau – damit ist ohne Zweifel das Hauptanliegen des »Maulbronner Mandats« benannt: »Wenn es aus finanziellen Gründen nötig ist, sollen unkenntliche Büroräume, überzählige Gemeinderäume oder separate Verwaltungskomplexe aufgegeben werden, um dafür die Kirchengebäude um so deutlicher zu besetzen und mit Leben zu erfüllen.« Diesen ersten und wichtigen Punkt benennt die Erklärung unmittelbar nach der »Einleitung«, also nach der Herstellung der Traditionslinie von Magdeburg (1996) über Leipzig (2002) nach Stuttgart (2005). Zwar fällt das Wort »Umbau« gar nicht, der angesprochene Sachverhalt ist dafür um so deutlicher: Funktionsräume in Gemeindehäusern, Dienstzimmer in Pastoraten, Gemeindebüros im Verwaltungstrakt können nicht »in eine Kirche ziehen«, ohne dass diese entsprechend hergerichtet, also in die Lage versetzt wird, mehrere Funktionen gleichzeitig zu beherbergen. Eben dazu wird – in aller Regel jedenfalls – ein Umbau notwendig sein.

Selbstverständlich kann man Kirchen umbauen! Auch alte Kirchen wurden umgebaut. Fast jede Generation hat ihre Kirchen verändert, hat Kapellen geschlossen, Räume abgetrennt, wieder zugeschlagen, hat das Inventar erneuert, Bilder aufgehängt, Bilder wieder abgehängt, Gedenktafeln und Epitaphe an die Säulen gebracht, neue Ausstattungsgegenstände in den Raum eingetragen. Kirchen sind »heilige Räume«, gewiss, aber sie sind auch ein Spiegel des Lebens, das in ihnen gelebt wird.

Vorschnell war es darum im vorletzten Jahrhundert, anlässlich von Renovierungen die Barockisierungen aus den gotischen Kirchen wieder zu entfernen – nicht nur, weil das ein Bild »der Gotik« voraussetzte, die es so nie gegeben hat, sondern vor allem, weil man den betroffenen Kirchen auf diese Weise ihre Geschichte nahm.

Dominik Avanzo (1845–1910) beispielsweise »forcierte nicht nur eine Regotisierung durch das Entfernen barocker Einbauten, sondern er trat darüber hinaus für eine ›stilreine‹ Regotisierung ein, indem er sogar die Kennzeichen einzelner Bauphasen innerhalb des 13. Jh.s umgestalten und in den Stilmerkmalen der letzten Periode vereinheitlichen wollte.«[1] *Solche Kirchen – etwa die Rothenburger St. Jakobskirche, um ein prominentes Beispiel zu nennen – mögen in ihrer scheinbaren »Stilreinheit« auf den ersten Blick für manchen »etwas Erhabenes« besitzen – bei näherem Hinsehen nimmt man eine Tendenz zur »Seelenlosigkeit« wahr. Allerdings: »Wohnlichkeit« – das »Stichwort« unserer Zeit – hatte sich nicht einmal die etwas »unhistorische« Re-Gotisierungswelle jemals auf ihre Fahnen geschrieben.*[2]

Hinter der Aufforderung, im finanziellen »Ernstfall« Funktionen und ihre Räume, die sich bisher außerhalb des Kirchengebäudes befanden, dorthinein zu integrieren, steht – als Kernbestandteil des in diesen Fragen bisher erreichten Konsenses – diese gemeinsame Überzeugung: Eine Kirche, in der eine Gemeinde nicht nur sonntags den Gottesdienst feiert, sondern in der Woche auch lebt, ist dem Kirchenraum noch immer angemessener als jede »Fremdnutzung« sie je sein könnte. Eine Gemeinde, die in ihre – entsprechend umgebaute und eingerichtete – Kirche zieht und alle anderen Gebäude aufgibt, wird zudem von der »geistlichen Konzentration«, zu dem der Raum nötigt, profitieren.

Der Umzug in eine Kirche ist vom Beginn der Planung an immer auch eine »Selbstrevision«; die Gemeinde wird sich neu darauf besinnen, was sie ist, welche ihre Aufgaben sind, wo sie künftig ihre Schwerpunkte legen will.

Womöglich wird sich manches ändern. Vielleicht werden manche altvertrauten Teilbereiche der Arbeit in der bisherigen Form nicht fortgesetzt werden können. Wenn manches, das gar zu sehr nach einem »Hobbyclub« für »Kircheneisenbahner und -briefmarkensammler« aussah, überdacht werden müsste, dürfte das nicht zum Schaden der Gemeinde sein.

Es fragt sich in der Tat, ob eine Gemeinde das, was sie womöglich in einer Kirche nicht (mehr) tun kann, überhaupt noch tun sollte: »Ein letztes, vielleicht entscheidendes Kriterium: der Kirchraum bestimmt die Arbeit. Was in ihm – vor dem Altar – nicht stattfinden kann, was seiner Würde nicht entspricht, braucht auch in keinem Gemeindehaus als Veranstaltung einer Kirchengemeinde stattzufinden.«[3]

---

[1] s. http://www.azw.at/www.architektenlexikon.at/de/13.htm.

[2] »Wohnlichkeit« – s. unter 1.7.

[3] Klaus Blaschke, Matthias Wünsche: Kirche – Mittelpunkt aller Gemeindeaktivitäten, in: W. Härle u. a. (Hg.): Syst.-Praktisch. Festschrift für Reiner Preul zum 65. Geburtstag, Marburger Theologische Studien 80, 2005, S. 315 ff., hier S. 323.

Unter den besonderen Bedingungen in der DDR wurde bereits Ende der 60er-Jahre der Kirchenraum als die eigentliche Heimat der Gemeinde beschrieben, »von da aus ergab sich als die Aufgabe der Architekten, den Kirchenraum für alle Versammlungen der Gemeinde zu erschließen. Es galt, die Gemeinde zu einem geistlich begründeten Rückzug in die Kirche zu bewegen.«[1] Die Abteilung des Kirchenraums etwa unter der Empore, mithin die Einführung einer »Winterkirche«, ist also eine der ersten Früchte des Einzugs der Gemeinden in ihre Kirchen.

Eines der prominentesten Beispiele für einen Kirchenumbau ist sicherlich die Heilig-Kreuz-Kirche in Berlin-Kreuzberg. Und doch taugt sie hier als Beispiel nicht, weil mit dem Umbau dort (1990–1995) viel mehr verbunden war als nur der Einzug einer Gemeinde in ihre Kirche: »Nach ihrem Umbau hat sich die Kirche zu einem lebendigen Treffpunkt als Gemeinde-, Kultur- und Stadtteilzentrum entwickelt. Die neu geschaffenen Räume mit ihrem besonderen Ambiente können seit Ende 1995 für Tagungen und Seminare, Konzert- und Theateraufführungen, Empfänge oder Galas gemietet werden.«[2] Außerdem ist sehr die Frage, ob dieser sehr aufwändige und somit auch kostenträchtige Umbau heute, in »finanzieller Notzeit« überhaupt noch beispielhaft sein kann.

Dass der Kirchenumbau aber keineswegs ein ganz neues Thema ist, zeigt etwa der Umbau der Gustav-Adolf-Gedächtniskirche in Nürnberg-Lichtenhof.[3] Die von 1930 stammende, von German Bestelmeyer, München, gebaute Kirche wurde in den Jahren 1988–90 von den Architekten Steinhauser, Gräfe und Kiera, München, umgebaut: »Für die Gemeinde stellte sich daher die Frage, wie – und ob – sie den riesigen, jedoch nur spärlich genutzten Kirchenraum bei weiter sinkender Gemeindezugehörigkeit in Zukunft noch unterhalten sollte.

Dazu trat das Problem, dass die Gottesdienste zwar schlecht besucht waren, die vielgestaltige Gemeindearbeit hingegen stark frequentiert wurde, dafür jedoch nicht über ein entsprechendes Raumangebot verfügte. So waren die Räumlichkeiten im Gemeindehauskomplex Herwigstraße ständig überlastet und noch dazu dringend sanierungsbedürftig; und außerdem kam es durch die Mischnutzung

---

[1] s. »Spuren hinterlassen ...«, S. 287 f.

[2] s. http://www.akanthus-kultur.de.

[3] die folgenden Zitate aus: Matthias Ludwig: Gustav-Adolf-Gedächtniskirche Nürnberg, in: Horst Schwebel, Matthias Ludwig (Hg.): Kirchen in der Stadt. Band 2, Beispiele und Modelle, Marburg 1996. S. 59–74.

von Gemeinderäumen neben Wohnbereichen dort immer wieder zu erheblichen Nutzungseinschränkungen.

Vor diesem Hintergrund wurde 1982, als Umbau und Sanierung der Gemeindehausanlage nicht mehr länger hinausgeschoben werden konnten, erstmals der Vorschlag gemacht, stattdessen die Kirche zu einem Gemeindezentrum umzubauen und den aus zwei Häusern bestehenden Komplex in der Herwigstraße aufzugeben.«

Und das Ergebnis: »Mit einer vielfältig gestalteten Festwoche konnte das neue Gemeindezentrum in der Gustav-Adolf-Gedächtniskirche zum 1. Juli 1990 in Gebrauch genommen werden. Seither steht der zugehörigen Gemeinde ein umfangreiches Raumangebot für ihre schon vorher zahlreichen gemeindlichen Veranstaltungen zur Verfügung. So wurde das vom Bastelkreis über Gesprächskreise, Friedensgruppe, Gymnastik, Kantorei, ›Muttis & Rasselbande‹ bis hin zu Treffs für junge Frauen und Alleinerziehende reichende Angebot in den neuen Räumlichkeiten kontinuierlich fortgeführt und in den vergangenen Jahren weiter ausgebaut.

Daneben finden im Gemeindehaus-Einbau – und damit in der Kirche – nunmehr auch Veranstaltungen wie Sitzungen des Kirchenvorstands, Vorbesprechungen des Kindergottesdienst-Teams oder auch alle gemeindlichen Festivitäten statt. Durch die Konzentration aller gemeindlichen Aktivitäten an einem Ort erhofft sich die Gemeinde denn auch längerfristig eine Stärkung des gemeindebildenden Lebens, die letztlich auch dem zunehmenden Bedeutungsverlust der Gottesdienste entgegenwirken soll.«

Ein Beispiel dafür, wie auch »Nachkriegskirchen« durchaus für das Leben einer Gemeinde umgebaut werden können, bietet die Dortmunder Lutherkirche von 1963, Architekt Herwarth Schulte, die jüngst durch Einstellung eines Flachdachhauses in den Kirchenraum von Architekt Bernhard Hirche umgebaut wurde.[1]

»Um die Unterhaltungskosten zu reduzieren und eine größere geistige und funktionale Nähe aller Räume zu erreichen, sollte das Gemeindezentrum in die Raumhülle des Kirchenbaus integriert werden (...)

Das Raumprogramm für Kirche und Gemeindezentrum unter einem Dach sah einen verkleinerten Sakralraum, Gruppenräume verschiedener Größe, zum Teil zusammenschaltbar, einen Mehrzweckraum, eine Teeküche, ein Gemeindebüro und Sanitärräume vor.« Das Besondere: der Sakralraum befindet sich nun »auf dem

---

[1] die folgenden Zitate aus: Bernhard Hirche: Alles unter einem Dach, in: Bauwelt 5/06, S. 16 ff.

Dach« des eingestellten Flachdachhauses, erlaubt durch hohe Flexibilität verschiedene Formen des Gottesdienstes, ist aber auch für Musikveranstaltungen nutzbar. »Die erhebliche Flächenreduzierung durch die Aufgabe des Gemeindehauses hat nicht zu einer Einschränkung der Gemeindearbeit, sondern im Gegenteil zu einer stärkeren Verknüpfung von Gottesdienst und sonstiger Gemeindearbeit geführt«.

Auch die Evangelische Kirche im Rheinland nennt Beispiele wie sie inzwischen wohl in vielen Landeskirchen zu zeigen wären: »Die Gnadenkirche in Duisburg-Neumühl beherbergt heute auch ein Café und Gemeinderäume. Auch Küche und Toiletten sind in dem 1911 eingeweihten Gotteshaus untergebracht. Auch die Evangelische Kirchengemeinde Stromberg hat ihren Raumbestand konzentriert. Dafür sanierte sie die evangelische Kirche. Und diese enthält heute in ihrem Mittelschiff einen Glaskubus.« [1]

Die Beispiele stehen für bereits eine erkleckliche Anzahl weiterer Beispiele, die aufgeführt werden könnten. Sie alle belegen: Der Einzug der Gemeinde in ihre Kirche verlangt einen langen, intensiven Planungsprozess und dazu das große persönliche Engagement aller Beteiligten. Aber der Aufwand lohnt sich und stellt für die Gemeinden in der Regel – trotz der Aufgabe anderer Flächen wie jene des »alten Gemeindehauses« – eine Bereicherung dar.

Bestimmte »Funktionsräume«, bisher meist außerhalb der Kirchen eingerichtet, rufen sogar ausdrücklich danach, in eine Kirche verlegt zu werden. Da ist zum einen das Dienstzimmer des Pfarrers, bisher in Pfarr- oder Gemeindehaus untergebracht. Nirgendwo kann ein Pfarrer seine Predigt besser vorbereiten, als in einem von der Kirche abgeteilten Dienstzimmer. Kein Raum könnte mehr als dieser für seelsorgerliche Gespräche geeignet sein.

Alles, was ein Pfarrer tut, kann er in einer Kirche tatsächlich besser tun als im Pastorat. Sollte diese Kirche zudem »zu den Geschäftszeiten« geöffnet haben, könnte derselbe Pfarrer zu den Besuchern seiner Kirche in eine Nähe kommen, die ihm das Pfarrhaus niemals erlauben würde. Ohnehin besitzt fast jede Kirche eine Sakristei, die an sich schon die Vorstufe zu einem solch »inner-kirchlichen« Dienstzimmer darstellt, es sei denn, sie wurde bisher als Rumpelkammer missbraucht.

Natürlich kann auch das Kirchenbüro ohne weiteres in einem anderen abgeteilten Raum der Kirche untergebracht werden. Das Kirchenbüro stellt für die meisten Gemeinden gewissermaßen die

---

[1] *s. Meldung vom 3.11.2005: http://www.ekir.de/ekir/ekir_36930.asp.*

»Anlaufstelle« für die »Kundschaft« dar. Nichts liegt näher, als diese Stelle in einer Kirche zu suchen. Anlässlich einer »Überführung« des Gemeindebüros in die Kirche könnte man zudem die Funktionen überprüfen, die dem Büro eigentlich noch verblieben sind.

Die Reduzierung des Büromitarbeiters auf eine »Schreibkraft« jedenfalls sollte mehr und mehr der Vergangenheit angehören; der Pfarrer kann seine Briefe und Predigten durchaus selber schreiben, und für die Ergebnisse der Kirchenvorstandssitzung gibt es das Laptop, in welches die Beschlüsse bereits während der Sitzung eingegeben werden können.

Es reicht übrigens ein winziges Skriptlein, um die Beschlüsse gleich in den Formbogen einfließen zu lassen, auf dem sie am Ende zu stehen haben; im Grunde könnten sie im selben Augenblick auch bereits der übergeordneten Verwaltungsstelle vorliegen. Ähnliche kleine »Skriptlein« können für die Erstellung von Urkunden aller Art nützlich sein, die in dem Augenblick in Kraft treten, da der Pfarrer nur ein einziges Mal den Namen seines Täuflings oder des Brautpaares in seinen eigenen Computer gegeben hat.

Man mag es für tragisch halten oder nicht: Es gibt keinen »traditionellen« Bürovorgang, der heutzutage nicht maschinell zu erledigen wäre, das gilt auch für »die Ablage«. Dies zu beklagen, ist im Grunde nichts anderes, als sich darüber zu beschweren, das Henry Ford das Produktionsförderband eingeführt hat. Die an vielen Orten der Kirche noch vorherrschende »Ablehnung« des Computers als »neumodischer Unsinn« oder gar als »zu kalt, zu unmenschlich« schadet ihr selbst am meisten, da sie die Chancen neuer Bürotechniken und Kommunikationsmedien für die Planbarkeit und die ökonomische Gestaltung von Arbeitsabläufen übersieht.[1]

Mit Hilfe neuer Bürotechniken wird der »Gemeindesekretär« nicht überflüssig. Man braucht eine »Anlaufstelle« für die »Kundschaft« von außen.

Fraglich ist, ob die beruflichen Fähigkeiten dessen, den man früher einen »Sekretär« genannt hat, dafür weiterhin erforderlich sind. Fraglich ist, ob sich nicht das Berufsbild des guten »Custoden«, also des Küsters, mit dem des »Sekretärs« kreuzen lässt, denn auch der Küster wird bei einem Umzug der Gemeinde ins Gemeindehaus ja vorwiegend mit dem Kirchenraum zu tun haben.

Mag dieses hier offen bleiben: Für ein Gemeindesekretariat braucht man weder Pfarr- noch Gemeindehaus, die Kirche ist dafür völlig hinreichend.

---

[1] s. unter II. 13.

Die Citykirche St. Nikolai in Kiel ist ein ausgezeichnetes Beispiel für die Versetzung von pfarramtlichem Dienstzimmer und Gemeindebüro in die Kirche. Damit gab man sich aber in Kiel nicht zufrieden und hat mittlerweile einen ähnlichen Prozess hinter sich wie die oben als Beispiel angeführten Gemeinden: Man lebt nun »komplett« in seiner Kirche und benötigt ein eigenes Gemeindehaus nicht mehr.[1]

Ob man allerdings den Kielern darin folgen muss, dass mit einem Umzug des Dienstzimmers in die Kirche die »Residenzpflicht« im Grunde obsolet ist, sei dahingestellt. Dies müsste noch ein wenig gründlicher bedacht werden.

Solches Nachdenken sollte man allerdings nicht auf die lange Bank schieben, schon deshalb nicht, weil der »Raumzuschnitt« im kirchlichen »Normpastorat« die Lebenswirklichkeit der Pfarrer nur noch zum Teil trifft, vor allem, wenn es sich, wie immer häufiger, gar nicht mehr um »ganze Stellen«, sondern nur noch um Bruchteile davon handelt, was die Bezahlbarkeit des kompletten Pastorates in Frage stellt.

Wo jedenfalls die Alternative je bestehen sollte, Kirche oder Pastorat zu verkaufen, kann nach menschlichem Ermessen nur das Pastorat auf der Strecke bleiben, weil der damit angerichtete Schaden, wenn es denn einer wäre, sicherlich geringer wäre. Denn selbst, wenn man die Residenzpflicht aufrecht erhielte, wäre diese nicht an ein vorhandenes Pastorat fester Größe gebunden, sondern könnte auch mit jeder Mietwohnung im Gemeindebezirk erfüllt werden.

Kirchen können also umgebaut werden, der Einzug der Kirchengemeinde in ihre eigene Kirche ist nicht nur unter finanziellen Gesichtspunkten eine lohnenswerte Sache.

Zwei Dinge muss man sich dabei allerdings klar machen, zum einen: Die für einen Umbau nötigen Investitionen werden gerade in finanziell angespannter Lage nicht einfach den Rücklagen zu entnehmen sein, sondern werden mit dem Erlös aus dem Verkauf der Gemeindehäuser, Pastorate etc. und deren Grundstücke finanziert werden müssen.

So konnten beispielsweise in Bremerhaven durch den Verkauf einer Orgel sowie des Pfarr- und Gemeindehauses die beiden nahegelegenen Michaelis- und Pauluskirchen nach der Fusion der beiden dazugehörigen Gemeinden umgebaut werden: Die Paulus-Kirche bekam ein Café, die Michaelis-Kirche wurde zum Gemeindezentrum umgebaut.

---

[1] s. Klaus Blaschke, Matthias Wünsche, a. a. O., S. 315 ff.

Nicht anders im hessischen Schwalbach : »*In der mit zwei evangelischen Kirchen gesegneten hessischen Kleinstadt Bad Schwalbach zeichnete sich schon vor Jahren ab, dass die Gemeinde auf Dauer die Vielzahl ihrer Gebäude nicht unterhalten kann: neben den beiden Kirchen zwei Pfarrhäuser sowie das Gemeindehaus und das Diakonissenhaus. Man wollte eine Lösung finden, die langfristig nicht nur Geld spart, sondern auch die kulturellen und religiösen Traditionen beider Kirchen bewahrt.*

Eine engagiert geführte Leitbilddiskussion in der Gemeinde führte zu der Entscheidung, beide Kirchen zu erhalten. Konzipiert als umfassendes Kirchenentwicklungsprojekt wurden zunächst drei der sechs Gebäude (eines der Pfarrhäuser, das Gemeinde- und das Diakonissenhaus) verkauft. Der Erlös floss in die Finanzierung eines 3,1 Millionen Euro teuren Projektes: und zwar in den Neubau eines Gemeindezentrums sowie die Renovierung und Sanierung der benachbarten Reformationskirche. Das neue Gemeindezentrum bietet mit 535 qm Räume für unterschiedliche Aktivitäten.«[1]

Man wird also mit dem Umbau seiner Kirche in der Regel nicht unmittelbar freies Geld in der Hand haben, um Haushaltslöcher zu stopfen, sondern ein Umbau rechnet sich erst mittelbar durch den Fortfall bzw. die Reduzierung bisheriger Bauunterhaltungskosten.

Das bedeutet aber zum anderen, dass solche Planungen rechtzeitig erfolgen müssen. Ist nämlich die finanzielle Krise bereits so fortgeschritten, dass man sich solche Investitionen gar nicht mehr leisten kann, wird es zum »rettenden« Kirchumbau gar nicht mehr kommen. Wenn man bedenkt, wie lange die wirtschaftlichen Probleme der Kirchen bereits bekannt sind[2], wundert es tatsächlich, dass so häufig nicht rechtzeitig agiert, sondern zu spät reagiert wurde.

Übrigens können sehr wohl auch denkmalgeschützte Kirchen umgebaut werden.[3] Es wäre ein Irrtum, der Denkmalschutz hätte das Interesse, die Objekte seiner Bemühungen wie Mutters Braten in der Tiefkühltruhe derart »schockzugefrieren«, dass an dem besagten Objekt nun kein Handtuchhalter mehr geändert werden dürfte.

Bezüglich des angeführten Beispiels der Gustav-Adolf-Gedächtniskirche in Nürnberg teilt Matthias Ludwig mit: »*Probleme gab es während des Planungsprozesses jedoch mit der Denkmalpflege, die*

---

[1] s. EKD-Newsletter, Januar 2006.
[2] s. unter II.4.
[3] s. unter I.4.

die Anlage zusätzlicher Fensteröffnungen im Bereich des Neueinbaus zunächst nicht genehmigen wollte. Mit Hilfe der Anbringung von Demonstrationsmodellen an den Außenwänden der Kirche kam es schließlich aber auch in dieser Frage zu einem Kompromiss.« [1]

Denkmalschutz sorgt für den Erhalt der Gebäude, muss aber auf die Bedürfnisse der Gebäudebesitzer Rücksicht nehmen und tut das auch. In der Regel werden sich die Denkmalschutzbehörden dafür einsetzen, dass notwendige Veränderungen der Räume »reversibel« sind, das Gebäude also nicht auf Dauer verändern oder verfremden. Will man daher Umbauten in einer denkmalgeschützten Kirche vornehmen, sollte dies nicht gegen das Denkmalschutzamt, sondern gemeinsam mit ihm (und natürlich dem Architekten) geplant werden. Dialog ist also auch hier das beste Mittel gegen falsche Ängste oder törichte Vorurteile.

Durch Einzug in die Kirche Kirchbauten retten – darauf zielt der erste und wichtigste Punkt des »Maulbronner Mandats«. Wenn es die Gemeinden selbst sind, die unter Aufgabe bisherigen Raums wie des Gemeindehauses oder des Pastorates sich in ihrer eigenen Kirche neu verorten, wird niemand sich dagegen wenden, insofern ist dieser Punkt Teil des hier zu beschreibenden »Konsenses«, der den rechten Umgang mit »übrigen« Kirchenräumen betrifft.

Das »Maulbronner Mandat« geht aber weit darüber hinaus, spricht nämlich auch von »unkenntlichen Büroräumen« und »separaten Verwaltungskomplexen«, die in einer Kirche Raum finden könnten. Ich werden darauf zurückkommen, wenn es nachher um die Beschreibung dessen geht, was nicht mehr Teil des »Konsenses«, sondern was – noch? – umstritten ist.

---

[1] *Matthias Ludwig, a. a. O.*

II. Aktuelle Fragen

II. 9. Wer kann eine Kirche sonst noch nutzen?

Konsens 5.
Bunter Religionsatlas.
Die ACK.
Finanzielle Kompromisse.
»Notfonds«?
Gebotenes Schweigen des »Maulbronner Mandats«.

Was ist Konsens im Umgang mit »übrigen« Kirchen? Der fünfte Hauptsatz besagt: Bevor eine Kirche verkauft oder abgerissen wird, sollte geprüft werden, ob eine andere christliche Gemeinde das Gebäude übernehmen will und kann.

Längst sind ja unsere Städte nicht nur multireligiös, sondern auch multikonfessionell. In der Stadt Hamburg finden sich neben der ev.-luth. und der katholischen Kirche viele Freikirchen wie die reformierte und die methodistische Kirche, die Quäker, die Heilsarmee, die Mennoniten, die Brüdergemeinde, ferner äthiopisch-, armenisch-, griechisch-, koptisch-, rumänisch-, serbisch- und syrisch-orthodoxe Kirchen unterschiedlicher Patriarchatszugehörigkeit; es finden sich die dänische, die schwedische und die norwegische Seemannskirche, ferner koreanische, indonesische, chinesische Gemeinden, zahlreiche afrikanische Kirchen, der Bund Freikirchlicher Pfingstgemeinden und noch manches, was hier aus Raumgründen nicht aufgezählt werden kann.[1] Sofern diese Kirchen in der »Arbeitsgemeinschaft Christlicher Kirchen« mitarbeiten, kommen sie ohne weiteres für die »Übernahme« einer Kirche in Frage, so der Konsens.

Die in der Arbeitsgemeinschaft Christlicher Kirchen (ACK) zusammengeschlossenen Kirchen verpflichten sich gemäß der ACK-Satzung (§ 2), der ökumenischen Zusammenarbeit zu dienen und eine Reihe dem ökumenischen Miteinander in unserem Lande fördernde Aufgaben zu erfüllen.

Diese Aufgaben sind u. a. die gegenseitige Information, Beratung und Zusammenarbeit im gemeinsamen Zeugnis, Dienst und Gebet; die Unterstützung der Zusammenarbeit zwischen den Kirchen auf lokaler, regionaler und internationaler Ebene, die Förderung des theologischen Gesprächs mit dem Ziel der Klärung und Verständigung; die Vermittlung bei Meinungsverschiedenheiten zwischen einzelnen Mitgliedern; die Vertretung gemeinsamer Anliegen der Mitgliedskirchen bei politischen Institutionen sowie die Unterrichtung der Öffentlichkeit über ökumenische Ereignisse und über den Stand der ökumenischen Bemühungen sowie Förderung des ökumenischen Verantwortungsbewusstseins.[2]

Mag auch die Fülle der Konfessionen in unseren Städten vielleicht überraschen und für den einzelnen kaum mehr überschaubar sein, so ist doch die Anzahl der tatsächlich für die »Übernahme« ei-

---

[1] s. Wolfgang Grünberg, Dennis L. Slabaugh, Ralf Meister-Karanikas, *Lexikon der Hamburger Religionsgemeinschaften*, Hamburg 1995.

[2] s. http://www.oekumene-ack.de/ack/index.html.

ner Kirche in Frage kommenden Gemeinden und Kirchen durchaus überschaubar. Denn die »traditionellen« Kirchen (ev., kath., freikirchl.) verfügen längst über Räume, dasselbe gilt für die »traditionellen« Ausländergemeinden, in Hamburg etwa die skandinavischen Gemeinden.

Hauptsächlich kommen also nur die orthodoxen Gemeinden ausländischer Minderheiten oder die Gemeinden überseeischer Christen (Asien, Afrika) in Frage. Nur stellt sich da häufig die Frage, ob deren finanzielle Mittel für die Bauunterhaltung einer der »übrigen« Kirchen überhaupt ausreichen. Möglicherweise wird man hier aber im Einzelfall zu finanziellen Kompromissen bereit sein müssen und um den Erhalt des Gebäudes willen solche auch eingehen.

Erneut erweist sich also auch hier die Notwendigkeit finanzieller Anreize bzw. eines solidarisch von allen gespeisten »Notfonds«, beides Maßnahmen, die, wie gesehen, Handlungsspielräume erhalten bzw. neu eröffnen können. Denn durch die Übernahme einer Kirche durch eine Mitgliedskirche der ACK bleibt diese Kirche immerhin, was sie ist: der Ort der hörenden, betenden, lobenden und feiernden Gemeinde. Die Ökumenebeauftragten bzw. -dezernenten der Landeskirchen und Landeskirchenämter werden gerne beratend tätig, wenn sich eine solche Lösung abzeichnet.

Zwei Beispiele aus Hamburg zeigen, dass solche Lösungen tatsächlich zustande kommen, keine Frage, andere Städte könnten parallele Beispiele beibringen:

So verkaufte die evangelische Gemeinde Hamburg-Hamm ihre Simeonkirche 2003 an die griechisch-orthodoxe Gemeinde.[1]

Ein reichliches Jahr später wurde die Evangelische Gnadenkirche im Stadtteil St. Pauli russisch-orthodox. Dies zweite Beispiel verdeutlicht zugleich, dass es bei einer solchen Übergabe aus dem genannten Grund zu finanziellen Kompromissen kommen muss:

Die Gnadenkirche »war 1905/1907 für das nördliche St. Pauli errichtet worden. Noch vor Jahren als »Kunstkirche« bekannt, sei der finanzielle Unterhalt der renovierungsbedürftigen Kirche heute von der Gemeinde nicht mehr zu leisten. Die Übergabe des Gebäudes zu einem ›symbolischen Kaufpreis‹ werde von der Nordelbischen Kirche als ›Zeichen der Ökumene‹ verstanden, hieß es. ... Mit dem Verkauf der Gnadenkirche kommt erstmals ein zentrales Kirchengebäude in den Besitz einer Migrantengemeinde. Künftig werde das Gotteshaus, markant gelegen zwischen den Messehallen und dem

---

[1] s. taz-Hamburg vom 20.6.2003, S. 22.
[2] s. Hamburger Abendblatt vom 13.12.2004.

Heiligengeistfeld, dem Heiligen Johann von Kronstadt geweiht sein. Für die rund 12.000 Russen in Hamburg und Norddeutschland soll hier zudem ein soziales und kulturelles Zentrum entstehen.«[1]

So unumstritten die Abgabe von Kirchengebäuden an andere Kirchen ist, die in der ACK mitarbeiten, so umstritten ist allerdings die Abgabe an Gruppierungen anderer Religionen.

Bevor eine Kirche verkauft oder abgerissen wird, sollte geprüft werden, ob eine andere christliche Gemeinde das Gebäude übernehmen will und kann – im »Maulbronner Mandat« erscheint dieser »5. Hauptsatz« nicht. Das bedeutet aber keinesfalls, dass die Teilnehmer des 25. Ev. Kirchbautages in Stuttgart mit einer solchen Kirchen-Abgabe ihre Schwierigkeiten gehabt hätten, sondern nur, dass dieser 5. Hauptsatz so unumstritten zum innerkirchlichen Konsens gehört, dass keine Notwendigkeit bestand, darauf noch einmal einzugehen. Nicht den bisher erreichten Konsens zu beschreiben, ist ja das »Maulbronner Mandat« angetreten, sondern ihn mit neuen Ideen voranzubringen; wie gesagt: Es ist pragmatisch, handlungsorientiert, aktuell, es mischt sich in den Alltag ein.

Womöglich hätte das »Maulbronner Mandat« dabei noch weiter gehen können. Immerhin fragt sich ja, was eigentlich geschieht – oder geschehen sollte – wenn eine christliche Gemeinschaft, die nun gerade nicht der ACK angehört, nach einer »übrigen« Kirche fragt – oder noch prägnanter: wenn gar eine nichtchristliche Glaubensgemeinschaft eine solche Kirche kaufen möchte. Tatsächlich hat das »Maulbronner Mandat« diese Frage ausgespart. Dahinter steht, dass vor allem bezüglich der zweiten Frage bisher so wenig Konsens erreicht worden ist, dass hier jede Stellungnahme unnötig polarisiert hätte. Ob es dann noch zu einer einvernehmlichen Verabschiedung des »Maulbronner Mandats« hätte kommen können, erscheint mehr als fraglich. Um ihre eigentlichen Anliegen zu transportieren – Umbau, erweiterte Nutzung, Stilllegung, Neubau – blieb die Frage nach Nutzung von Kirchenräumen durch nichtchristliche Religionsgemeinschaften ausgespart.[2]

---

[1] s. epd-nord, http://www.epd.de/nord/nord_index_32045.html.
[2] zur Frage der Kirchenabgabe an nichtchristliche Religionsgemeinschaften s. unter II. 16.

II. Aktuelle Fragen

II. 10. Gehört die Kultur in die Kirche?

Offene Fragen 1.
Der kondensierte Konsens.
Das Feld des »Ja – aber«.
Der 2. Hauptsatz des »Maulbronner Mandats«.
Techno-Nächte und »Tanz ums Kreuz«.
Keine Instrumentalisierung der Kunst!
Die Haltung des »interessenlosen Interesses«.
Kultur und Portemonnaie.
Fähigkeit zum Dialog?
Übereifer im »Maulbronner Mandat« (2. Hauptsatz).
Kultur und Kirchenerhalt.

Die Sichtung der Stellungnahmen, Verlautbarungen, Manifeste und Mandate, also der meinungsbildenden Beiträge aus verschiedenen kirchlichen Gliederungen und Einrichtungen im Raum der EKD, ergab bisher diesen Konsens im Umgang mit »übrigen« Kirchen, der, so weit zu erkennen ist, nirgends in Frage gestellt wird:

1. Wichtig ist es, durch regelmäßige Bauunterhaltung den Wert eines Kirchengebäudes zu erhalten und durch solide und vorausschauende Finanzpolitik seine Zukunft vorsorgend sicherzustellen.

2. Eine Kirche soll in erster Linie der Gottesdienstraum der Gemeinde sein.

3. Zugleich sollte sich die Kirchengemeinde um eine intensivere Nutzung des Kirchenraums bemühen, indem andere Aktivitäten der Gemeinde in den Gottesdienstraum verlegt werden.

4. Bevor eine Kirche verkauft oder abgerissen wird, sollte geprüft werden, ob sie nicht für die Zwecke der Gemeinde umgebaut und durch Aufgabe somit freiwerdender anderer kirchlicher Immobilien erhalten werden kann.

5. Bevor eine Kirche verkauft oder abgerissen wird, sollte geprüft werden, ob eine andere christliche Gemeinde das Gebäude übernehmen will und kann.

Mit diesen fünf Sätzen endet allerdings die Einstimmigkeit. Mit deren Ende wird jedoch nicht sogleich das Schlachtfeld des Konflikts, des Widerspruches und der kräftigen Auseinandersetzung betreten. Sondern es eröffnet sich zunächst das Feld einer tendenziellen, aber nicht vollständigen Übereinstimmung. War der Konsens der ersten fünf Sätze das Feld des »Ja«, so beginnt nun das Nachbarfeld des »Ja – aber …«.

Wie dieses »Ja, aber …« funktioniert, soll zunächst an der Frage veranschaulicht werden, ob auch »Kultur« in die Kirche gehört. Denn wenn man den zweiten Satz des Konsenses betrachtet, der zu einer »Nutzungsintensivierung« der Kirchen rät, springt natürlich ins Auge, dass es nicht nur die Gemeinde selbst sein kann, die den Kirchenraum »intensiver« nutzt.

Hierin besteht das zweite wichtige Anliegen des »Maulbronner Mandats«: »Es gilt, die Kirchengebäude als Chance für eine erweiterte und intensivierte Nutzung anzusehen, sie für andere, insbesondere für kulturelle Veranstaltungen zu öffnen und für ihren Erhalt weitere (Mit-)Träger zu gewinnen (Kommunen, Vereine, Stiftungen, Verbände etc.).«

Im Folgenden geht es zunächst aber nur um die Frage nach den Chancen, den Kirchenraum auch für kulturelle Veranstaltungen zu öffnen.

Dass man Kirchenräume für kulturelle Veranstaltungen öffnen kann, ist eine Binsenweisheit, es gibt wohl keine Kirche in Deutschland, in der niemals ein Konzert erklungen wäre oder nie ein Autor, ein Sprecher oder dergleichen eine »Lesung« gehalten hätte; zudem gibt es eine Fülle von Kirchen, die z. T. sogar wiederholt Raum für Ausstellungen gegeben haben. Mühelos wären weitere Beispiele für eine »kulturelle Mit-Nutzung« aufzuzählen. Solche »Nutzungsintensivierung« erscheint mittlerweile so selbstverständlich, dass sich die Frage stellen könnte, wer denn hier eigentlich widersprechen wollte.

1995 machte eine »Techno-Nacht« in der ehrwürdigen Hamburger Hauptkirche St. Katharinen bundesweit von sich reden, nur nicht im Guten. In kirchlichen Kreisen hielt man nachher die Veranstaltung für gescheitert, weil sie nicht erbracht hatte, was gehofft worden war: die Begegnung von Jugendkultur und Religion, wobei selbstverständlich vorausgesetzt war, dass jene sich dieser nähert oder sich in ihr wiederzufinden beginnt.

Einen anders gearteten »Stein des Anstoßes« stellte fast zur gleichen Zeit das Gemälde »Tanz ums Kreuz« von Georg Baselitz dar, das vom Künstler ursprünglich als Geschenk für den Altar der Kirche von Luttrum bei Hildesheim bestimmt war. Das Gemälde hatte in der Luttrumer Kirchengemeinde heftige Kontroversen ausgelöst, eine dauerhafte Ausstellung wurde dort abgelehnt.[1]

Mancher mag den ein oder anderen »Kunstskandal« oder »Kulturstreit« der letzten Jahre vermissen, aber die Hinweise reichen für unseren Zweck bereits aus.

Weder das eine noch das andere »Event« muss ausführlich geschildert werden. Denn hier geht es nur darum, das Wort »kulturelle Veranstaltung« in Anführungszeichen zu setzen. Niemand wird bestreiten, das Baselitz und die »Technonacht« etwas mit »Kultur« zu tun haben. Es gehört eben nicht nur das »Schöne, Gute, Wahre« zur Kultur, erst recht dann nicht, wenn man glaubt, bereits zu wissen, was denn nun »wirklich« schön, gut und wahr ist.

Auch jener, der sich ärgert, dass Baselitz und »Techno« hier Arm in Arm auftreten müssen, weil doch das eine gewissermaßen »hohe« Kultur ist und das andere bestenfalls »Alltagskultur«, hat nicht verstanden, dass derlei Unterscheidung selbst nur wieder einen bestimmten, und zwar recht altertümlichen »Kulturbegriff« voraussetzt, den die Zeit längst überholt hat.

---

[1] hierzu s. Andreas Mertin, *Perspektivenwechsel*, in: Kunst und Kirche 4/94, S. 226 ff.

Nun ist hier allerdings auch nicht der Ort, den »Kulturbegriff« auseinander zu nehmen und eine Perspektive zu entfalten, was heute wohl »Kultur« sein könnte. Uns reicht in diesem Zusammenhang der umgangssprachliche Sinn von »Kultur« als »alle Formen der menschlichen Hervorbringungen, in Sonderheit aber jene der Künste«.

Denn hier soll auf etwas anderes hingewiesen werden: Man sollte nicht glauben, wenn man sich »Kultur« – also: »Hervorbringungen der Künste« – in die Kirche holt, würde diese Kultur dadurch etwa »fromm«. Oder das eigene Ansehen stiege. Oder man könne gar dadurch reich werden, letzteres wäre bei dem Stichwort »Kultur« ganz besonders irrig.

Wer also seine Kirche dadurch »intensiver nutzen« will, dass er sie auch kulturellen Veranstaltungen öffnet, sollte dies nicht mit der von Andreas Mertin zu recht gerügten Devise tun: »Wenn schon Kultur, dann aber mit einer integrierenden Gemeindetheologie. Wenn schon Techno, dann aber gebändigt. Wenn Techno unter dem Kreuz, dann mit christlicher Dimension.«[1]

Jede Instrumentalisierung der »Kultur« durch die Kirche schadet beiden: »der Kirche« und »der Kultur«. Darum Öffnung für kulturelle Veranstaltungen – ja, aber ohne »Zweck«, ohne »Hintersinn«, ohne geheime Ziele, ohne »Missionsabsichten«, sondern gewissermaßen in der Haltung einer »interessierten Interesselosigkeit« (A. Mertin).

Jede »Abzweckung« wird die Begegnung mit »der Kultur« scheitern lassen, weil auf Seiten der meist sehr sensiblen »Kulturschaffenden« gilt: Man merkt die Absicht, und man ist verstimmt. Begegnung mit Musik, Literatur, bildenden Künsten geschieht »auf Augenhöhe« – oder sie scheitert.

Insofern war der 1999 von der EKD mit der kleinen »Programmschrift« »Gestaltung und Kritik« initiierte »Konsultationsprozess zum Verhältnis von Protestantismus und Kultur« nicht unproblematisch. Selbst innerhalb der Kirchen monierte man, es wäre zu viel davon die Rede, der Protestantismus wolle die Kultur »gestalten«, »prägen« und »kritisieren«, zugleich das »Salz in der Suppe« sein, oder sogar »Schiedsrichter« auf dem Feld des »Kulturellen«.[2]

Kein Wunder, dass die Denkschrift »Räume der Begegnung«, die 2002 diesem Konsultationsprozess entspross, eingestehen musste,

---

[1] Andreas Mertin: Keine Kulturtheologie für Techno-Kids? In: B. Heller (Hg.): Kulturtheologie heute? Hofgeismar 1997, S. 109 ff.

[2] Deutsches Allgemeines Sonntagsblatt, Nr. 5/2000.

dass außerhalb der Kirche die Impulse »bei den eigentlich als Zielgruppe betrachteten Schauspielern, Regisseuren, Musikern, Schriftstellern, bildenden Künstlern oder Architekten ohne erwähnenswerte Resonanz blieb«[1]

Eines allerdings muss beim »Kulturthema« klar sein: Finanziell gesehen, »bringt« solche Öffnung nichts – sondern kostet etwas, »Kultur« ist nicht umsonst zu haben, denn dass man von Baselitz etwas geschenkt bekommt, geschieht leider nicht alle Tage. Das ändert aber nichts an der Ermutigung, die Kirchenräume »der Kultur« zu öffnen, oder besser: seine eigenen Vorstellungen, Anschauungen und Meinungen mit denen anderer Menschen aus dem (bitte sehr weit gefassten) Feld der »Künste« in einen ernsthaften Dialog zu bringen.

Dazu ist eben eine Fähigkeit zum Dialog vonnöten, die in der Kirche nicht selbstverständlich zu Hause ist. Es wurde schon darauf hingewiesen, dass auf mehreren Kirchbautagen von kompetenter Seite diese Fähigkeit in Frage gestellt wurde.[2]

Ein Fragezeichen muss hier für jenes Feld der Kunst ergänzt werden, auf dem man gerade der protestantischen Kirche einiges zutrauen wollte – dem Feld des Wortes. Schon 1989 stellte Ezzelino von Wedel fest: »Wir haben keinen einzigen Theologen weit und breit, dessen Sprache stilbildend wäre. Theologische Prosa von heute hat keinen literarischen Rang.«[3]

Zwar haben sich seitdem hier und da Pastoren als Schreiber von »Kirchenkrimis« hervorgetan, mit deren Erlös die marode gewordene Gemeindeorgel renoviert werden sollte. Nur – ändert das etwas daran, dass von Wedel seinen Satz gegenwärtig wiederholen könnte, ohne einen einzigen Buchstaben ändern zu müssen? Selbst das Wort hat in der »Kirche des Wortes« noch immer keinen allzu hohen Rang.

Übrigens: Auch solche »Sprachbehinderung« wäre bereits »Kultur«. »Kirche und Kultur«, diese oft zu lesende und zu hörende Wortpaarung legt ein Gegenüber beider Bereiche nahe, das es natürlich nicht gibt. Kultur ist nicht nur, was die anderen machen, sondern »Kultur« ist auch das, was man selber macht – oder im Falles des »Wortgebrauches« in der Kirche – was man selbst »anrichtet«. Es ist nicht zu ändern: Unsere Kultur setzt sich nun einmal zusam-

---

[1] *EKD, VEF (Hg.), Räume der Begegnung. Religion und Kultur in evangelischer Perspektive, Gütersloh 2002, S. 87.*

[2] *s. unter I. 7.*

[3] *»Spuren hinterlassen ...«, S. 159.*

men: aus wenig Gekonntem, aus viel Gewolltem, sehr häufig aber auch – aus Ungewolltem.

Wie weit die Entfernungen zwischen Kirchenmenschen und Kunstschaffenden leider noch immer sind, wurde jüngst anlässlich einer Ausstellung von Absolventen der Hamburger Hochschule für Bildende Künste in der hansestädtischen Handelskammer deutlich. Der Kurator, der Maler und Hochschulprofessor Werner Büttner, sieht die gegenwärtige Lage in »seiner« Kunst so: »Die Botschaft ist klar und schlicht: Entwarnung!« Es handle sich gegenwärtig um eine »unaufgeregte Kunst«, der »Imperialismus, Kapitalismus, Kommunismus, Feminismus, Ökologie, Patriarchat, Gott, Institutionskritik am malenden Arsch vorbeigehen.«[1]

Dennoch: Ja, natürlich – Kirchräume sind »Räume der Begegnung«, auch und gerade mit »der Kultur«, mit Kunstschaffenden aller Sparten. Und nun das »Aber«: Sie werden zu solchen Räumen aber nur, wenn jede Instrumentalisierung »der Kunst«, »der Kultur« dabei vermieden werden kann und »gleiche Augenhöhe« gesucht wird.

Wie schwer das ist – das »Maulbronner Mandat« selbst bietet dafür ein Beispiel, darum noch einmal das Zitat: »Es gilt, die Kirchengebäude als Chance für eine erweiterte und intensivierte Nutzung anzusehen, sie für andere, insbesondere für kulturelle Veranstaltungen zu öffnen und für ihren Erhalt weitere (Mit-)Träger zu gewinnen (Kommunen, Vereine, Stiftungen, Verbände etc.).«

Der Duktus ist klar, die Absicht unverkennbar: »Kulturelle Veranstaltungen« werden hier nicht um ihrer selbst willen angeregt, sondern um potentielle »(Mit-)Träger« von der Wertigkeit des Kirchengebäudes zu überzeugen und sie auf diese Weise zur (Mit-)Trägerschaft geneigt zu machen.

»Kulturelle Füllung« als »Nachweis des Erhaltungswertes« eines Raumes – so geht es sicher nicht. Jenes muss aus sich selbst heraus geschehen, und darf nicht als bloßes Mittel und Instrument verwendet werden, den ansonsten fälligen Abriss eines Gebäudes zu verhindern, mag diese Absicht an sich auch noch so ehrenvoll sein.

In Kürze: Die Kirchenräume der Gemeinden auch der Kultur öffnen – ja. Aber ohne Bevormundung und auf Augenhöhe. Lassen sich Gemeinden auf derlei ein, öffnen sie die eigenen Grenzen, treten in Kommunikation mit z. T. recht ungewohnten, hier und da sogar befremdlichen Perspektiven und entwickeln so ein waches Gespür für die Regungen, gerade auch die religiösen Regungen von

---

[1] *s. Hamburger Abendblatt vom 11.2.06.*

Menschen, die der Kirche oft recht fern stehen. Man fügt Fenster in die Mauern des innerkirchlichen »Binnenklimas«, das mit seiner eigenen Sprache und seinen eigenen »kirchlichen Gewohnheiten« sonst der Gefahr der »Ghettoisierung« auf Dauer kaum entgehen kann.

Insofern mag die Begegnung mit der »Kultur« mittelbar auch zum Erhalt »übriger« Kirchen beitragen, weil wache Gemeinden mit vielen Brücken »nach draußen« einfallsreicher und wendiger sein mögen als andere, denen jene Mauern längst zum unbemerkten Gefängnis geworden sind. Im Portemonnaie der Gemeinde werden sich solche Begegnungen allerdings eher als kostenträchtig denn gewinnbringend bemerkbar machen.

II. Aktuelle Fragen

II. 11. Kann man Kirchen vermieten?

Offene Fragen 2.
Vermietung bringt Geld.
Vermietung und Infrastruktur.
Grenzen der Vermietung.
Kriterien statt Katalog.
Aber der Altar bleibt stehen.
Vermietung an andere Religionsgemeinschaften?

Begegnung mit der Kultur »verdichtet« zwar die Nutzung eines Kirchenraumes, bringt aber in aller Regel kein Geld ein, entlastet die Gemeindehaushalte also nicht. Zu einer solchen Entlastung kommt es erst, wenn man für solche – oder andere – Nutzungen einen Veranstalter findet, der nicht die Kirchengemeinde selbst ist und der dafür – als zeitweiliger Mieter des Raumes – Geld bezahlt.

Wieder gilt das »Ja, aber ...«: Ja, es spricht zunächst einmal nichts dagegen, einen Kirchenraum zu vermieten, wenn die Mieteinnahmen dabei helfen, den Kirchenraum finanziell »über die Runden« zu bekommen.

Aber: Eine Kirche als »Veranstaltungsort« auf Dauer gewinnbringend zu vermieten, erfordert eine Infrastruktur, die es erst einmal aufzubauen gilt und die sich, soll sich das Ganze rentieren, natürlich durch die Vermietungen selbst finanzieren muss. Wenn man es mit einträglicher Vermietung ernst meint, wird man in der Regel über kurz oder lang eine Firma damit beauftragen müssen, welche die Vermietungen organisiert. Ob dann noch sehr viel zur Entlastung des eigenen Gemeindehaushaltes übrig bleibt, ist fraglich.

Beispielsweise vermietet die Firma »Akanthus« Räume in der Heilig-Kreuz-Kirche und der Passionskirche, beide in Berlin, und zwar für kulturelle Veranstaltungen wie Konzerte, Lesungen, Theateraufführungen, für Empfänge und Galas, für Firmenpräsentationen, Betriebsversammlungen, Vorträge, Diskussionen oder Seminare, für Preisverleihungen, Hochzeitsfeiern in Kirche und Garten in den Sommermonaten sowie für »andere gesellschaftliche Anlässe«.[1]

Für die Vermietung der Berliner St. Johannes-Evangelist-Kirche gründete die zuständige Sophiengemeinde das »Kulturbüro Sophien« und stellte eine hauptamtliche Kulturmanagerin ein – mit dem Ergebnis, dass bald darauf Tanztheater, Videokunst, aber auch z. B. die Präsentation einer Kollektion des Modeschöpfers Wolfgang Joop in der Kirche Raum fanden.[2]

Die »Kulturkirche« in Hamburg-Altona verrät sogar die Mietpreise: 2.000,- EUR muss man als Veranstalter dort für einen Tag hinblättern, am Freitag sogar noch 500,- EUR mehr.[3]

Eine Kirche kann man vermieten, ja – aber: Auch der Kirchenraum selbst wird über eine gewisse Infrastruktur verfügen müssen, damit potentielle Mieter für den Raum überhaupt zu interessieren sind. Da geht es dann um in diesem Zusammenhang überlebens-

---

[1] s. www.akanthus.de.
[2] s. www.sophien.de/2003/kultur/kultursophien/index.htm.
[3] s. www.kulturkirche.de/Preisliste/preisliste.html.

wichtige Fragen wie: Welche technischen Einrichtungen kann der Kunde mitmieten? Gibt es eine »Schankerlaubnis«? Kann ein Auf-, Abbau- und Betreuungs- und Reinigungsservice mit angeboten werden? Ist hinreichend Garderobenplatz vorhanden? Kann man einen Catering-Service mit anbieten? Nicht zuletzt: Sind überhaupt ausreichend Toiletten vorhanden?

Die Lutherkirche in Köln-Nippes bietet ihren Mietern folgende »professionelle Ausstattung« an: Maße: 30 x 14 Meter, Bestuhlung: 400 Plätze (Bänke), 250 Plätze (Stühle), 600 Plätze (leer), Technik: Peters Orgel (2 Manuale), Toiletten, Foyer und Außenzelt, Bühne: 6 x 6 Meter, Licht: Lightcommander MA 24/48, Ton: Soundcraft Spirit Mark 2, 24+4+4+Matrix (4/6 Monitore) (Anm.: www.kulturkirche-koeln.de/content/cont_6.php)

Man sieht an solchen Fragen nicht nur, dass eine Kirchengemeinde in der Regel mit ernsthaften Vermietungsplänen für ihren Kirchenraum überfordert und der Raum gar nicht entsprechend ausgestattet sein dürfte, sondern ahnt zugleich, dass sich Vermietungspläne rasch mit den eigenen Bedürfnissen der Ortsgemeinde reiben werden.

Tatsächlich finden sich professionelle Vermietungsangebote auch fast ausschließlich in Kirchen, die gar nicht mehr oder nur noch sonntags zum Gottesdienst gemeindliche Verwendung finden, meist in den so genannten »Kulturkirchen«, wie sie die genannten Berliner und Hamburger Beispiele darstellen.[1]

Ausnahme ist allerdings (noch) die Lutherkirche in Köln-Nippes, deren Beispiel jedoch ahnen lässt, welches Engagement und welcher Aufwand notwendig sind, will man Vermietungen von Kirchenräumen erfolgreich betreiben: »Sechs Presbyter, Mitglieder aus dem Gemeindevorstand, teilen sich die Organisation einschließlich des Getränkeverkaufs in der Kirche. Unterstützt werden sie von einem 40-köpfigen Helferkreis. Bezahlt wird lediglich der Tontechniker. Bei Eintrittspreisen zwischen 10 und 17 Euro und Sponsoren aus der Wirtschaft tragen sich die Veranstaltungen selber. Sogar ein kleiner Überschuss ist drin. Der hilft in diesem Jahr, das Haushaltsloch der Gemeinde von 70.000 Euro wenigstens ein bisschen zu stopfen, rettet eine halbe Stelle.«[2]

Hier fungiert also die »Kirchenvermietung« zugleich als eine Form des »Gemeindeaufbaus«. Dagegen werden Vermietungen »nur so nebenbei« mehr Arbeit als Geld einbringen. Meint man es ernst,

---

[1] s. unter II. 14.
[2] Jürgen Schön in: taz-Köln vom 11.12.2004, S. 4.

wird man dem Kölner Beispiel folgen müssen und tatsächlich die ganze Gemeindearbeit in dieser Richtung strukturieren und von dieser Aufgabe her formen müssen. Dann allerdings kann auch etwas daraus werden – wenn das Gebäude »stimmt«, wenn die Anbindung an den öffentlichen Personennahverkehr »stimmt« und wenn die Gemeinde dahinter steht.

Eine Kirche kann man vermieten, ja – es gibt jedoch ein drittes, diesmal grundsätzliches »Aber« in Form der Frage, wo die Grenzen einer Vermietung liegen, immerhin handelt es sich bei dem Vertragsgegenstand um einen Sakralraum. Ist in einem Kirchenraum alles möglich – wenn es nur Geld einbringt?

»Die Idee eines Kölner Pfarrers, am Karfreitag ein Kabarett mit ›Probeliegen im Sarg‹ zu veranstalten (Eintritt 15 Mark, also kommerziell) war einfach schwachsinnig, fand der Superintendent und klappte den Deckel zu – Gott sei Dank. Eine ›Modenschau im Gotteshaus‹ wurde, ebenfalls im evangelischen Köln, zwar als kulturhistorisch wertvolles Ereignis zur Modemesse angekündigt, die Kirche geriet dann aber nur zur Kulisse für coole Models in scharfen Dessous vor applaudierendem Yuppie-Publikum – voll daneben. Die Präsentation des ersten Drei-Liter-Motors (mit Podiumsdiskussion) in einer Kirche könnte dagegen unter dem Motto ›Bewahrung der Schöpfung‹ durchaus Sinn machen – wenn das Ding nicht als Interpretation des Goldenen Kalbs auf dem Altar gefeiert würde und auch wirklich nur echte drei Liter verbraucht.«[1]

Weder gibt es Gesetze noch Verbote, auch keinen »Katalog« zum Thema, was in einer Kirche »erlaubt« ist und was nicht. Aber dass nicht ohne weiteres alles möglich ist, weiß auch die Kölner Lutherkirche, wo man, wie gesehen, zwar mit »professioneller Ausstattung« wirbt, das Rauchen in der Kirche aber verbietet. Und in Köln wie anderswo in vergleichbarer Situation gilt eben auch: »Für eine Veranstaltung wird der Altar nach hinten geschoben.«[2]

Wie gesagt[3]: Man wird keinen Katalog schaffen können für das, was in einer Kirche möglich ist und was nicht. Denn morgen schon käme ein »Kunde« mit einer neuen Idee – schon müsste man seinen schönen Katalog erweitern und womöglich umgruppieren. Statt dessen wird man Kriterien bedenken müssen: Was tut man denn, wenn man den Altar beiseite räumt, um eine Firmenfeier zu ermöglichen? Was tut man, wenn man das Kreuz verhüllt oder gar

---

[1] *Günter A. Menne, in: Deutsches Allgemeinen Sonntagsblatt vom 11.9.1998.*
[2] *Jürgen Schön, a. a. O.*
[3] *s. unter I.7. und unter I.10.*

hinausträgt, damit Wolfgang Joop seine Kreationen präsentieren kann? Man konzediert, dass die Veranstaltung, die zu solcher Handlung offenbar nötigt, vor einem Altar oder vor einem Kreuz nicht stattfinden kann.

Es ist fast, als fände eine zeitweilige »Entwidmung« des Raumes statt, als würde der Sakralraum für ein paar Stunden »profanisiert«, um nach Ausfegen und Durchlüften des Raumes durch Hereintragen der »Vasa Sacra« wieder »geweiht« und zu »resakralisiert« zu werden. Oder trägt man gar »Gott« selbst für eine Weile aus der Kirche und verschafft ihm für ein paar ruhige Stunden im Gemeindehaus Asyl?

Eine Kirche ist nicht nur im theologischen Sinn der Gottesdienstort der Gemeinde, sondern auch im »anthropologischen« Sinn ein besonderer, ein »anderer« Raum, und somit im anfangs[1] beschriebenen Verständnis ein »heiliger Raum«. Diese Heiligkeit ist aber nie und unter keinen Umständen eine »dingliche« oder »substantielle« Heiligkeit, sondern eine solche der Beziehung, die Menschen, Gemeindeglieder wie Außenstehende, zu diesem »besonderen« Raum mitten in ihrem Wohnumfeld haben.

Eine derartige »Heiligkeit« ist nicht »dinglich« beiseite zu schaffen durch Wegrücken des Altars oder Abhängen des Kreuzes. Sie kann auch nicht für einen effektvollen Modeabend ein paar Stunden lang unterbrochen werden, weil die Beziehung der Menschen zu diesem Raum ja »nicht mal eben so« kurzfristig suspendiert werden kann. Es ist ein besonderer Raum, der da vermietet wird, dem seine Besonderheit nun einmal nicht zu nehmen ist, will also sagen: Die Besonderheit des Raumes muss »mitgemietet« werden.

Vermietungen von Kirchenräumen – ja, aber der Altar bleibt stehen, und das Kreuz bleibt hängen. Was dann nicht geht, sollte auch nicht gemacht werden. Es dürfte eine interessante theologische Aufgabe sein, im Miteinander von Pfarrer, Vorstand und potenziellen Mietern angesichts dieses Kriteriums die Grenzen verantwortbar selbst zu finden – für jeden Einzelfall neu.

Es darf aber nicht verschwiegen werden, dass man zu diesem Thema insgesamt auch ein grundsätzliches »Nein!« hören kann: »Kirchengebäude werden nicht nur, wie bisher, für Kunstereignisse, für Konzerte und Ausstellungen, zur Verfügung gestellt, sondern auch für Werbekampagnen und Verkaufsoffensiven. Was sich hier abspielt, ist ein Akt umgekehrter Mission. Die Kirchen haben schon immer am Markt gestanden, erfüllt von der Hoffnung, das öffentli-

---

[1] s. unter I.1.

che Leben auf diese Weise heilvoll beeinflussen zu können. Nun dringt der Markt in die Kirchengebäude ein, und eine Grenze, die für alle Beteiligten lebenswichtig gewesen ist, wird beseitigt.

Firmen, die eine Kirche mieten, suchen Gewinn. Sie ahnen dabei, dass dieses Gebäude noch immer etwas Besonderes darstellt, und setzen es gezielt zur Profitmaximierung ein. Auch die Kirchenvertreter wollen Gewinn, Geld, das für wichtige Zwecke dringend benötigt wird.

Auf die Dauer freilich können sie nur verlieren. Die Firmen werden den Sensationswert des religiösen Ambiente verbrauchen und fallen lassen. Zurück bleibt eine Kirche, die öffentlich demonstriert hat, dass es für den Markt keine Grenzen mehr gibt.« – so der Theologe Manfred Josuttis.[1]

Ein letzter Gesichtspunkt ist bei der Frage der Vermietung von Kirchenräumen zu bedenken, auch wenn in der Praxis die Zahl der hier zu veranschlagenden Fälle eher gering sein dürfte:

Ob eine Kirche auch für einzelne Veranstaltungen an Religionsgemeinschaften nichtchristlicher Provenienz »vermietet« werden kann, entscheidet sich erst recht an der Stelle, ob dazu der Altar stehen bleiben und das Kreuz hängen bleiben kann, wenn nicht ohnehin die jeweiligen landeskirchlichen Bestimmungen eine solche Vermietung von vornherein verbieten. Es ist allerdings auch die Frage, welche nichtchristliche Religionsgemeinschaft einen Raum »unter dem Kreuz« überhaupt benutzen wollte.

Man weiß allerdings, dass es eine Reihe (fernöstlicher) Religionen gibt, die, was sie tun, ohne sich selbst zu widersprechen, auch im Angesicht eines Kreuzes tun könnten – oder zumindest vorgeben, es tun zu können. Hier sollte, falls man derlei überhaupt ins Auge fassen sollte, im Einzelfall dringend der Kontakt mit dem »Sektenbeauftragten« der jeweiligen Landeskirche gesucht werden (falls es ihn oder sie denn noch gibt), aber auch mit dem zuständigen Propsten bzw. Dekan, um gemeinsam Klarheit darüber zu gewinnen, was man da tut. Ohne solche Kontakte hielte ich ein derartiges Vorgehen oder eine solche Vermietung partout und apriori für gänzlich unverantwortlich.

---

[1] *Manfred Josuttis in: Deutsches Allgemeines Sonntagsblatt, 11.9.1998. s. a. Willfried Maier und Jörn Walter, denen die Kommerzialisierung einer Kirche mit bedenkenswerten Argumenten grundsätzlich gegen den Strich ging, s. unter II.4.*

II. Aktuelle Fragen

II. 12. Wer kann helfen, Kirchen zu erhalten?

Offene Fragen 3.
Mitträgerschaften.
Die Verschuldung der Kommunen.
Müncheberg und Altona.
Gefahren der »erweiterten Nutzung«.

Um Kirchen zu erhalten, fordert das »Maulbronner Mandat« dazu auf, »für ihren Erhalt weitere (Mit-)Träger zu gewinnen (Kommunen, Vereine, Stiftungen, Verbände etc.).« Das ist leichter gesagt als getan; man sehe einmal genauer hin: Die Finanznot der öffentlichen Hände steht jener der Kirchen kaum nach. Die Höhe der Staatsverschuldung ist jeweils der Tagespresse zu entnehmen, den Städten und Kommunen geht es eher schlechter als besser.

»Katerstimmung bei den nordrhein-westfälischen Gemeinden. Sie sind pleite. Die Haushaltsumfrage 2002 des Städte- und Gemeindebundes NRW hat alarmierende Ergebnisse: 80 der 334 beteiligten Kommunen können ihren Haushalt nicht ausgleichen und 166 Gemeinden schaffen den Ausgleich nur, in dem sie das ›letzte Tafelsilber‹ verkaufen und ihre Rücklagen auflösen.«[1]

Und der Deutsche Städtetag lässt verlauten: Trotz Zuwächse bei der Gewerbesteuer hat das Jahr 2005 für die Finanzprobleme der Städte keine Trendwende gebracht.«[2]

Man muss also damit rechnen, dass Städte und Kommunen schon von da her nicht sonderlich geneigt sein werden, Geld in die Mitträgerschaft einer Kirche zu stecken. Das wird bei Vereinen, wenn sie sich nicht von vornherein als Vereinszweck die Wiederherrichtung oder den Erhalt einer Kirche auf die Fahnen geschrieben haben, kaum anders sein. Und Stiftungen, die sich um den Kirchbau sorgen, können zwar satzungsgemäß Geld für Restaurierung oder Renovierung zuschießen, werden aber – gleichfalls satzungsgemäß – kaum in eine »Mitträgerschaft« eintreten.

Gleichwohl gibt es aber Beispiele:

Die 1998 von dem Architekten Klaus Block umgebaute Stadtpfarrkirche von Müncheberg nahe Berlin wird heute innerhalb einer GmbH gemeinsam von der Kirchengemeinde, der Stadt Müncheberg und dem Förderverein betrieben. Es »wurde ein schmaler viergeschossiger Einbau vor die Nordwand des Langhauses gestellt, der in seinem Aufbau ebenso Haustechnik, Versorgungs- und Sanitäranlagen wie Büro- und Veranstaltungsräume beinhaltet. Ansonsten verblieb der Innenraum weitestgehend in seiner ruinösen Struktur, ergänzt lediglich durch Fußbodenheizung, neuen Fußbodenbelag, Neuverglasung der Fenster sowie eine verbretterte, offene Dachkonstruktion.

Damit ist das Bauwerk nun für ein weitgespanntes Veranstaltungsprogramm zwischen Kirche, Kultur und Tagungen geeignet.

---

[1] s. WDR, 13.2.2002, http://www.wdr.de/online/politik/kommunen/index.phtml.
[2] s. http://www.staedtetag.de/10/schwerpunkte/artikel/29/index.html.

Zugleich wurden das Büro der Kirchengemeinde und die Müncheberger Stadtbibliothek als ständige Nutzer integriert, beide untergebracht innerhalb des viergeschossigen Einbaus.

Die Koordination dieser verschiedenartigen Nutzungsanforderungen und -ansprüche wurde in die Hände einer Betreibergesellschaft gelegt, die gemeinsam von Stadt, Kirche (je 40 % Anteil) und Förderverein (20 %) getragen wird.[1]

Die Arbeitsteilung ist aufschlussreich: Die Ev. Kirchengemeinde als Eigentümerin ist »verantwortlich für die Gebäudesubstanz. Sie nutzt die Kirche für Gottesdienste und alle anderen Veranstaltungen der Kirchengemeinde. In einer besonderen Nutzungsvereinbarung mit der GmbH sind Nutzungsauflagen festgelegt, die Gottesdienste jeden Sonntag um 10.00 Uhr und die Achtung vor der religiösen Bestimmung des Raumes garantieren. Außerhalb dieser Gottesdienstzeiten hat die Ev. Kirchengemeinde Nutzungsrecht im Kirchenraum und Sitzungssaal nach Anmeldung bei der Betreibergesellschaft. Die Kirchengemeinde hat in Zweifelsfällen Einspruchsrecht bei der Vermietung an Fremdnutzer.«

Die Stadt Müncheberg »ist Dauermieter. Die Stadt hat alleiniges Nutzungsrecht in den Räumen der Stadtbibliothek. Für den Kirchenraum und den Sitzungssaal hat sie Nutzungsrecht nach Anmeldung bei der Betreibergesellschaft. Die Volkshochschule der Stadt ist regelmäßiger Nutzer der Räumlichkeiten für öffentliche Vortragsveranstaltungen und Ausstellungen.«

Und der Förderverein »unterstützt mit der Anwerbung von Sponsoren die Unterhaltung des Gebäudes und seine kulturelle Nutzung. Er ist Träger zahlreicher Kulturveranstaltungen, insbesondere der ›Müncheberger Konzerte‹. Die Fördervereinsmitglieder betreuen den Raum bei sämtlichen gemeinnützigen Veranstaltungen. Die Fördervereinsmitglieder organisieren ehrenamtliche Führungen. Jeden Sonntagnachmittag werden die Kirche und der Schinkelturm (Aussichtsplattform) zur Besichtigung von Fördervereinsmitgliedern geöffnet (sic!). Für den Kirchenraum und den Sitzungssaal hat der Förderverein Nutzungsrecht nach Anmeldung bei der Betreibergesellschaft«.[2]

Ähnlich geht es seit Ende der 90er-Jahre in Hamburg Altona zu: »Die KulturKirche Altona GmbH ist ein Unternehmen, das wirt-

---

[1] s. Matthias Ludwig: Neue – alte Lebensräume. Zur kulturellen Nutzungserweiterung von Kirchengebäuden[1], in: Magazin für Theologie und Ästhetik 15/2002, s.a. www.theomag.de/15/malu1.htm.

[2] Zitate s. www.stadtpfarrkirche-muencheberg.de/de/betreiber.shtml.

schaftlich arbeitet und gleichzeitig der Stadtkultur in Hamburg nützt. Als Kooperationspartner der St. Johannisgemeinde vermietet dieses Unternehmen das Kirchengebäude zu kulturellen und zu kommerziellen Zwecken.

Über die kommerzielle Vermietung werden Einnahmen erzielt, die zum Unterhalt des Gebäudes beitragen sollen. Gleichzeitig können dadurch kulturelle Veranstaltungen ermöglicht werden, die sonst draußen vor der Tür bleiben müssten. Das Miteinander von Kirchengemeinde und KulturKirche Altona ist spannungsreich und produktiv.

Die Kirche bleibt an Sonn- und Feiertagen ein Ort des Gottesdienstes, der Kirchenmusik und anderer Gemeindeveranstaltungen. Das prägt den Raum. Gleichzeitig zieht eine Welt in die Kirche ein, über die sonst nur geredet wird. Tanzveranstaltungen und Betriebsfeiern, Modenschauen und Popkonzerte hinterlassen ihre Aura, ihre Spuren.

Für beide Seiten ungewöhnlich: Kommerzielle und kulturelle Veranstalter akzeptieren manche Regeln, die sonst nicht üblich sind. Die Gemeinde akzeptiert, dass sie Mitnutzer für die Kirche hat, die ihr noch ungewöhnlich und fremd sind.«[1]

Beide Beispiele zeigen zunächst, »dass es geht«, sehr wohl kann man im Einzelfall und mit einem guten Nutzungskonzept Mitträger für den Unterhalt einer Kirche gewinnen. Die Beispiele zeigen aber auch, dass eine solche Mitträgerschaft in der Regel zunächst zu einem Umbau der Kirche führen wird, weil ja die »Mitträger« nicht nur aus edlen Motiven in die Bresche gesprungen sind, sondern – zu Recht – »auch etwas davon haben wollen«, wie die Stadt Müncheberg, die ihre Stadtbibliothek dort nun an einem erlesenen Standort vorhält.

Der Leiter des Bauamtes der Ev. Kirche von Berlin-Brandenburg-schles. Oberlausitz, Matthias Hoffmann-Tauschwitz, bestätigt und präzisiert: »Die Kommune ist also als Partner in der Nutzung und Trägerschaft willkommen.

An zweiter Stelle steht dann die Gemeinwesenarbeit in ihrer vielfältigen Ausprägung, die sich womöglich auch mit dem Geldverdienen verbindet – zu Gunsten des Bauwerks.

Schließlich gibt es die Kooperationsmodelle. Uns kommen zunehmend (Mit-)Nutzungsverträge zur Beratung und Genehmigung auf den Tisch, nach denen die Kirchengemeinde ihre Verkündigungsaufgaben durchaus noch eingeschränkt in der jeweiligen Kirche wahr-

---

[1] s. www.kulturkirche.de/wir_uber_uns/wir_uber_uns.html.

nimmt oder sich ein entsprechendes Recht vorbehält; daneben stehen dann Vereine oder vorrangig gemeinwesenhafte Institutionen als Vertragspartner, die das Gebäude nutzen und unterhalten wollen.«[1]

Und das »Aber«? Ein kleines »Aber« ergibt sich aus dem Hinweis, dass man sich das Zusammenwirken in einer »GmbH«, wie sie in Müncheberg und in Altona nun die Kirche trägt, nicht zu einfach vorstellen darf; eine gewisse Fähigkeit zum Konflikt wird man schon mitbringen müssen.

Ein größeres »Aber« stellt die Tatsache dar, dass man in einer solcher Konstellation seine Kirche, jedenfalls zum Teil, rechtlich aus der Hand gegeben hat – und das dauerhaft, ein deutlicher Schritt über das bloße Vermieten von Kirchenräumen hinaus, mit dem man ja jederzeit, sollten sich Gründe finden, wieder aufhören kann.

Bei einer Erweiterung der Trägerschaft hingegen handelt es sich aber stets zugleich um eine »Nutzungserweiterung«, die nicht mir nichts, dir nichts wieder rückgängig gemacht werden kann. Diese »erweiterte Nutzung« ist zugleich auf absehbare Zeit irreversibel und muss doch »kirchenverträglich« sein, denn der Gottesdienst findet ja weiterhin wie bisher dort statt. Auch hier also wird es letztlich das Kriterium bleiben müssen, ob Altar und Kreuz dauerhaft an ihrem Ort bleiben können, wenn anderes als der Gottesdienst in der Kirche stattfindet.

Wenn das aber gelingt und die neue »Nutzungsstruktur« einem Kirchengebäude zu überleben hilft, sieht das »Maulbronner Mandat« in solchen Modellen einen guten Sinn. Und Matthias Ludwig: »Mit Blick auf die tiefgreifenden Probleme um den künftigen Erhalt und Unterhalt von Kirchengebäuden gilt es denn auch, (…) die Nutzungserweiterung von Kirchen nicht als Gefährdung oder gar Bedrohung, sondern als Chance zu begreifen: Kirchen sind schließlich weit mehr als kirchgemeindliche Gottesdienststätten. Sie sind Zeichen Jahrhunderte langer Tradition und Identifikation – und erreichen eine hohe, weit über die Institution Kirche hinausragende öffentliche Präsenz und Relevanz.«

Weitere Beispiele wie jenes aus Müncheberg lassen sich durchaus finden, Matthias Ludwig nennt etwa die Kreuzeskirche in Essen, die Passionskirche in Berlin-Kreuzberg oder den Dom St. Marien in Fürstenwalde / Spree.[2]

---

[1] *Interview mit Matthias Hoffmann-Tauschwitz, s. http://www.altekirchen.de/Dokumente/Interview.html.*

[2] *Matthias Ludwig, a. a. O.*

II. Aktuelle Fragen

II.13. Ist eine Kirche nur etwas für Gemeinden?

Offene Fragen 4.
Der 1. Hauptsatz des »Maulbronner Mandats« als »Hauptanliegen«.
»Unkenntliche Büroräume«.
Instandbesetzung durch Kirchenverwaltungen.
Teleworking und Desksharing.
Großraumbüro und Denkmalschutz.

Niemand hat etwas gegen den Umbau einer Kirche, damit eine Gemeinde dort hinein ziehen kann – mit Sack und Pack, Gemeinderäumen, Kirchenbüro und pfarramtlichem Dienstzimmer, ein solches Vorhaben ist längst Teil des bisher erreichten Konsenses, wenn es um den Erhalt übriger Kirchen geht.[1]

Wenn aber zwei Gemeinden, die bisher jede für sich eine Kirche hatten, sich zusammentun, also »fusionieren«, und dann nach erfolgreichem Umbau gemeinsam in die eine der beiden Kirchen ziehen – wer zieht in die andere Kirche, falls diese nicht zur Finanzierung des Umbaus längst meistbietend verkauft wurde?

Da wird sich die Gemeinde eine neue Nutzung einfallen lassen, sollte man denken, die Frage ist nur, ob es immer nur die Gemeinden sind, die ihre Kirchen retten müssen.

Im ersten »Hauptteil« des »Maulbronner Mandats« heißt es: »Wenn es aus finanziellen Gründen nötig ist, sollen unkenntliche Büroräume, überzählige Gemeinderäume oder separate Verwaltungskomplexe aufgegeben werden, um dafür die Kirchengebäude um so deutlicher zu besetzen und mit Leben zu erfüllen.«

Es ist bislang nicht hinreichend deutlich geworden, dass mit diesem »Mandat« nicht nur die Kirchengemeinden, sondern in gleicher Weise die »Dienste und Werke« der Landeskirchen sowie ihre kirchlichen Verwaltungen auf allen Ebenen angesprochen sind, sofern sie in einem eigenen »unkenntlichen Bürokomplex« untergebracht sind.

Dahinter steht die Überzeugung, dass es keine Form der kirchlichen Arbeit gibt, die in einem entsprechend hergerichteten Kirchengebäude etwa nicht stattfinden könnte. Es ist nämlich keineswegs Aufgabe der Kirchengemeinden allein, »ihre« (überzähligen) Kirchen zu retten. Wenn die finanzielle Krise alle trifft, so sind auch alle gehalten, zu tun, was in den jeweiligen Möglichkeiten liegt.

Wenn das »Maulbronner Mandat« von »unkenntlichen Räumen« spricht, sind damit jene Räume gemeint, bei denen nicht von vornherein für jeden Passanten erkennbar ist, wer sich hinter diesen Mauern befindet, so dass es eine Frage des Türschildes ist, ob hier ein Architekturbüro, eine Rechtsanwaltskanzlei oder eine Kirchenverwaltung ansässig ist. Eine Kirche dagegen ist kein »unkenntlicher« Raum. Hinter Kirchenmauern erwartet – jedenfalls noch – jeder Passant »etwas Kirchliches«, der »Logo-Charakter« des Kirchengebäudes wurde bereits benannt.[2]

---

[1] s. unter II. 8.
[2] zum »Logo-Charakter« der Kirchengebäude s. unter II. 1.

Mir sind keine Zahlen darüber bekannt, über wie viele Flächen und Einheiten die Kirche auch nur im Stadtstaat Hamburg verfügt, die zu solchen »unkenntlichen« Räumen zu zählen wären. Klar ist, dass es sich um mehr als nur eine »Quantité négligeable« handelt. Das Aufgeben dieser »unkenntlichen« Büroräume und -komplexe zu Gunsten des Einzuges in ein Kirchengebäude wäre zwar nur mittelbar ein Beitrag zur finanziellen Konsolidierung einer Kirche, da auch hier der Erlös eines verkauften »Hauses der Kirche« wahrscheinlich als Investition in die Herrichtung der vorgesehenen Kirche eingesetzt werden muss. Auf jeden Fall aber wäre eine solche Aufgabe ein Beitrag zur Rettung eines ansonsten überzähligen Kirchengebäudes, aus dem heraus auf diese Weise weiterhin kirchliche Arbeit geschehen könnte.

Ja, man wird zu fragen haben, ob nicht gerade Kirchenverwaltungen und »Dienste und Werke« außerordentlich geeignet sind, ein »überzähliges« Kirchengebäude »instandzubesetzen«. Denn möglicherweise könnte die Kirche parallel dazu Entwicklungen nachholen, die in wirtschaftlichen und betrieblichen Zusammenhängen längst gang und gäbe sind, vorausgesetzt, es gelingt den in Frage kommenden kirchlichen Einrichtungen bzw. deren Mitarbeitern, einen gewissen »Technikvorbehalt« zu überwinden, der in der Kirche bisweilen (noch) anzutreffen ist.

IBM baute jüngst eine Zentrale räumlich ausgelegt für rd. tausend Mitarbeiter, die aber für die dreifache Mitarbeiterzahl gedacht war, d. h., man ging bereits beim Bau davon aus, dass nie mehr als ein Drittel der Mitarbeiter gleichzeitig in der Zentrale anwesend sein würde.

Teleworking, Desksharing, »mobile working« sind aktuelle Schlagwörter der »Bürodebatte«; der »eigene Arbeitsplatz« in einem »eigenen Raum« eines Gebäudes ist nicht nur »passé«, sondern längst als Hindernis für eine gelingende Kommunikation und Produktion geoutet. Aus den »Hühnerkäfigen«, aus »Vorzimmern« und »Chefzimmern« werden Großraumbüros, also PC-gerechte Mehrzweckstätten mit Infobar, Meetingpoint, Besprechungs- und Technik-Ecken, wobei »Infobar« wirklich eine offene »Bar« meint, früher sagte man wohl »Teeküche« dazu und meinte damit allerdings noch einen eigenen Raum. Heinz Fischbach vom Siemens Business Service, hält den heute überall notwendigen Wissensaustausch für ein Kinderspiel, »wenn man lernt, seinen Arbeitsplatz loszulassen«.

Dabei ist dieses »Großraumbüro« neuer Prägung kein starres Raumensemble: Längst hat z. B. das Fraunhofer Institut flexible Raumgleitsysteme mit auf Schienen rollenden Trennwänden entwi-

ckelt, in die Steckdosen und PC-Zugänge eingelassen sind, samt einer Technik, die (fast) ohne Kabel auskommt – und wird so dem Trend zu mehr Kommunikation, Mobilität, Flexibilität und zu mehr Projektarbeit gerecht.

Die ehemalige Web-Agentur »Pixelpark« hat den Wandel zum Berater für digitale Informations-, Kommunikations- und Vermarktungslösungen, also zum Management- und Technologie-Dienstleister lange geschafft. Das dazugehörige »Bürowesen« ist für den Multimedia und IT-Riesen selbstverständlich. In Berlin Moabit »ist alles Flur«, es gibt keine festen Wände, keine Vorzimmer, auch keine Vorzimmerdamen mehr, statt dessen kurze Wege, der schnelle Plausch wird zur vertiefenden E-Mail, und was »der Flur« nicht schafft, bewältigen regelmäßige Meetings – und das Computer-Firmennetzwerk.

Die Beispiele deuten ein bestimmtes Szenario an. Abwehrend könnte man kirchlicherseits natürlich sagen, man sei mit IBM, Siemens und Pixelpark wohl nicht recht zu vergleichen, ein Argument, das nicht von der Hand zu weisen wäre, wenn man nur erklären könnte, wieso nicht – abgesehen vom »Produkt«.

Denn was die Branchenriesen tun, ist längst auf kleinbetriebliche Ebene heruntergebuchstabiert und in zahlreichen Architektenbüros, bei kleinen Grafikfirmen und Mediengestaltern, bei Messebau-Firmen und in vielen weiteren Segmenten, gerade auch des Dienstleistungssektors, selbstverständlich. Heute muss sich auch niemand mehr seine flexiblen Wände vom Fraunhofer Institut entwickeln lassen, sondern erhält sie bei jedem braven Büroausstatter.[1]

Es ist in der Tat die Technik, die eine flexible Arbeitsorganisation zulässt, wie sie vor Jahren noch undenkbar war. »Teleworking« etwa bedeutet, dass man seine Arbeit überall dort machen kann, wo ein internetfähiger Computer vorhanden ist, also auch zu Hause. Man muss also nur noch »ins Büro«, wenn die persönliche Kommunikation mit Kollegen oder Klienten notwendig ist.

Für den Architekten Gunter Henn ist die Frage, ob ein Büroraum solche Kommunikation ermöglicht oder verhindert, derart wichtig, dass er dieses sogar zu einem Kriterium für die Unterscheidung von

---

[1] *Das Internet ist voll von Hinweisen zu »moderner« Bürotechnik. Zu den vorstehenden Überlegungen wurde die Seite http://www.symposion.de/wm-hb/wm_25.htm verwendet. Auch die dazugehörige Literatur ist umfangreich, hier als pars pro toto: Stefan Zinser: Das Büro der Zukunft. Flexibilität und Kommunikation im Wissenscenter, in: C. H. Antoni u. a. (Hg.): Das flexible Unternehmen, Wiesbaden 1999.*

»falschen« und »richtigen« Raumkonstruktionen macht. Die Bezeichnung »Hühnerkäfig« für das »klassische« Einraum-Büro stammt meines Wissens gleichfalls von Henn.[1]

»Desksharing« bedeutet, dass dort, im Büro, natürlich nicht mehr jeder einen »eigenen« Computer braucht, sondern man sich die wenigen vorhandenen Computer-Arbeitsplätze (»Desks«) ganz selbstverständlich mit anderen teilt, was kein Problem ist, da man seine Konfiguration und seine Dateien im lippenstiftgroßen USB-Stick in der Hosentasche mit sich führt. Und »Mobile Working« besagt nichts anderes, als dass man Reisezeiten in Bahn, Flugzeug oder Hotel nicht mehr sinnend und träumend bis zum nächsten Termin verbummeln muss, sondern statt dessen mit Hilfe derselben Technik an allen Orten arbeiten kann, eben auch unterwegs.

Dass übrigens selbst »die Ablage« heutzutage kaum »realen« Raum mehr benötigt, sondern mit Hilfe moderner Speicher- und Sicherungsmedien ohne weiteres in eine halbe Zuckerdose passt, sollte sich unterdessen herumgesprochen haben.

Wenn Kirchenverwaltungen und Dienste und Werke der Landeskirchen, kurz: alle nicht-gemeindlichen Einrichtungen, die doch wohl noch nicht alle »wegrationalisiert« wurden, sich diese technischen Fortschritte zu nutze machen und das traditionelle Raumkonzept für Dienstleistung, Sacharbeit und Verwaltung überwinden könnten, wären sie nahezu die »idealen« Nutzer für »übrige« Kirchenräume, denn für deren Umbau könnte man dann auf statische Raum-Unterteilungen weitgehend verzichten.

Damit käme ein solcher Umbau sogar für denkmalgeschützte Kirchenräume ohne weiteres in Frage, weil die erforderlichen Maßnahmen (flexible Wände etc.) samt und sonders und nahezu von einen Tag auf den anderen »reversibel«, also umkehrbar wären, der geschützte Bestand somit weniger »in Gefahr« geriete, als das bei gemeindlichen Umbauten der Fall wäre, die auf statische Einbauten (oft: »das Haus im Haus«) in der Regel nicht werden verzichten können.

Ob allerdings die entsprechenden kirchlichen Einrichtungen sich auf eine solche »Revision« ihres gewohnten und scheinbar »bewährten« Arbeitsalltags einlassen können, bleibt fraglich, zumal diese ja auch eine »Revolutionierung« bisheriger »Chefgewohnheiten« beinhalten würde. Aber vielleicht könnte das Beispiel des erwähnten Karl-Heinz Fischbach von »Siemens Business Service« ermun-

---

[1] *Andreas Nohr: Das Auto und der heilige Raum – Gunter Henn auf dem Leipziger Kirchbautag, in: »Dokumentation Leipzig«, S. 59 ff. bes. S. 65.*

tern, der einem Reporter, dem er ein Interview gab, am Ende enthüllte: »Wissen Sie, wo ich bei diesem Telefonat sitze? Nicht im Siemensbüro, wo Sie angerufen haben. Ich sitze zu Hause mit Tee und Keksen.« Unter diesen Umständen muss der zugespitzte Satz aufrecht erhalten werden: »Solange das Nordelbische Kirchenamt noch nicht in der Kieler Nikolaikirche residiert, steht es um die Kirchengebäude der Nordelbischen Landeskirche nicht wirklich schlecht«.[1]

Tatsache bleibt jedenfalls: Wenn, wie in der Londoner Christ-Church, eine Kirche zum Büroraum wird, ist es nicht dasselbe, ob darin die Kampagnen einer Versicherungsgesellschaft flott gemacht werden – oder ob dort eine kirchliche Verwaltungseinheit ihrer Tätigkeit nachgeht. In jenem Fall wird man fragend die Augenbrauen hochziehen – in diesem nicht.

---

[1] *Andreas Nohr: Aufbauen, Abbauen, Umbauen, in: Kunst und Kirche 1, 2004, S. 35 ff.*

II. Aktuelle Fragen

II. 14. Taugt eine Kirche auch als Museum?

Offene Fragen 5.
Dissens statt »Ja – Aber«.
Kirchen abgeben – ausländische Beispiele.
Wo ist der Markt?
Beispiele für »weiche« und »harte« Abgaben von Kirchen.
Priorität der gemeinwesenhaften Nutzung von Kirchen.
Handlungsspielräume offen halten!

Mit den folgenden Überlegungen betrete ich keineswegs eine »terra incognita«, wohl aber ein Land, dessen Grenzen längst nicht festliegen und dessen tatsächliche Ausdehnung nicht bekannt ist.

Damit zugleich ist das bisher noch recht sichere Terrain des »Ja – aber« endgültig verlassen, und wir befinden uns, was den Umgang mit »übrigen Kirchen« betrifft, nicht mehr auf dem Feld des Konsenses«, sondern auf jenem des »Dissenses«.

Nur so weit herrscht Einverständnis: Wenn alle Vorsorge für den Erhalt eines Kirchengebäudes nicht ausgereicht hat, wenn allein der Gottesdienst in dem Kirchengebäude leider auch in finanzieller Hinsicht »unbezahlbar« geworden ist, wenn auch eine Intensivierung der Nutzung nichts hat retten können, wenn der Einzug der Gemeinde in die eigene Kirche nicht zu bewerkstelligen war, wenn sich auch sonst kein nichtgemeindlicher kirchlicher Träger hat zu einem solchen Einzug sich bereit finden können, und wenn schließlich auch alle Bemühungen gescheitert sind, einen oder mehrere Mitträger für den Erhalt des Gebäudes zu gewinnen, was ja schon bedeutet hätte, dass man die Kirche teilweise aus der Hand gegeben hat[1], dann –

ja, dann stellt sich die Frage, ob die Kirche nun nicht ganz aus der Hand gegeben werden muss, und vor allem – an wen. Denn es ist klar: Ein solches »aus der Hand geben« impliziert natürlich, dass die Kirche von nun an anders genutzt wird als zuvor, der christliche Gottesdienst wird – jedenfalls in der Regel – nicht mehr das zentrale Geschehen sein, von dem das Kirchengebäude belebt wird und für das es ursprünglich gebaut wurde. In nichtkirchlicher Hand wird die »Aussage« des Kirchengebäudes auf jeden Fall eine andere, und wie weit die Veränderung dieser Aussage gehen darf – das ist nun in der Tat umstritten.

Um in der Ferne zu beginnen: Das Pariser Kunstgewerbe- und Technikmuseum (»Musée des Arts et Metiers«) befindet sich u. a. in der Kirche St. Martin des Champs, einem Bau, bei dem erste »gotische Gedanken« geäußert wurden – mithin einem »Vorgängerbau« von St. Denis – geht das? In den Niederlande wurden Kirchen zu Wohnungen umgebaut, vierzehn Meter hohe Wände zum Kraxeln bietet die vormals katholische St. Josephskirche im Amsterdamer Westen, ähnliches findet man auch in St. Werburgh in Bristol. Die Nieuwe Kerk in Dordrecht wurde 1986 zum Küchenstudio umgebaut, und St. Bernadet in Helmond wurde zum Supermarkt – geht das?

---

[1] s. unter II.5.–II.13.

Wenn eine Kirche einer neuen Nutzung zugeführt wird, geht es de facto um ihren Verkauf. Dabei sollte man sich allerdings keine falschen Vorstellungen davon machen, dass mit dem Verkauf solchen Kunstwerkes sehr viel Geld zu verdienen wäre, denn man verkauft ja nicht das Kunstwerk, sondern ein Gebäude, für das es einen Marktwert so gar nicht gibt. Man wird auch damit rechnen müssen, dass man den Verkauf einer Kirche mit ihrem Abriss bezahlen muss, weil das freie Grundstück, dass dann z. B. mit Wohnungen belegt werden könnte, für Investoren wertvoller ist als das mit einer Kirche belegte Grundstück.[1]

Bezüglich der Nachfrage warnte schon Horst von Bassewitz beim Hamburger Kirchbautag 1999: »Ich frage mich dabei, wer wohl die Kirchen kaufen soll – wenn sie obendrein angeblich auch noch Bauschäden haben. Da macht man sich falsche Vorstellungen vom Wert dieser Kirchenbauten.«[2]

Heute wird man modifizieren müssen, weil erste Erfahrungen gezeigt haben: Es gibt sehr wohl Nachfragen nach Kirchen, man könnte es »romantisierende« Nachfragen nennen: Menschen oder Vereine, die mit durchaus interessanten Wohn- und/oder Kulturideen und dem »besonderen« Ambiente einer Kirche im Kopf diese gerne für ihr Vorhaben erwerben möchten – bis ihnen deutlich wird, welche tatsächlichen Kosten für die Bauunterhaltung und möglicherweise für eine (Teil-)Sanierung sich neben die Kosten für die Umsetzung ihrer eigentlichen Idee türmen: Dann wird die Nachfrage rasch zurückgezogen. Was aber die realistische, die investive und gewinnorientierte Kaufabsicht betrifft, gilt Bassewitz' Votum immer noch.

Obwohl auch im Zusammenhang der nichtkirchlichen Nutzungsmöglichkeiten ein Katalog nicht sinnvoll ist, der auflistet, was »geht« und was »nicht geht«, möchte ich doch zwischen »weichen« und »harten« Nutzungen unterschieden, zunächst einmal jedenfalls:

Den Verkauf der St. Lazarus Kirche in Lübeck an die »Vorwerker Diakonie« melden die Kieler Nachrichten vom 28. 9. 2005.

taz-Berlin meldet am 22. 4. 2004: »Der Verkauf der Tempelhofer Kirche St. Johannes Capistran steht offenbar kurz bevor. Wie die taz aus Kirchenkreisen erfuhr, sollen die zu der Kirche gehörenden Anlagen in ein Altersheim umgewandelt werden. Käufer ist offenbar ein der Kirche nahe stehender Träger. Das Kirchengebäude selbst soll auch künftig als Gotteshaus bestehen bleiben.«

---

[1] s. das Beispiel der Bethlehemkirche unter II. 2.

[2] Horst von Bassewitz, a. a. O., S. 46.

In Hamburg nahm die »Evangelische Schulstiftung e.V.« gemeinsam mit dem Träger, der »Evangelischen Stiftung Alsterdorf« die Pauluskirche in Hamm unter ihre Fittiche, vergleichbare Schulen sollen in der Hauptkirche St. Nicolai und in der Bugenhagengemeinde Groß Flottbek entstehen.[1] In die Kapernaum-Kirche in Horn wurde ein Kindergarten hineingebaut. Die Fassade des Gebäudes blieb erhalten. Auf dem Gelände plant ferner ein privater Investor eine Altenwohnanlage.[2]

Aus Wuppertal stammt dieses Beispiel: »Weder der Kirchenkreis noch die Landeskirche oder die Stadt Wuppertal sahen sich damals in der Lage, die Immanuelskirche zu erhalten. Schließlich nahmen Wuppertaler Bürger und Gemeindemitglieder die Sache selbst in die Hand: Um das Gebäude vor dem drohenden Abriss zu bewahren, wurde ein Konzept für die Umwidmung des Gotteshauses zu einem Kulturzentrum vorgelegt und ein Verein gegründet, der fortan die Trägerschaft übernahm.«[3]

Das Ganze gibt es natürlich auch im Ländlichen: »Die Evangelische Kirche Berlin-Brandenburg hatte für Wulkow kein Geld übrig, aber sie erklärte sich bereit, die Kirche aufzugeben und für einen symbolischen Betrag an die Kommune Wusterhausen zu verkaufen.« Seit Ende 2004 kümmert sich der Verein »Kunst- und Kulturkirche Wulkow« um ein kulturelles Programm.[4]

In diesen »weichen« Fällen ist es jeweils gelungen, als neuen Nutzer entweder eine kirchliche bzw. »kirchennahe« Einrichtung zu gewinnen, von der man erwarten darf, dass sie weiß, was eine Kirche ist, oder man konnte immerhin eine »kulturelle« Nutzung sicherstellen.

Allerdings ist die »Nachfrage« nach Kultur nicht unbegrenzt: »Über die grundlegende Frage, welche Nutzungen wünschenswert sind (…) herrscht in der Regel zwar schnelle Einigkeit. In der Realität ist das Potential der bevorzugten kulturellen und religiösen Nutzer aber beschränkt. In den größeren Städten sind die City-Gemeinden zudem untereinander Konkurrenten auf einem wenig einträglichen Markt.«[5]

---

[1] s. http://www.evshh.de.

[2] Hamburger Abendblatt vom 22.3.2005.

[3] s. http://www.immanuelskirche.de/willkommen.htm.

[4] s. Berlin-Brandenburgische Kirchenzeitung vom 18.9.2005.

[5] s. Marcus Nitschke, Kirchenbau – eine verlorene Aufgabe? In: ORTE Architekturnetzwerk Niederösterreich und Markus Nitschke (Hg.): Raum und Religion. Europäische Positionen im Sakralbau, Salzburg 2005, S. 17 f.

Aber es gibt natürlich auch die »harten Fälle«:

Bereits 1994–1997 wurde die Lutherkirche in Berlin-Spandau umgebaut und mit Sozialwohnungen belegt; ein Umbau, der damals einiges Aufsehen erregte. Und in Mönchengladbach hat die »Kreisbau AG«, ein Tochterunternehmen der Stadt, in die für den symbolischen Preis von 1 DM an die Stadt verkaufte Friedenskirche in Rheydt 18 öffentlich geförderte Mietwohnungen eingebaut; so konnte zudem die denkmalgeschützte Außenfassade der Kirche erhalten bleiben.[1]

Wohnungen in der Kirche gibt es auch in der Kirche Hl. Drei Könige in Köln-Rondorf; hier kam gleich noch ein Swimmingpool und ein veritables Architekturbüro hinzu.

Für 2 Millionen Euro wurde von einem Investor die Bielefelder Martinikirche saniert und zu einem Restaurant umgebaut: »Glück und Seligkeit. Restaurant Bar, Lounge« – dort gibt es jetzt Tandoori Hähnchenbrust auf scharfem Chinakohl mit Jasminreis zu 7,90 Euro.

In der Dorfkirche von Milow im Havelland geht das Geld nicht mehr in den Klingelbeutel, sondern aufs Sparkonto: im Kirchenschiff sorgt sich nun die Sparkasse um das Portemonnaie ihrer Kunden, anders war die Kirche nicht zu retten.[2]

In der ehemaligen Kirche St. Wolfgang im hessischen Wörth findet man ein Schifffahrts- und Schiffbaumuseum, aus der katholischen Kirche St. Maximinian wurde eine Turnhalle.

Die katholische Kirche hat 20 kleinere Kirchen in Schleswig-Holstein, Mecklenburg und Hamburg geschlossen, aus den Gotteshäusern wurden vor allem in Schleswig-Holstein u. a. eine Schlosserwerkstatt, ein Steinmetzbetrieb, Beerdigungsinstitute, ein Architekturbüro und – immerhin – eine Kulturstiftung.

Und einen »Marktführer« im »Umnutzungsgeschäft« gibt es auch schon: »Der Kirchenkreis Alt-Hamburg mit seinen City-Hauptkirchen macht bundesweit Schlagzeilen. Der Grund: Der Hamburger Kirchenverkauf und die professionelle Umwidmung von Gotteshäusern avanciert inzwischen zum Modellprojekt für andere Gemeinden im Bereich der Evangelischen Kirche in Deutschland (EKD).«[3]

Die Beispiele könnten mühelos vermehrt werden. Wenn eine Kirche einen neuen Besitzer und damit zu einer neuen Nutzung findet, verändert sich in der Tat die »Aussage« des Kirchengebäudes –

---

[1] s. http://www.wohnen-in-der-friedenskirche.de/index.html.

[2] s. http://www.chrismon.de/cframe-archiv.html.

[3] »Hamburger Modell wird Exportschlager«, s. DIE WELT vom 29.3.2006.

wie weit »darf« die Veränderung dieser Aussage gehen? Sind nicht die »weichen« Änderungen wirklich alle akzeptabel? Ist jede »harte« Veränderung verwerflich?

Zwar sind die Grenzen zwischen »weich« und »hart« fließend, dennoch macht eine Unterscheidung Sinn:

»Die gemeinwesenhafte Nutzung von Kirchen hat Priorität vor jeder introvertiert-privaten. Dort, wo ein Bürgermeister oder ein Gemeinderat – oder wer auch sonst das Gemeinwesen repräsentiert, z. B. auch ein Förderverein, der sich womöglich aus kirchenfernen Menschen zusammensetzt –, sich für das Bauwerk interessiert, besteht die Chance, die Kirche als Denkmal auch in ihrer Bestimmung als öffentlicher Ort zu erhalten.

Um ein Beispiel zu geben: Ein Architekt, der die finanzielle Potenz hat, eine Kirche mustergültig zu sanieren und hinterher als Wohnung und Atelier für seine privaten und betrieblichen Zwecke zu nutzen, entspricht weniger diesem Leitgedanken, als ein Bürgermeister, der in der unter Engagement und Aufbietung aller Kräfte seines Ortes sanierten Kirche künftig Gemeinderatssitzungen abhält.«[1]

Was geht, was geht nicht? Der Vorteil einer solchen inhaltlichen Unterscheidung zwischen »weichen« und »harten« Abgaben ist: Sie verzichtet auf einen Katalog und liefert ein erstes Kriterium zur Handhabung.

»Das kirchliche Eigentum an den Bauwerken soll, wenn irgend möglich, bestehen bleiben. Wenn die Inangriffnahme einer Sanierung oder gar die mittelfristige Zukunft einer Kirche jedoch an der Eigentumsfrage zu scheitern droht, ist nach der Qualifikation des interessierten, potentiellen Eigentümers zu fragen, inwieweit er eine wie auch immer geartete Öffentlichkeit oder das Gemeinwesen repräsentieren kann oder sich entsprechende Nutzungen des Gebäudes konkret vorstellt.«[2]

Die »gemeinwesenorientierte« statt der »privat-betrieblichen« Nutzung – das beschreibt die mögliche Trennlinie zwischen »weicher« und »harter« Abgabe von Kirchen; hier könnte der Ansatz liegen, zwischen dem, »was geht« und dem, was eigentlich »nicht mehr geht«, zu unterscheiden.

Nur stellt sich die Frage: »Was geht – was geht nicht?« in Wirklichkeit so nicht immer. Denn die Frage suggeriert, es gäbe für die betroffenen Gemeinden an dieser Stelle noch eine Entscheidungs-

---

[1] s. Hoffmann-Tauschwitz, a. a. O.
[2] ebd.

freiheit. Das trifft aber häufig gar nicht mehr zu. Denn wenn es erst so weit ist, dass alle anderen Möglichkeiten, die Kirche zu retten, erschöpft sind, und die finanzielle Not der »Betreiber« sehr groß ist, wird es in aller Regel nach dem Geldbeutel gehen.

Und das veranschaulicht noch einmal, wie wichtig Handlungsspielräume, gerade auch in Form eines »Notfonds« sind, um weiterhin »weiche« Lösungen zu ermöglichen und »harte« Lösungen zu vermeiden. Nur mit derartigen Steuerungsmechanismen der Solidargemeinschaft ist eine »massenhafte« Flucht in »harte Lösungen«, für die etwa die Niederlande »berühmt« geworden sind, in Deutschland auf Dauer zu verhindern.

Das bereits geschilderte Beispiel der Hamburger Bethlehemkirche dürfte keine regionale Spezialität, sondern für diese bedrohliche Tendenz typisch sein: Der zunächst geplante Investorenwettbewerb hätte zu einer »weichen« Lösung geführt, weil die neuen Besitzer »eine wie auch immer geartete Öffentlichkeit oder das Gemeinwesen« repräsentiert hätten. Der Kirchenvorstand musste aus wirtschaftlichen Gründen – also aus der Not heraus – einen Rückzieher machen: Damit ist der Weg frei für eine »harte« Lösung.[1]

»Harte« Lösungen vermeiden – das sieht man nicht nur innerhalb der Kirche so. Auf die Frage, was er mit einer »übrigen Kirche« anfangen würde, antwortete der Hamburger Architekt Meinhard von Gerkan: »Es zeigt sich, dass sich Kulturvermittlung und Raumwahrnehmung sehr gut vertragen. Ich denke, die Nutzung für die Präsentation und die Vermittlung von Kultur ist möglicherweise das einzige, was man einer Kirche zumuten kann.«[2]

---

[1] s. unter II. 2.
[2] s. Die Ästhetik des Einfachen. Gespräch mit dem Architekten Meinhard von Gerkan, in: Zeitzeichen 11. 2004, S. 41 ff.

II. Aktuelle Fragen

II. 15. Kann man Kirchen »stilllegen«?

Offene Fragen 6.
Von der Entwicklung überrollt.
Der 3. Hauptsatz des »Maulbronner Mandats«.
Ruinen.
Wovon sprechen Ruinen?
Stilllegen statt Verfallenlassen.

Das »Maulbronner Mandat« schweigt zu beidem: zu »weichen«, und erst recht zu »harten« Lösungen bei der Abgabe von »übrigen« Kirchen. Vielleicht drückt sich in diesem Schweigen auf der einen Seite die Hoffnung aus, dass es – jedenfalls bei rechtzeitiger Wahrnehmung des Problems und bei vorausschauender Handlungsweise – nicht unbedingt zu solchen Abgaben kommen müsste, höchstens zu »weichen«, nicht jedoch zu »harten« Abgaben von Kirchen.

Aber die Verfasser des »Mandats« sind auf der anderen Seite nicht weltfremd; sie wissen, dass es hier und da tatsächlich schon »zu spät« ist, um noch rechtzeitig Vorsorge zu treffen.

Tatsächlich scheinen manche westlichen Landeskirchen von der Entwicklung förmlich »überrollt«. Angesichts dessen mutet es nahezu unglaublich an, dass derzeit in den östlichen Bundesländern zwar jede Menge Pfarrhäuser zum Verkauf stehen, wogegen nun wirklich nichts zu sagen ist, aber nur zwei Kirchengebäude, nämlich die ehemalige Gutskirche in Schönfeld, Sachsen-Anhalt und die Hospitalkirche in Annaberg, Sachsen.[1]

Nun sind die Verhältnisse im Osten mit denen im Westen nicht unmittelbar zu vergleichen, da es in der DDR auch nicht entfernt zu einer solchen »Massierung« des Kirchenneubaus gekommen ist wie in den westlichen Bundesländern der 50er- bis 70er-Jahre.[2] Sollte man daraus schließen müssen, dass die Fragen der Abgabe von Kirchen in der hier bisher verhandelten Form vor allem »westliche« Fragen sind und tatsächlich vorwiegend die dort gebauten »Nachkriegskirchen« betreffen? Denn nahezu alle »spektakulären« Kirchenverkäufe und -abrisse, die durch die Presse gingen, behandeln tatsächlich »westliche« Objekte der besagten Zeit.

Aber die Vermutung, eine größere Anzahl von Kirchen im Westen wäre für die dortigen Probleme »verantwortlich«, kann alleine nicht befriedigen. Denn es sind ja die Mitgliederzahlen östlicher Landeskirchen auf Grund der DDR-Vergangenheit deutlich geringer als sie es vergleichsweise im Westen sind. Welche Ergebnisse brächte etwa dieser grobe Schlüssel: Anzahl der Kirchen einer Landeskirche – ins Verhältnis gesetzt zur Anzahl der Kirchensteuerzahler?[3]

---

[1] s. www.kirchengrundstuecke.de.

[2] zum Kirchenbau in der DDR s. »Spuren hinterlassen ...«, S. 71 ff, 250 ff, 287 ff.

[3] die Landeskirche Sachsens hat 900.000 Mitglieder in 917 Kirchengemeinden; die wenigstens flächenmäßig vergleichbare Kirche in Hessen und Nassau das doppelte, also 1.800.000 Mitglieder, aber in nur 1.180 Gemeinden. Die kleine Landeskirche Anhalts hat 55.000 Gemeindeglieder, dagegen gehören zur noch viel kleineren Lippischen Landeskirche schon fast 70.000 Gemeindeglieder.

Bereits in den 70er-Jahren begann aber geplant und gezielt in der ehemaligen DDR der »Rückzug« in die eigenen Kirchen und somit die Aufgabe eher der »unkenntlichen« Gebäude an Stelle der Aufgabe des »Logos« Kirche[1] – natürlich gleichfalls (wie heute im Westen) vor allem aus finanziellen Gründen, aus welchen denn sonst. Sollte das eine solche »vorausschauende Handlungsweise« gewesen sein, deren Konsequenz es ist, dass die Anzahl »harter« Kirchenaufgaben dort noch heute in Grenzen gehalten werden kann? Jedenfalls lohnte sich durchaus eine separate Darstellung der »Kirchbaugeschichte der DDR« mit ihren – negativen wie positiven –Konsequenzen für die heutigen östlichen Landeskirchen.

Zur Frage der Abgabe von Kirchen also schweigt das »Maulbronner Mandat«, einerseits, wie gesagt, aus Hoffnung, andererseits allerdings aus einer Überlegung heraus, die relativ neu ist und die darum ihre »Konsensfähigkeit« erst noch wird unter Beweis stellen müssen:

»Wenn im Einzelfall ein Kirchengebäude nicht zu halten ist, muss die Möglichkeit einer »Stilllegung« auf eine bessere Zukunft hin sorgfältig erwogen werden. Bei einer »Stilllegung« werden nur zum Erhalt unbedingt erforderliche Unterhaltungsmaßnahmen getroffen. Zugleich können aber gelegentliche, z. B. zu besonderen Festtagen dort gehaltene Gottesdienste die fortdauernde Präsenz der Kirche und ihre Hoffnung zum Ausdruck bringen. Auch »stillgelegte« Kirchen legen Zeugnis davon ab, dass die Geschichte Gottes mit der Welt auf eine gute Zukunft aus ist.«

Vor allem, bevor eine Kirche »hart« abgegeben wird, sollte geprüft werden, ob sie statt dessen auch »stillgelegt« werden könnte. Klar muss sein, was damit nicht gemeint ist: »Stilllegen« heißt nicht: verfallen lassen, weder »kontrolliert«, und schon gar nicht »unkontrolliert«.

Ob eine »übrige« Kirche nicht auch als Ruine noch einen Sinn macht, ist derzeit umstritten:

»Und wenn Nutzungsphantasie und Verhandlungsgeschick auf Dauer nicht fruchten, wäre dann nicht zu handeln, wie frühere Jahrhunderte gehandelt haben? Nämlich ein Bauwerk stillzulegen statt es abzuräumen. Es zu schließen und zu sichern. Gelegentlich Wallfahrten zu den aus dem Gebrauch gefallenen Sakralstätten zu organisieren. Notfalls die Natur ihr Werk verrichten zu lassen. Den Verfall planend zu begleiten. Ruinen binden Erinnerung auf lange Zeit. Erinnerung angesichts eines lädierten Bestandes ist allemal besser

---

[1] »Spuren hinterlassen ...«, S. 287.

als der bald vergessene Totalverlust.«[1] *Und: »Vielleicht ist genau dies der Beitrag der Kirchen zur kulturellen Situation der Gegenwart, dass sie Orte der Vergänglichkeit im Getriebe der Metropolen wie der Städte etablieren könnten.«*[2]

Auch Wolfgang Huber schließt ganz am Ende Kirchen als Ruinen nicht aus: *»Es mag Kirchen geben, die wir loslassen und aus der kirchlichen Nutzung entlassen müssen, obwohl sie zum historischen Schatz unserer Kirche gehören und in ihrer Lesbarkeit eindeutig als Kirche entzifferbar sind. Sie bleiben Zeichen in der Zeit, Symbole des kulturellen Erbes. Auch wenn sie auf Zeit verstummen, bleiben sie ein Beitrag zur Sinnvermittlung im 21. Jahrhundert. Denn auch eine still gewordene Kirche mahnt. Auch ein ungenutzter Kirchenraum weckt Fragen. Selbst ein Gebäude, das als Ruine gesichert, aber doch erhalten bleibt, trägt zur Orientierung bei.«*[3]

Wolfgang Huber ist nicht der einzige, der so denkt, und von der »positiven Ruine« ist es nicht weit zu einer »Ethik des Aufgebens«, innerhalb derer es heißt: »Resignation kann durchaus eine christliche Tugend sein: die Fähigkeit eigene Schwächen nüchtern einzusehen«[4], wobei freilich der Doppelpunkt irritiert: die Selbsteinsicht in eigene Schwächen ist etwas durchaus anderes als Resignation.

Aber: Seine Kirchen »loslassen« – um sie verfallen zu lassen, ist so ohne weiteres nicht möglich. In Deutschland gehört immer alles irgendwem, und der Besitzer trägt für seinen Besitz die Verantwortung. Wenn schon »ruinieren«, dann ginge das tatsächlich nur »kontrolliert«, das heißt, die Ruine darf nicht zum Gefahrenquell für andere werden.[5]

Das aber wiederum bedeutet nichts anderes, als dass auch eine Ruine »unterhalten« werden muss; selbst ein verfallendes Gebäude kostet ihren Besitzer tatsächlich: »Bauunterhalt«. Und wenn man Fachleuten glauben darf, ist der Unterhalt für eine Ruine keineswegs billiger als für das intakte Gebäude, eher im Gegenteil. Aber

---

[1] Wolfgang Pehnt: Kirchensterben. Deutschland schleift seine Gotteshäuser, in: Frankfurter Allgemeine Zeitung, 30.08.2005, Nr. 201, Seite 35.

[2] Andreas Mertin: Denkmal? Ein Beitrag zu einer ruinösen Diskussion, s. http://www.theomag.de/37/am162.htm.

[3] Wolfgang Huber, a. a. O., S. 43 f.

[4] Johann Hinrich Claussen: Für eine Ethik des Aufgebens, in: Frankfurter Allgemeine Zeitung vom 21.12.2005.

[5] »den Verfall planend begleiten« (Pehnt), »als Ruine gesichert« (Huber) – beide meinen natürlich den »kontrollierten« Verfall, wie auch Mertin, der als ultima ratio die Gebäude »ostentativ zu Ruinen gestaltet« wissen will.

wenn schon Bauunterhalt, dann doch lieber für das intakte Gebäude – aber damit wäre man bereits bei der »Stilllegung«.

Die Sichtung und Katalogisierung der römischen Ruinen gehört zu dem Werk Piranesis im 18. Jahrhundert, der dieses unternahm, weil er sah, »dass die Überreste der antiken Bauten Roms von Tag zu Tag mehr zusammenschrumpften.«[1] Im 19. Jahrhundert fand die Romantik Geschmack an der (mittelalterlichen) Ruine, so sehr, dass man sie bisweilen auch künstlich herstellte, weil man sie als Zeugen einer »idealen Zeit« empfand – gegenüber einer als bedrohlich empfundenen fortschreitenden industriellen Revolution. Ruinen des 20. Jahrhunderts wurden meist als Mahnmale gegen den Krieg erhalten.

Auch Ruinen sprechen also, zu dem einen als vergehende Zeugen einer vollendeten Architektur, zu dem anderen als Erinnerung an eine »goldene Zeit«, zu dem dritten als Mahnung zum Frieden.

Das hat wohl die VELKD dazu gebracht, auch die gestaltete Ruine nicht als Lösung für »übrige Kirchen« in Erwägung zu ziehen, weil sie den »Symbolwert« der verfallenden Kirchen fürchtet, weil als bedrohlich empfunden wird, wovon solche Ruinen eigentlich »sprechen«, auch wenn sie – mit wessen Geld auch immer – »gestaltet« wurden: »Kirchengebäude sind gerade für eine kirchenentfremdete Öffentlichkeit ein Spiegel für das kirchliche Leben. Verfallene Kirchen werden deshalb nicht nur als sichtbares Zeichen finanzieller Not der Kirche sondern auch und oft vor allem als gestaltgewordene Manifestation des inneren Verfalls der Kirche (fehl)gedeutet. Es gibt einen Unterschied zwischen dem Respekt gegenüber gestalteten Ruinen (Denkmälern) und einem sich selbst überlassenen Verfall. Wenn keine sinnvollen Nutzungsformen (…) möglich sind, ist ein Abriss besser als ein langsamer und stetiger Verfall.«[2]

Es ist in der Tat eine berechtigte Frage: Was hören denn die Menschen aus einer solche Ruine heraus sagen? »Ruinen sind bedeutungsvolle Zeichen des ganz Anderen in der Stadt – sie sind zudem Verweigerung einer städtebaulichen Konkurrenz, in der alles mit Ähnlichkeit geschlagen ist.«[3] – wird man verfallende Nachkriegskirchen wirklich positiv-religiös als »Zeichen des ganz Anderen« ansehen? Werden solche Ruinen tatsächlich – wie die Mahnmale gegen den Krieg – noch eine »positive Mission« haben? Werden sie nicht viel eher Zeugen jener »Ethik des Aufgebens« sein[4]

---

[1] Corinna Höper (Hg.): Giovanni Battista Piranesi, Stuttgart 1999, S. 167.

[2] VELKD, a. a. O.

[3] Andreas Mertin, a. a. O.

[4] Johann Hinrich Claussen, a. a. O.

und genau davon auch sprechen: vom Aufgeben eben, vom Scheitern, vom nicht mehr Erhalten können, vom Niedergang, vom Verlust, vom Desaster? Dann aber wollte man solcher Ruine doch den Abriss samt Grundstücksverkaufs vorziehen. Eine Kirche, die ihre Kirchen verfallen lässt, statt sie abzureißen, stellt sich selbst unübersehbar und permanent ein schlechtes Zeugnis aus, mehr nicht.

Oder sollte etwa »das Ruinöse« doch als Mahnmal gemeint sein, überspitzt gesagt: »Schaut her, liebe Gesellschaft, so zerfällt alles, wenn man seinen Gott verlässt, wenn man kaltherzig nur dem Mammon folgt, wenn man die Werte einer Gesellschaft nicht pflegt und einfach mir nichts, dir nichts aus seiner Kirche austritt …« Dann wollte man freilich erst recht den Abriss samt Grundstücksverkaufs vorziehen …

Das Stilllegen von Kirchen dagegen ist die positive Antithese des »Maulbronner Mandats« gegen das »Ruinöse« oder gegen die »Ethik des Aufgebens«, das Stilllegen »auf eine bessere Zukunft«, weil »die Geschichte Gottes mit der Welt auf eine gute Zukunft aus ist« – da lebt die Hoffnung noch, da wird die Kirche immerhin in ihrem bloßen Bestand erhalten, hin und wieder findet gar ein Gottesdienst darin statt, und so wartet und hofft man gemeinsam mit seinem Gebäude auf »gute Zukunft«, denn in der Tat: Wer könnte mit Recht und Sicherheit sagen, der gegenwärtige »kirchliche Niedergang« wäre so unausweichlich wie unaufhaltsam? Die Kirche, die so gerne von Gott redet, wird diesem doch auch etwas zutrauen, auch das Überraschende, das Wendende, das Neuschaffende?

Allerdings muss sich auch die Idee der »Stilllegung« gefallen lassen, mit Misstrauen beäugt zu werden. Denn einer finanziell schwer darbenden Gemeinde wird damit kaum geholfen sein. Gegenüber dem »normalen« Betrieb spart sie im Wesentlichen nur die Heiz- und Reinigungskosten; wenn das Dach marode ist, muss es ja doch gedeckt werden, und die Kosten dafür zahlt nun einmal der Besitzer. Und hier wiederholt sich, worauf schon öfter hingewiesen wurde: Wenn die Handlungsspielräume der einzelnen Gemeinde so eng werden, dass keine Solidargemeinschaft, kein Notfonds oder auch sonst keine Mittel mehr Alternativen freihalten, wird es zu einer Stilllegung gar nicht erst kommen – sondern gleich zur Abgabe, »weich« oder »hart«.

Wo aber solche Alternativen noch vorhanden sind, sollte eine »Stilllegung« sehr ernsthaft erwogen werden, wenn sie als Entlastung zunächst einmal Sinn macht. Denn vorübergehend stillgelegte Kirchen sprechen immerhin von Hoffnung; Ruinen aber reden vom Scheitern.

II. Aktuelle Fragen

II. 16. Kann man Kirchen abreißen?

Offene Fragen 7.
Kirchensterben?
Was im »Maulbronner Mandat« nicht steht.
»Lesbarkeit« und Kirchenabriss.
Abriss oder »harte« Abgabe?
Mut zur Zukunft.
Kirche oder Moschee?

Keine Frage, man kann Kirchen, wenn alles nichts hilft, auch abreißen; so ist es ja auch schon wiederholt geschehen.

Gewissermaßen in einer »Nacht- und Nebel-Aktion« wurde die katholischen St. Rafael-Kirche in Berlin abgerissen – dabei handelt es sich immerhin um eine Kirche, gebaut von Rudolf Schwarz.[1]

Am 15.12.05 begann der Abriss der Heilandskirche, der erste Kirchenabriss in Frankfurt.[2]

Und: »Schon liegt die Abrißgenehmigung für St. Johannes Capristan in Tempelhof vor, einen Bau von Reinhard Hofbauer, den bisher die polnische Gemeinde nutzte. Für September ist in St. Agnes in Kreuzberg ein ›Entwidmungsgottesdienst‹ anberaumt, mit dem sich die katholische Kirche von ihren Kultstätten verabschiedet. Im Werk des Architekten Werner Düttmann stellt – oder muß man schon sagen: stellte? – St. Agnes einen Höhepunkt dar.« – so Wolfgang Pehnt.[3] *Die Liste könnte bereits jetzt mühelos fortgesetzt werden, die kommenden Jahre werden aber dafür sorgen, dass sie noch erheblich länger wird, so muss man befürchten.*

Man wird es beklagen, wenn Kunstwerke verschwinden; es wird stets auch ein Versagen dahinter stehen – aber wenn nun einmal alle beschriebenen »Rettungs-Schritte« zu nichts geführt haben, wird es zu dem mit einem Verkauf verbundenen Abriss kaum eine Alternative geben. Eine andere und sehr umstrittene Frage ist es aber, ob es nicht unter gewissen Umständen Sinn macht, eine Kirche bewusst, gewollt und gezielt abzureißen.

In einer »Zwischenfassung« enthielt das »Maulbronner Mandat« folgende Passage: »Kirchengebäude allerdings, deren innere, geistliche Ausstrahlung heute sehr schwach geworden und deren kirchengemeindliche Gesamtsituation durch städtebauliche Veränderungen gegenüber der Entstehungszeit gravierend verändert worden sind, können auch entwidmet werden. Sollten sich keine anderen christlichen Gemeinden finden, die diesen Kirchraum mit geistlichem Leben zu erfüllen vermögen, sollte um der Lesbarkeit der Kirchen willen ein Abriss einer beliebigen Nachnutzung vorgezogen werden.«

Abgesehen davon, dass manche Teilsätze missverständlich oder wenigstens ungenau sind, wurde diese Passage von den Teilnehmern des 25. Ev. Kirchbautages »von der Tagesordnung gefegt«, es er-

---

[1] Meldung von »kreuz.net« (Kath. Nachrichten) am 9.7.2005.

[2] hr-online vom 15.12.05.

[3] s. Wolfgang Pehnt, a.a.O. Pehnt ist es auch, der darauf hinweist, dass diese Abrisse eine ganz bestimmte »ungeliebte« Architektur betreffen: die der Nachkriegszeit eben, dazu s. unter I.2, I.5. und I.7.

schien unvorstellbar, so zahlreiche Äußerungen, dass der Ev. Kirchbautag dem Abriss von Kirchen das Wort redet, in welcher Form und in welchem Zusammenhang auch immer; die inkriminierten Sätze sind also im beschlossenen »Maulbronner Mandat« nicht mehr enthalten.

Kirchen sollen »lesbar« sein, so das Argument, das keineswegs von der Hand zu weisen ist. Was ist eine Kirche? »Ein hoher Raum mit einem Turm dabei«, so lautet die Antwort[1], und jeder verbindet damit, jeder also »liest« dieses Ensemble als »heiligen Ort«, als kirchliches Gebäude, in dem sich die Gemeinde versammelt, in dem Gottesdienst gefeiert wird, Konzerte erklingen, in dem Ruhe, Besinnung und Umkehr möglich sind.

Wenn aber eine Kirche zum Supermarkt geworden ist, liest man da etwas anderes, wie gesagt: Kirchen sprechen, immerzu und ganz gleich, in welches Gewand man sie kleidet, nur eben nicht immer das gleiche. Und wenn das, was sie sprechen, etwas völlig anderes ist als das, was ihnen als Kirchen einst zu sagen aufgetragen war, ja, wenn dies gar zu einer »Gegenbotschaft« wird, stellt sich tatsächlich die Frage, ob hier der Abriss zwar immer noch schmerzlich, am Ende aber doch eher geboten ist als der Erhalt des Gebäudes.

Der Ratsvorsitzende der EKD, Bischof Wolfgang Huber, beschrieb beim Stuttgarter Kirchbautag diese Position so: »Dennoch gehören zwei Grundsätze zusammen. Der eine sagt: Wegen ihres besonderen Charakters sollen Kirchengebäude nur im Ausnahmefall aufgegeben werden. Der andere aber sagt: Damit sie ihren besonderen Charakter behalten, müssen Kirchen auch widmungsgemäß genutzt werden und als Orte des Gottesdienstes und des Gebets lebendig sein. Von diesem Ausgangspunkt aus ist der Gedanke der »Lesbarkeit« der Kirchenräume von entscheidender Bedeutung. (...)

Daran kann man lernen: Was wie Kirche aussieht, muss auch wie Kirche sein.« Damit begründet Huber die »4. Regel« der EKD: »Abbruch der Kirchen geht vor imageschädigender Fremdnutzung.«[2]

Im Grunde lautet die Frage: Was ist besser: Abriss – oder doch lieber eine »harte« Abgabe von Kirchen? Mit anderen Worten: Müssen Kirchen um jeden Preis erhalten bleiben – auch um den Preis ihrer eigenen Unkenntlichkeit und des damit verbundenen Schadens für die Gemeinden und Kirchen?

Hier ist man innerhalb der Kirchen, so weit erkennbar ist, weit von einem Konsens entfernt. Einen solchen zu finden, wird zudem

---

[1] *s. unter I. 2.*
[2] *Wolfgang Huber, a. a. O., S. 40 ff. Zu den »Regeln« der EKD s. unter II. 4.*

nicht einfach sein, denn in jedem Menschen befinden sich immer: beide Positionen zugleich. Und doch wird man beachten müssen: Beide Positionen sind an einem entscheidenden Punkt »inkompatibel«: Auch bei der »harten« Abgabe bleibt »ein Stück« der Kirche sichtbar erhalten. Der Abriss dagegen ist endgültig und irreversibel.

Bekannt geworden ist das Schicksal der lutherischen St. Petri-Kirche in St. Petersburg. Die 1838 eingeweihte Kirche war nach der Oktoberrevolution 1917 verstaatlicht und 1937 geschlossen worden. In den 40er- und 50er-Jahren diente sie als Lager, später wurde sie zu einem Schwimmbad umgebaut. Seit 1993 haben die Lutheraner wieder das Nutzungsrecht, und heute ist die St. Petri Kirche – wieder eine Kirche. Selbstverständlich ließe sich auch dieses Beispiel zu einer »Liste« von Kirchen ausbauen, deren nicht gerade »artgerechte« Nutzung zum Teil über Jahrzehnte hinweg ihren Erhalt sichergestellt hat – bis sie am Ende wieder zur Kirche wurden.

Allerdings muss man im Einzelfall genau hinschauen, welches Ereignis jeweils zur »Kirchenabgabe« führte. Die heutigen »harten« Abgaben verdanken sich ja nicht einer kirchenfeindlichen Oktoberrevolution, sondern einer »Erosion der Volkskirche«, das ist nicht dasselbe.

Die Frage ist natürlich, ob es wahrscheinlich ist, dass eine Kirche, die gestern zum Wohnblock mit Swimmingpool verfremdet wurde, je wieder als Kirche wird dienen können. Nur muss man eben sehen, dass dies eine offene Frage ist, im Mantel christlicher Hoffnung sowieso, aber auch die beste »Ethik des Aufgebens« weiß nicht einmal das Wetter von morgen, geschweige denn die Großwetterlage von übermorgen. Beim Abriss dagegen bleibt nichts mehr offen, auch keine Frage mehr.

Schon oberflächliches Suchen fördert dieses zu Tage:

»Sicherheit gibt es bei einem Aufbruch über das, was man zurückläßt. Was kommt und wie es wird, ist offen. Ich weiß, was war, aber ich weiß nicht, was die Zukunft bringt. Es gibt sicher Erwartungen und Hoffnungen für das Kommende – sei es das gelobte Land oder das Jahr 2000, aber die Zukunft ist offen.[1]

Oder dieses: »Wir wissen, dass wir über die Vollendung von Gottes Herrschaft nicht verfügen. Sie liegt allein in Gottes Hand. Es hatte immer verheerende Folgen, wenn Menschen sich anmaßten, in Gottes Plan mit dem Lauf der Zeiten hineinregieren zu wollen. Die Zukunftshoffnung ist uns geblieben; die Naherwartung haben

---

[1] Pastorin Anne Töpfer, Predigt zum 31.12.1999 über 2. Mose 13, 20–22, http://www.predigten.uni-goettingen.de/archiv-2/991231-1.html.

wir hinter uns gelassen. (...) Luther hat doch recht: Es ist nicht verkehrt, Gott als Kapitän und Patron im Schiff zu haben.«[1]

»Die Zukunft ist offen«, so die Pastorin, »es ist nicht verkehrt, Gott als Kapitän und Patron im Schiff zu haben«, so der Bischof – und hundert andere Predigten in demselben Duktus könnten leicht herbeigeschafft werden. Wenn die Kirche nach ihren eigenen Predigten handelte, dürfte sie eigentlich nichts tun, was Zukunft verschließt. Wenn sie ihren vorwärtsgewandten und zukunftstrauenden Glauben lebte, brauchte sie die Kirchengebäude, die vorübergehend »anders« genutzt werden, nicht als Belastung zu empfinden.

Zwar »reden« diese Kirchen solange nicht, was sie sollen, reden zudem auch von den Fehlern und Versäumnissen, die Kirche und Gemeinden gemeinsam zu verantworten haben, dass es zu dieser Abgabe hat kommen müssen – aber noch einmal: Selbsteinsicht in eigene Schwächen ist etwas durchaus anderes als Resignation. Kirchen sind immer »lesbar«. Zwar steht in abgegebenen Kirchen nicht mehr, was einst in sie geschrieben wurde. Aber sie bleiben immer noch erkennbar: Kirchen. Und wer weiß, was wird. Abgerissene Kirchen dagegen haben mit der Geschichte abgeschlossen.

Die Frage nach der »Lesbarkeit« einer Kirche stellt sich natürlich auch, wenn eine Kirche an eine Gemeinschaft mit anderer Religionszugehörigkeit als der christlichen abgegeben werden soll – und hier liegen muslimische Gemeinschaften ja nahe.

»*Den Vorschlag von Michael Vesper, Bauminister im deutschen Bundesland Nordrhein-Westfalen, Muslimen leer stehende christliche Kirchen zu überlassen, hat die katholische Kirche scharf kritisiert. Auch die CDU-Landtagsfraktion wies die Anregung als ›unverantwortlich‹ zurück. Die Entscheidung über die Gotteshäuser sei ureigene Sache der Kirchen, erklärte der Leiter des Katholischen Büros Nordrhein-Westalen, Karl-Heinz Vogt, in Düsseldorf. Der Minister solle sich nicht einmischen, nur weil das Land ›ein paar Euro‹ für die Denkmalpflege der Gebäude zuschießt. Vesper hatte am Sonntagabend in der WDR-Fernsehsendung Westpol gesagt, weil viele Gotteshäuser leer geworden seien, stünden die Kirchen ›in der Verantwortung, dort andere hineinzulassen‹. Wichtig sei eine ›würdige Nutzung‹, die der islamische Glaube aber sicher gewährleiste.«*[2]

In der Tat ist in der katholischen Kirche die Abgabe von Kirchen an Gemeinschaften anderer Religionen »*mit Rücksicht auf die reli-*

---

[1] *Wolfgang Huber, Predigt zum 1.9.2002 über 1. Thess. 5, 14–23, St. Marien-Kirche, Berlin.*

[2] *s. http://www.livenet.de/index.php/D/print/196/9239/.*

giösen Gefühle der katholischen Gläubigen« nicht statthaft.[1] *Gleichfalls lehnt die Ev. Landeskirche in Westfalen einen Verkauf von vor der Schließung stehenden Gotteshäusern an muslimische Gemeinden ab. »›Dies ist die Meinung unser Kirche‹, bestätigte eine Sprecherin am Dienstag einen entsprechenden Bericht der Berliner ›tageszeitung‹. (...) Es gebe jedoch keinen formalen Beschluss von Kirchengremien über eine Empfehlung an die Gemeinden, die wenigen aus finanziellen oder demografischen Gründen aufzugebenden Gotteshäuser nur an christliche oder an jüdische Gemeinden zu verkaufen. Auch habe eine Veräußerung an eine muslimische Gemeinde bislang in der Praxis nicht zur Diskussion gestanden.«*[2]

Die Richtung der bisherigen Überlegungen lassen fragen, ob diese Haltung auf Dauer aufrecht erhalten werden sollte.

Nun gibt es widersprüchliche Angaben darüber, ob seitens muslimischer Gemeinden überhaupt ein Interesse daran besteht, »übrige« Kirchen mit Kosten und Lasten zu tragen. Sollte dieses Interesse vorhanden sein, ist jenes andere ganz bestimmt nicht vorhanden: Als muslimische Gemeinschaft mit einer christlichen verwechselt zu werden. Das heißt, eine solche Kirche würde sicherlich so umgestaltet, dass eine Verwechslung nicht länger möglich ist. Immerhin: Der Bau bliebe ein »heiliger Raum«, nun eben für Menschen anderen Glaubens. Wenn man es ertragen kann, dass Kirchen als Turnhallen oder als Übgelände für Alpinisten und Freeclimber überdauern, wird man sich die freche Journalistenfrage gefallen lassen müssen, ob man meine, muslimische Gemeinschaften wären weniger wert als diese – zumal sie da ja nicht klettern, sondern – beten.

Sicher erschwert die »Fundamentalismus-Debatte« ein ruhiges Bedenken dieser Frage, nur gibt es Fundamentalisten nicht nur auf muslimischer Seite. Ebenso sicher erschweren subkutane »Überfremdungsängste« und »umgekehrte Kreuzzugssyndrome« auf deutscher Seite die Debatte. Wäre dieses alles nicht, wäre es gewiss leichter, auch in der Abgabe von Sakralgebäuden an Menschen anderer als der christlichen Religion ein gesund-christliches »Seid fröhlich in Hoffnung, geduldig in Trübsal, haltet an am Gebet« (Rm. 12, 12) gelassen zu leben.

---

[1] *so die Arbeitshilfe der Deutschen Bischofskonferenz »Umnutzung von Kirchen« aus dem Jahr 2003 unter ihrem Punkt 5.2, S. 20.*
[2] *s. AFP, 15.5.2003, http://www.politikforen.de/showthread.php?t=805.*

III. Abschluss

III. 1. Werden auch neue Kirche gebaut?

Wider die Endzeitstimmung.
Die »Ausleitung« des »Maulbronner Mandats«.
Neue Lebensformen.
Präsenz an den »Schnittstellen«.
Streit um die Qualität.
Noch lange nicht das Ende.

Lieber »harte« Abgaben von »übrigen« Kirchen als Abriss, so die Tendenz der letzten Abschnitte. Der Hintergrund ist nicht architekturverliebte Träumerei, die ist mir fremd. Der Hintergrund ist tatsächlich die Überzeugung, dass alle Zeiten »Zwischen-Zeiten« sind, es also die »Endzeit« nicht gibt. Und somit ist auch die unsere keine »Endzeit«.

Es wäre nämlich ein leichtes, aus den Kirchensteuereinbrüchen, den volkskirchlichen Erosionen, den finanzquälenden Umschichtungen der Bevölkerungsstruktur, aus der amtskirchlichen Unbeweglichkeit, aus der oft rührenden Hilflosigkeiten der Kirchensprache und aus den Zeitansagen vieler alerter Journalisten ein Szenario zu entwickeln, das den endgültigen Niedergang der Kirche und somit den Totalausverkauf ihrer Kirchengebäude beschreibt. Da bleiben dann bestenfalls »Inseln gelungener Kirchlichkeit« übrig, hier und da übers Land verstreut, von wenigen goutiert, von vielen übersehen. »Endzeitstimmung« hat immer Konjunktur, ist aber doch nur ein Effekt, also »Wirkung ohne zureichenden Grund«.

Heute ist so wenig »Endzeit« wie immer. Die Dinge hören nicht auf, wandeln sich nur. Auch die Kirche wird nicht enden, wird nur eine andere Gestalt annehmen, niemand weiß heute, welche. Solange das Reden von Gott Sinn macht, kann die Geschichte nicht geschlossen werden. Niemand von uns wird derjenige sein, der das Licht ausmacht, wir sind nicht wichtiger als unsere Väter.

Es macht darum partout keinen Sinn, Überlegungen zum »Umgang mit Kirchen« damit zu beschließen, dass man fragt, was denn nun weniger schlimm ist: »harte« Abgabe oder Abriss, Szene-Restaurant oder tabula rasa. Sehr wohl macht es dagegen Sinn, nach vorne zu schauen, Anzeichen des Wandels zu suchen, dessen Endgestalt wir heute noch nicht einmal ahnen.

Mit anderen Worten: Nein, es gibt nicht nur Abgabe und Verkauf, nicht nur Abbau und Umbau, es gibt auch – Neubau! Wer Neues baut, hält die Geschichte offen, rechnet mit Zukunft, setzt darauf, dass die Geschichte Gottes mit der Welt noch lange nicht am Ende ist. Es gibt also nicht nur »Rückbau«, sondern auch »Neubau« – und es muss ihn auch geben in einer Kirche, die noch etwas erwartet, statt die Flinte ins Korn zu werfen.

Mit noch anderen Worten: die folgenden kurzen Absätze sind nicht etwa ein letztlich entbehrlicher Wurmfortsatz, hier aufgeführt nur der Vollständigkeit halber. Sondern sie sind im Grunde »das

---

[1] zu »Inseln gelungener Kirchlichkeit« und zur »Leuchtturmlösung« s. Thies Gundlach, http://www.ekd.de/vortraege/050216_gundlach.html.

Eigentliche«. Es mag dies zwar nicht gerade die »hohe Zeit« des »Neubaus auf Zukunft« sein, sicher. Das heißt aber weder, dass es Neubau nicht gibt, noch auch, dass er entbehrlich wäre!

»Über den gegenwärtigen finanziellen Schwierigkeiten darf nicht vergessen werden, dass es eine beständige Aufgabe bleibt, auch in unserer Generation Kirchenräume neu zu bauen, die den Bedürfnissen unserer Zeit entsprechen. Dabei ist auf eine herausragende architektonische und künstlerische Qualität besonderer Wert zu legen.« – so heißt es im letzten Abschnitt des »Maulbronner Mandats«. Allerdings ist dieser letzte Abschnitt erst auf Wunsch und Initiative der Kongressteilnehmer in Stuttgart in den Text aufgenommen worden.

Daran war die Verve des Vortrags des Ratsvorsitzenden der EKD, Wolfgang Huber, maßgeblich beteiligt: »Doch eines bleibt hinzuzufügen: Die evangelische Kirche in Deutschland wird sich auch in Zukunft nicht in der Arbeit des Bewahrens und Erhaltens erschöpfen. Sie wird auch neue Kirchen bauen und neue geistliche Orte entwickeln. Zu nennen sind nicht nur außergewöhnliche Orte wie die wiederaufgebaute Dresdner Frauenkirche (...) oder wie das Wiederaufbauprojekt der Garnisonkirche in Potsdam. Zu reden ist auch von Stadionkapellen wie in der Arena »Auf Schalke« und hoffentlich bald im Berliner Olympiastadion oder von Kapellen oder Räumen der Stille in Krankenhäusern und auf Flughäfen, an Urlaubsorten oder in Freizeitparks. Auch die Finanzierungswege für diese neuen Vorhaben deuten auf eine moderne Kirchenleidenschaft, die den Wert dieser Symbolräume auch in der modernen Lebenswelt zu schätzen weiß.«[1]

In der Tat: die zeitgenössische »Neuformierung« der Gesellschaft beinhaltet, dass nicht mehr die hergebrachten Bezugsrahmen: Geburt, Familie, Wohnort die Menschen lebenslang prägen. Die neuen Lebensformen nötigen zur Mobilität, zum Wandel, zum beharrlichen, lebenslangen Lernen des immer Neuen.

Es mag noch immer den geben, der »bei Muttern« aufwuchs und sich im zarten Alter von 28 Jahren noch immer nicht von ihr trennen mag, in Italien nennt man diese Leute »Mamistas«. Nur ist das Wort selbst schon die Karikatur und signalisiert, dass die heutigen Erfordernisse gegenläufig sind. Wandel und Mobilität garantieren keine lebenslange ungebrochenen Kontinuitäten mehr, sondern fordern »Bündnisse auf Zeit«, schaffen neue Schnittstellen gemeinsamen Lebens, die befristet sind, projektartig – das mag seine Pro-

---

[1] *Wolfgang Huber, a. a. O., S. 45.*

bleme mit sich bringen, wie aber alle Zeiten und Lebensformen immer auch Schattenseiten haben.

Somit gehört auch die lebenslange Zugehörigkeit zu ein- und derselben Kirchengemeinde und die Beheimatung darin – der Vergangenheit an; viele Gemeinden haben das verstanden und beginnen, die Gemeindearbeit entsprechend neu zu formieren. Aber zugleich erfordert dieser Wandel auch die kirchliche Präsenz an eben diesen neuen »Schnittstellen« einer sich wandelnden Gesellschaft, darauf zielt das »Maulbronner Mandat«; Wolfgang Huber benennt exemplarisch einige solcher »Schnittstellen«: »Räume der Stille« in Krankenhäusern, Flughäfen, an Urlaubsorten, in Freizeitparks – und in Fußballstadien.

Nein, die Kapelle in der neuen Arena »Auf Schalke«, der »Fußball-Oper des Reviers«[1] war nicht dabei, aber gut zwanzig Projekte des Kirchenneu- und -umbaus bis hin zum eben fertig gestellten Ökumenischen Kirchenzentrum München-Riem[2] zeigte die Ausstellung »Raum und Religion: 1989–2005. 15 Jahre evangelischer Kirchenbau in Deutschland« zum 25. Kirchbautag in Stuttgart – und veranschaulichte damit einprägsam, dass es neben dem Kapitel der »übrigen« Kirchen auch noch ein ganz anderes im deutschen Kirchenbau gibt.

Die Ausstellung zum Kirchbautag war mit dem Europäischen Ausstellungsprojekt »Raum und Religion. Europäische Positionen im Sakralbau. Deutschland-Österreich-Polen« vernetzt, die vom 27.11. 2005–12.2.06 in der Kunsthalle Krems gezeigt wurde und von dort aus – in jeweils angepasster Form – weitere Stationen in den beteiligten Ländern nehmen wird.[3]

Die Qualität der Kirchenneubauten wird – wie immer – unterschiedlich eingeschätzt. Karin Leyendecker kritisiert manches, was da entstanden ist, als »Event-Architektur«: »Ein ganz aktuelles Beispiel ist die Herz-Jesu-Kirche in München (2000) von den Architekten Allmann, Wappner, Sattler. Von außen erscheint sie als eine Kiste mit luzider Hülle. Franz Xaver Baier nannte das Haus nicht ohne Grund ironisch ›heilige Garage‹. (…) Trotz ihres Understatements zielt diese Kirche eindeutig auf das Event: Das Portal der Kir-

---

[1] Fertigstellung 2001, Gestaltung: Alexander Jokisch, s. http://www.veltins-arena.de/portrait_arenakapelle.php.

[2] Florian Nagler, 2001–2005.

[3] Katalog zur Ausstellung: ORTE Architekturnetzwerk Niederösterreich und Markus Nitschke (Hg.): Raum und Religion. Europäische Positionen im Sakralbau, Salzburg 2005.

che ist ein haushohes, bläulich schimmerndes Tor, das sich in einem großen magischen Spektakel vollautomatisch in zwei Flügel öffnet. Als Besucher wartet man eigentlich nur auf die dazu passenden Nebelschwaden und auf einen Showmaster, der herausspringt und verkündet: ›Der Kandidat hat hundert Punkte.‹« und fordert statt dessen eine »›Architektur der Tiefe‹: eine Architektur der ästhetischen Nachhaltigkeit, die eine positive, lebensbestärkende Langzeitwirkung auf den Menschen hat und auf dem Prinzip der Gemeinschaft und Vorsorge und Fürsorge beruht.«[1]

Anlässlich der Ausstellung in Krems kritisiert Rudolf Maria Bergmann die »Jesus-hat-uns-alle-lieb-Architektur«: »Um zu beeindrucken, werden alle Register gezogen, minimalistischer Kitsch, aufgeregter Edelmaterialmix, atemberaubende Formen, übermächtige Räume. Eine Sturzflut von Bildern, die in ihrer Beliebigkeit nur zur Bildlosigkeit führen: Die Lattenkiste ginge auch als Fahrradparkhaus durch, coole Glasschreine und messerscharfkantige Betonkästen könnten ebenso gut Niederlassungen in IT-Firmen sein«.[2]

Wiederum lobt Bernhard Schulz, der gar einen Boom sakraler Architektur in Deutschland ausmacht, ausdrücklich »die Qualität des architektonischen Entwerfens – der Baukunst also«[3], und wenn selbst das Goethe-Institut seine Ausstellung »Made in Germany – Architektur + Religion« um die Welt schickt, kann es mit der Qualität des Sakralbaus so schlecht nun auch wieder nicht bestellt sein.[4]

Nun wird man über »Qualität« immer streiten, erst recht, wenn es um neue Architektur geht, von der schon gesagt wurde, dass sie Zeit braucht, um zu wirken, um ihre Sprache zu finden, um bei den Menschen anzukommen. Es mag vielleicht sein, dass dieses oder jenes dabei »durch die Maschen« fällt, auch das wäre in der Geschichte bekanntlich nicht beispiellos. Wichtiger ist aber, dass jeder neue Beitrag zum Kirchenbau ein Beitrag zu einer Geschichte ist, die noch lange nicht zu Ende ist.

---

[1] Karin Leyendecker, a. a. O., S. 57.

[2] Rudolf Maria Bergmann: Das Geheimnis der Bildlichkeit, Frankfurter Rundschau vom 18. 1. 2006).

[3] Bernhard Schulz: Gottes neue Häuser, Tagespiegel vom 17. 8. 05, S. 21.

[4] Goethe-Institut München (Hg.): Architektur und Religion, München 2004. Weitere Literatur: Till Wöhler: Neue Architektur Sakralbauten, Berlin 2005.

IV. Anhang

Leipziger Erklärung.
Maulbronner Mandat.
Über den Autor.

Leipziger Erklärung (2003)
Nehmt eure Kirchen wahr!

Nach dem 24. Evangelischen Kirchbautag in Leipzig mit dem Thema »Sehnsucht nach heiligen Räumen« wenden wir uns an die Landeskirchen und Kirchengemeinden in Deutschland:

Wir nehmen wahr, dass sich immer mehr Menschen nach »heiligen Räumen« sehnen: nach Rastplätzen für ihre Seele, nach Freiräumen für ihr Denken, nach Oasen für ihr Gebet sowie nach Feierorten für ihr Leben.

Wir erleben, dass Menschen unsere Kirchen in Situationen der Not, des Entsetzens und des Schreckens aufsuchen – ganz gleich, ob sie Kirchenmitglieder sind oder nicht.

Wir wissen, dass unsere Kirchengebäude hilfreiche Zeichen des Anderen in einer diesseitigen Welt und Wegweiser für Sinn in einer fragenden Welt sind.

Wir erfahren, dass in der sich verhärtenden Konkurrenz um Wirtschaftsräume auch die Räume unserer Städte immer enger werden, dass der öffentliche Raum zunehmend wirtschaftlichen Nutzen bringen muss und die Verdichtung der Stadträume auf Kosten der »Anderorte« und damit auch zu Lasten der Kirchen geht.

Wir erinnern daran, dass unsere Kirchengebäude »Seelen und Gedächtnis« der Dörfer und Städte sowie des Gemeinwesens sind, worin wir wurzeln. Als Gemeinden sind wir zwar Eigentümer und Nutzer unserer Kirchengebäude, diese sind aber auch unaufgebbares Kulturgut der Allgemeinheit. Deshalb ist immer wieder für eine gesamtgesellschaftliche Erbemitverantwortung zu werben und zu sensibilisieren.

Wir empfehlen, selbstbewusst und mutig die Chancen unserer sakralen Räume zu nutzen, mit diesem Pfund zu wuchern und die uns überkommenen Gebäude verlässlich zu erhalten, denn:

Kirchen sind Versammlungsorte der christlichen Gemeinden. Mit ihren Glocken sagen sie eine andere Zeit an. Durch das, was in ihnen geschieht – Gottesdienste und Andachten, Hören und Beten, Loben und Klagen –, werden sie erst zu »heiligen« Räumen. Hier versichern sich Menschen ihrer religiösen Identität, hier erfahren sie Begleitung in den Schwellensituationen ihres Lebens (Taufe, Hochzeit, Trauerfeier). Hier findet der Ausgegrenzte Asyl, hier kann die Erschöpfte aufatmen – in einem offenen, zweckfreien Raum.

Kirchen sind Schatzkammern des christlichen Glaubens: Ihre Mauern und Steine predigen, mit ihren Räumen sind sie ein Asyl für die letzten Dinge, ihre Altäre stiften Gemeinschaft, mit ihren Orgeln und Glocken loben sie Gott, mit ihren Kunstwerken legen sie Zeugnis ab und erzählen die Geschichte unserer Kultur, mit ihren Kerzen erinnern und mahnen sie, mit ihrem Schmuck danken sie für alle guten Gaben des Schöpfers. Lassen Sie uns unsere größten Schätze treu bewahren, sie bewusst wahrnehmen und ihre Botschaft vermitteln.

Kirchen sind Kraftorte: Sie bauen an unserer Innerlichkeit. Sie erbauen uns, sie reden mit uns, sie heilen uns. Sie sind Orte des Hörens und des Sehens. Kirchräume gehören allen. Darum müssen sie geöffnet und allen Menschen zugänglich sein. Lassen Sie uns alle Anstrengungen unternehmen, dass unsere Türen offen stehen. Wir kennen die Bedenken. Aber wir meinen, dass es für jede Gemeinde Wege gibt, diese Bedenken zu überwinden. Der Wert von Kirchen, die »offen für alle« (so das Motto der Nikolaikirche Leipzig) sind, ist größer als der Schaden, der eventuell eintreten könnte.

Kirchen sind gestaltete Räume: Ihre Ästhetik und Atmosphäre berührt uns Menschen. Die Gestaltung unserer Kirchräume darf nicht kurzweilig herrschendem Geschmack oder scheinbar unabwendbaren Erfordernissen zum Opfer fallen. Der Erhalt der ursprünglichen, von der Liturgie bestimmten Gestaltungsintention bewahrt dem Gebäude seine Sprachgestalt. Bei Fragen der Gestaltung sollte immer das Gespräch mit Architekten und Architektinnen als den »Experten des Raums« gesucht werden.

Kirchen sind Freiräume: Das Experiment darf hier zuhause sein. Das Wagen des Neuen, das Ausprobieren des Ungewohnten, das Versuchen der Grenzgängerei ist den »heiligen Räumen« nicht fremd, sondern eigen. Wir ermutigen deshalb, dem Dialog mit der Kunst die Türen zu öffnen mit Musik, bildenden Künsten, Literatur und anderen zeitgenössischen Mischformen des künstlerischen Ausdrucks. Wir regen an, als Fragende das Gespräch aus evangelischer Perspektive mit Künstlerinnen und Künstlern zu suchen. Wo es allerdings um die bisweilen sicher auch nötigen veränderten Nutzungen der Kirchräume geht, erinnern wir daran, dass nicht jedes Experiment nützt und es zum Schaden aller gereicht, wenn unsere Räume Gegenstand einseitiger Schlagzeilen werden.

Es ist höchste Zeit für den Aufbruch. Lassen Sie uns gemeinsam die überkommenen und die verborgenen Schätze und Chancen unserer Kirchräume neu entdecken und zur Geltung bringen!

»Maulbronner Mandat« (2005)

Die Kirchengebäude sind Seelen, Gedächtnis und Gewissen unserer Dörfer und Städte, in denen wir wurzeln; sie sind unaufgebbares Kulturgut der Allgemeinheit. Wir ermutigen unsere Kirchengemeinden und die Verantwortlichen in den Kommunen, die Kirchengebäude zu erhalten und sie mit Leben zu füllen. Ist der Erhalt der Kirchengebäude bedroht, ist folgendes zu beachten:

– Notwendige Veränderungen und Reduzierungen des kirchlichen Gebäudebestandes dürfen nicht zu Lasten der Kirchenräume gehen. Wenn es aus finanziellen Gründen nötig ist, sollen unkenntliche Büroräume, überzählige Gemeinderäume oder separate Verwaltungskomplexe aufgegeben werden, um dafür die Kirchengebäude um so deutlicher zu besetzen und mit Leben zu erfüllen. Kirchliche Arbeit gehört in Kirchenräume, die in ihrer Gestalt, mit ihrer Qualität und ihrem Symbolwert für die Kirche und ihre Aufgaben stehen.

– Es gilt, die Kirchengebäude als Chance für eine erweiterte und intensivierte Nutzung anzusehen, sie für andere, insbesondere für kulturelle Veranstaltungen zu öffnen und für ihren Erhalt weitere (Mit-) Träger zu gewinnen (Kommunen, Vereine, Stiftungen, Verbände etc.).

– Wenn im Einzelfall ein Kirchengebäude nicht zu halten ist, muss die Möglichkeit einer »Stilllegung« auf eine bessere Zukunft hin sorgfältig erwogen werden. Bei einer »Stilllegung« werden nur zum Erhalt unbedingt erforderliche Unterhaltungsmaßnahmen getroffen. Zugleich können aber gelegentliche, z. B. zu besonderen Festtagen dort gehaltene Gottesdienste die fortdauernde Präsenz der Kirche und ihre Hoffnung zum Ausdruck bringen. Auch »stillgelegte« Kirchen legen Zeugnis davon ab, dass die Geschichte Gottes mit der Welt auf eine gute Zukunft aus ist.

Über den gegenwärtigen finanziellen Schwierigkeiten darf nicht vergessen werden, dass es eine beständige Aufgabe bleibt, auch in unserer Generation Kirchenräume neu zu bauen, die den Bedürfnissen unserer Zeit entsprechen. Dabei ist auf eine herausragende architektonische und künstlerische Qualität besonderer Wert zu legen.

Über den Autor

Andreas Nohr, geb. 1952, Autor und Theologe.

Studium der Theologie und Philosophie in Hamburg, Bonn und Berlin.

Zunächst Gemeindepfarrer in Hamburg, seit 1998 Leiter des Organisationsbüros des Ev. Kirchbautages, in diesem Zusammenhang Beiträge in Fachzeitschriften und Herausgabe von Dokumentationen zum Themenbereich Sakralarchitektur und Sakralkunst in den Verlagen »Das Beispiel«, Darmstadt und »Medien Kontor Hamburg«, zuletzt (mit Barbara Kraus): »Orgelhandbuch Paris«, Hamburg 2006.

Mitglied im »Verband Deutscher Schriftsteller«; Romanveröffentlichungen im Verlag J. H. Röll, Würzburg: »Riemenschneider. Zwölf Blicke für ein Gesicht«, 1998; »Stumpf. Von Städten und Räumen«, 1999; »Mitternacht. Die Geschichte des Nikolaus Bruhns«, 2000; »Lusamgärtlein. Vier Liebesgeschichten«, 2001; »Hunger. Klaus Störtebekers letzte Nacht«, 2004.

Details siehe unter www.andreas-nohr.de.

Rainer Bürgel, Andreas Nohr (Hg.)
Spuren hinterlassen ...
25 Kirchbautage seit 1946.

Hannover 1946 und Stuttgart 2005: Dazwischen liegen 25 Kirchbautagungen, deren bedeutsamste Wortbeiträge in diesem Buch versammelt sind. Dazu werden die wichtigsten Verlautbarungen, Denkschriften und Initiativen dokumentiert, die auf dem Weg des Evangelischen Kirchbautages bis heute entstanden sind.
Rainer Bürgel und Andreas Nohr legen somit ein Kompendium des evangelischen Kirchenbaus seit Ende des 2. Weltkrieges vor.
Hardcover, 346 S. ISBN 3-934417-12-4
Best.-Nr. MKH 050921, Preis 23,80 €

Barbara Kraus, Andreas Nohr
Orgelhandbuch Paris
Orgelportraits – Orgelmusik – Orgelbau in Paris seit dem 17. Jahrhundert

Dieses Buch ist das erste Kompendium und Nachschlagewerk zur Orgelkunst in Paris von Barock bis Moderne. Einem Essay, der einen Überblick über die Entwicklung des konzertanten Orgelspiels in Frankreich gibt, folgen 33 sorgfältig recherchierte Einzelportraits bedeutender Pariser Orgeln sowie eine Zusammenfassung der Geschichte von Orgelkomposition und -bau in Paris seit dem 17. Jahrhundert.
34 Fotos 105 x 75, 149 Fotos 49 x 57, Duoton, 236 S. kart., Hamburg 2006, Best.-Nr. MKH 060421, ISBN 3-934417-14-0, Preis 23,80 €

Bestellungen telefonisch (040 20 97 83 99) oder unter: www.medienkontor-hamburg.de.